Die letzten Junkers-Flugzeuge II

Ausgabe 2024

Paul Zöller

Die letzten Junkers-Flugzeuge II

Ausgabe 2024

Junkers Ju52,
Ateliers Aeronautiques de Colombes AAC.1,
C.A.S.A. 352

luftfahrtarchive.bplaced.net
luftfahrtarchive@gmail.com

Bibliografische Information der Deutschen Nationalbibliothek:

Die Deutsche Nationalbibliothek verzeichnet diese Publikation in der Deutschen Nationalbibliografie; detaillierte bibliografische Daten sind im Internet über http://dnb.dnb.de abrufbar.

Verlag: BoD • Books on Demand GmbH, In de Tarpen 42, 22848 Norderstedt
Druck: Libri Plureos GmbH, Friedensallee 273, 22763 Hamburg

ISBN: 978-3-7597-9565-6

Vorwort

Mit dem Erscheinen der ersten Auflage des zweiten Bandes unserer Buchreihe „Die letzten Junkers Flugzeuge" widmeten wir uns im Frühjahr 2018 den letzten noch existierenden etwa 50 Flugzeugen des Typs Junkers Ju52 bzw. deren Nachbauten AAC.1 und C.A.S.A. 352., von denen zwischen 1932 und 1954 mehr als 5.500 Maschinen entstanden. Bei Erscheinen des Buches zeichnete sich die Oldtimer-Szene der Ju52 nicht nur durch die Vielzahl herovrragend restaurierter Museumsstücke, sowie der vielen bekannten, noch weitgehend vollständig zu Wasser und zu Land erhaltenen Flugzeugwracks aus. Ganz maßgeblich wurde die seinerzeitige Szene durch die letzten acht Flugzeuge geprägt, die noch 2018 zum Teil seit mehr als 80 Jahren im regulären Passagierdienst jährlich mehrere Tausend Passagiere beförderten. Nur wenige Monate nach Erscheinen der ersten Auflage unseres Bandes wurde die Szene durch den tragischen Absturz eines dieser Flugzeuge am Piz Segnas im August 2018 erschüttert. Obwohl keine technischen Umstände für diesen Absturz ursächlich waren, wurden die letzten drei noch im Einsatz befindlichen originalen Junkers Ju52 bis Ende 2018 aus dem Verkehr genommen. Die Bemühungen des Vereins der Freunde der Schweizer Luftwaffe VfL und der Junkers Flugzeugwerke AG mindestens ein grundüberholtes Flugzeug wieder für Personenflüge in die Luft zu bekommen, wurden Mitte 2022 aufgegeben. Im August 2024 teilte der Verein der Freunde der Schweizer Luftwaffe mit, dass auch Überlegungen zur flugfähigen Instandsetzung der letzten in seinem Besitz verbliebenen Junkers Ju52 in Dübendorf nicht weiter verfolgt werden. Zuvor hatte die Deutsche Lufthansa AG bereits 2019 beschlossen, ihr Traditionsflugzeug „D-AQUI" endgültig stillzulegen und künftig im Rahmen eines Veranstaltungszentrums in Frankfurt auszustellen. Pläne zur Reaktivierung der beiden seit 2015 bzw. 2016 geparkten C.A.S.A. 352 der South African Airways Museum Society in Johannesburg und des Mönchengladbacher Vereins der Freunde historischer Luftfahrzeuge wurden nicht mehr realisiert. Von den ursprünglich acht Flugzeugen befinden sich heute nur zwei C.A.S.A. 352 in Frankreich und in den USA selten im Flugeinsatz. Die Ju52-Passagierflüge fanden 2018 ihr Ende.

Die Veränderungen im Flugbetrieb hatten auch nachhaltige Auswirkungen auf den Bereich der statischen, musealen Ausstellungen, einerseits durch den Zulauf aus dem fliegenden Bereich in die Museen, andererseits aber auch durch zahlreiche Verschiebungen zwischen den verschiedenen Ausstellungen. Sechs Jahre nach dem Ersterscheinen war eine grundlegende Überarbeitung unseres Titels daher unvermeidlich.

Wir freuen uns, dass es Dank der erneuten vielseitigen Unterstützung durch die Museen, ihrer Förderkreise und Archive, vor allem aber auch durch die tatkräftige Mithilfe aus vielen privaten Sammlungen gelungen ist, den Umfang der ersten Auflage mit zahlreichen neuen Fakten und Details, sowie Bildmaterial erheblich zu erweitern. Bereits bei der Erstausgabe galt unser Dank Paul Seymour, Johnny Comstedt, Chris England, Juan Gonzales, David Withworth, Laurent Heyligen, Malcom Nason, Francisco Andreu und Stuart Carr, deren Informationen und Bildmaterial sich auch in dieser Ausgabe wiederfinden. Unser herzlicher Dank für Ihre zeitintensive Unterstützung und Mitarbeit bei dieser Ausgabe gehört Bernd Pirkl (ju52archiv.de), Heimo Stadlbauer und Günther Ott (ADL), sowie Kjetil Akra, John Austin-Williams, Peter Cohausz, Anabela Rodrigues und Anders Utgard, aber auch allen hier nicht explizit Genannten, die Bildmaterial und Informationen für dieses Buch aus ihren umfangreichen, teilweise bis in die 40er Jahre zurückreichenden Archiven zur Verfügung gestellt haben.

Einen Anspruch auf Vollständigkeit und Freiheit von Fehlern erhebt die vorliegende Ausarbeitung immer noch nicht. Jeder Leser ist herzlich eingeladen, uns Informationen, Korrekturen oder Bilder zuzusenden, die wir in künftigen Auflagen verwenden können. Sie erreichen uns über die unten angegebene Email-Adresse. Wir wünschen unseren Lesern viel Freude und Nutzen bei der Lektüre dieses neuen, zweiten Bandes unserer Buchreihe.

Frankfurt im August 2024

Paul Zöller,
luftfahrtarchive@gmail.com
luftfahrtarchive.bplaced.net

Vorbemerkung

Bei der Identifikation dedizierter Flugzeuge ist grundsätzlich die Werknummer (W.Nr.) des Flugzeugs entscheidend. Herstellerseitig werden Flugzeuge schon seit den Anfängen des kommerziellen Flugzeugbaus mit einem Herstellerschild versehen, das zur Identifikation der Werknummer des Flugzeugs dient.

Insbesondere bei älteren Flugzeugen, die bereits mehrfach außer Betrieb gesetzt und länger abgestellt waren, fehlen die Herstellerschilder des Flugzeugs oft, da diese bei einer endgültigen Abmeldung den Behörden übergeben werden muss- ten oder Reliktejäger diese abmontieren haben. Meistens greift man in solchen Fällen zur Identifikation eines Flugzeugs auf die Herstellerschilder von Baugrup- pen oder Komponenten zurück. Sofern Hersteller Baugruppen explizit für ein Flugzeug herstellen, stimmen die Werknummern für die Baugruppe oft mit der Werknummer des Flugzeugs überein. Im Rahmen der Großserienfertigung ist der Zusammenhang zwischen Flugzeug- und Baugruppennummerierung allerdings nicht mehr gegeben. Auch in der Instandhaltung werden viele ausgebaute Bau- gruppen nach dem Werkstattdurchlauf anderen Flugzeugen zugeführt. Häufig weichen Flugzeug-Werknummern von vorgefundenen Baugruppen-Werknum- mern ab und führen damit zu fehlerhaften Angaben der Flugzeug-Werknummer, die sich im Fall einer Wiederzulassung eines abgestellten Flugzeugs sogar bis in offizielle Meldeunterlagen und Zulassungslisten erstrecken können.

Im Fall der heute noch existierenden Junkers Ju52, AAC.1 und CASA 352-Flug- zeuge beschäftigt sich Bernd Pirkl seit Jahren mit der Untersuchung der vorhan- denen Werknummernschilder dieser Flugzeuge. Die Ergebnisse seiner Untersu- chungen stehen in den vom „Ju52 Archiv" veröffentlichten Werknummernlisten für Junkers Ju52, AAC.1 und CASA 352 zur Verfügung:

www.Ju52archiv.de

Bei der nachfolgenden Aufbereitung verwendet der Autor, soweit in Einzelfällen nicht andere Quellen angegeben sind, die Zuordnung der Flugzeug-Werknum- mern gemäß der Listen im Ju52-Archiv von Bernd Pirkl.

Übersicht

Die vorliegende zweite Auflage aus der Buchreihe „Die letzten Junkers-Flug-zeuge" beschäftigt sich mit den heute noch vorhandenen, originalen, bis 1944 gebauten Junkers Ju52, sowie den nach dem Krieg in Frankreich gebauten AAC.1 bzw. in Spanien gebauten CASA 352. Heute existieren noch 54 Flugzeuge dieser Typen, die weitgehend vollständig in Museen oder noch an ihren Absturzstellen, zum Teil auch als Unterwasserwracks erhalten sind. Darüberhinaus sind 31 grö-ßere Fragmente oder Baugruppen originaler Junkers Ju52 aus deutscher Produk-tion bekannt, die an Absturzstellen noch vorhanden sind oder von Museen oder Sammlern inzwischen eingelagert wurden. Oft befinden sich diese Objekte in ab-gelegenen und schwer zugänglichen Regionen. Von 14 weiteren, bekannten Ob-jekten liegen seit vielen Jahren keine aktuellen Informationen mehr vor. Ob diese Objekte inzwischen abgeräumt oder noch an den Absturzstellen vorhanden sind, ist unklar.

71 der 99 bekannten Flugzeuge und Objekte sind originale Junkers Ju52 aus deut-scher Produktion, die bis 1944 entstanden sind, davon 26 weitgehend vollständig erhaltene komplette Flugzeuge. Bei den 8 AAC.1 aus französischer Nachkriegs-produktion und den 20 CASA 352 aus spanischer Produktion handelt es sich aus-schließlich um mehr oder weniger komplette Flugzeuge, die in Museen ausge-stellt oder eingelagert sind.

Im Flugbetrieb befanden sich 2018 noch vier originale Junkers Ju52, sowie vier CASA 352. Die vier originalen Junkers Ju52 in Deutschland und in der Schweiz wurden Ende 2018 nach dem tragischen Verlust einer Ju52 durch Absturz stillge-legt. Die beabsichtigte Wiederaufnahme des Flugbetriebs mit einigen dieser Flugzeuge wurde 2022 endgültig aufgegeben. Der Betrieb zweier CASAs in Süd-afrika und in Deutschland wurde bereits seit längerem durch fehlende Ersatzteile behindert. Diese Flugzeuge sind seit 2015/16 nicht mehr geflogen. Heute fliegen noch zwei CASA 352 gelegentlich in Frankreich und in den USA anlässlich von Flugtagen. Passagiere werden mit diesen beiden Flugzeugen nicht mehr beför-dert.

4

Verbliebene Ju52, AAC.1, CASA 352
54 Flugzeuge

Verbliebene Junkers Ju52
26 Flugzeuge

Verbliebene AAC.1
8 Flugzeuge

Verbliebene CASA 352
20 Flugzeuge

Erhaltene Ju52
14 Ausstellungsobjekte
keine flugfähigen Exemplare
6 z.Zt. eingelagert / Instands.
1 Großwrack an Land
5 Unterwasserwracks

Erhaltene AAC.1
4 Austellungsobjekte
keine flugfähige Exemplare
4 Restaurierung od. eingelagert

Erhaltene CASA 352
15 Ausstellungsobjekte
2 flugfähige Exemplare
3 eingelagert

Flugzeuge ohne klaren Status
Nicht zuordbare Einzelteile/Baugruppen
31 Fragemente/Teile
14 Klärungsobjekte

Ju52 Baugruppen/Fragm
4 Fragmente Absturzstellen Land
12 Fragmente Unterwasser

14 Fragemente/Teile in Sammlungen

CASA 352 Baugruppen
1 x ausgestellte Einzelteile

Offener Status
14 x möglw. nicht mehr vorhanden?

Standort und Zustand der noch vorhandenen Ju52

(U = Unterwasserwrack, (X) = mit Einschränkungen oder unsicher)

Typ	W.Nr.	Standort	Museum	Wrackstelle	Restauriert	zugänglich	Bemerkung
Junkers Ju52/1m	CASA 039	Winnipeg, Kanada	X		X	X	Replika, restauriert als W.Nr. 4006
Junkers Ju52/3m *)	4008	Ricon del Tigre Bolivien		X			Wrack an Absturzstelle
	4043	Moron, Argentinien	X		X		In Reparatur
26 Flugzeuge	4056	Briceno, Kolumbien	X		X	X	
6 ungeborgen 6 eingelagert 14 ausgestellt	5489	Paderborn, Deutschland	X		X	(X)	Eingelagert, nur gelegentlich zugängl.
Keine flugfähig	5655	Alverca, Portugal	?				Vermutl. abgewrackt
	5661	Sintra, Portugal	X		X	X	
	5664	Bodö, Norwegen	X		X	X	Restauriert als W.Nr. 5429
	5670	Brüssel, Belgien	X		X	X	Restauriert als neutrale Junkers-Maschine
	5751	Trondheim, Norwegen		U			Unterwasserwrack in Hommelvik-Bucht
	6054?	Hartvikvatnet Norwegen		U			Unterwasserwrack im See, betauchbar
	6134	Dessau, Deutschland	X		X	X	Restauriert als neutrale Junkers-Maschine
	6580	Wernigerode Deutschland	X		X	X	

*) Weitere Ju52-Wracks, siehe „Sonstige Ju52 Relikte und Wrackstellen"

Typ	W.Nr.	Standort	Museum	Wrackstelle	Restauriert	zugänglich	Bemerkung
Junkers Ju52/3m	6590	Kea, Griechenl.		U			Vollständiges Unterwasserwrack
	6595	Dübendorf, Schweiz	X				Wrackteile z.Zt. in Payerne
	6610	Dübendorf, Schweiz	X		X	X	
	6657	Oslo, Norwegen	X		X	X	
	6693	Wunstorf, Deutschland	X		X	X	
	6694	Hartvikvatnet Norwegen		U			Unterwasserwrack
	6791	Gratangen, Norwegen	X				gelagert
	6821	Speyer, Deutschland	X		X	X	
	7220	Berlin, Deutschland	X		X	X	
	7335	Novosibirsk, Russland	X			X	Gelagert im Außenbereich
	7607	Dekelia AFB Griechenl.	X			X	Öffentliche Restaurierung
	501111	Gadura, Rhodos		U			Unterwasserwrack
	501196	Alverca, Portugal	X				Eingelagert mit starken Beschädigungen
	501219	Alcochete, Portugal	X		X		eingelagert

Typ	W.Nr.	Standort	Museum	Wrackstelle	Restauriert	zugänglich	Bemerkung
AAC.1	005	Curitiba, Brasilien	X				Eingelagert ex Rio de Janeiro
8 Flugzeuge	048	Krakau, Polen	X		X	X	Restauriert als Luftwaffen-Maschine
4 eingelagert	053	Essen-Mühl., Deutschland	X		X	X	
4 ausgestellt	205	Villaroche, Frankreich	X			X	In Restaurierung
Keine flugfähig	216	Le Bourget, Frankreich	X				Eingelagert
	222	Belgrad, Serbien	X				Ausstellung z.Zt. geschlossen
	291	Sao Carlos, Brasilien	X				In Restaurierung Ausstellung geschl.
	363	München, Deutschland	X		X	X	

Typ	W.Nr.	Standort	Museum	Wrackstelle	Restauriert	zugänglich	Bemerkung
CASA 352	018	Hermeskeil, Deutschland	X		X	X	
20 Flugzeuge	031	Sinsheim, Deutschland	X		X	X	Restauriert als Luftwaffen-Maschine
3 eingelagert	033	Ugglarp, Schweden	X		X	X	Restauriert als W.Nr. 640416
2 flugfähig 15 ausgestellt	035	München, Deutschland	X		X	X	Restauriert als W.Nr. 5663
	(039)	Winnipeg, Kanada	X		X	X	Restauriert als Ju52/1m, W.Nr. 4006
	056	M'Gladbach, Deutschland	X		X	(X)	Im Hugo Junkers Hangar
	067	Virginia City, USA	X		X	(X)	Flugfähig restauriert als Luftwaffen-Maschine
	072	Murcia, Spanien	X		X	(X)	Auf Kasernengelände
	100	Sinsheim, Deutschland	X		X	X	Restauriert als W.Nr. 4022
	102	Madrid, Spanien	X		X	X	
	103	La Ferte Alais, Frankreich	X		X	(X)	Flugfähig restauriert als Luftwaffen-Maschine
	135	Dayton, USA	X		X		Eingelagert als Luftwaffen-Maschine
	137	Getafe, Spanien	X		X	(X)	Auf Kasernengelände
	145	Madrid, Spanien	X		X	X	
	146	Washington, USA	X		X	X	Restauriert als fiktive Lufthansa-Maschine

Typ	W.Nr.	Standort	Museum	Wrackstelle	Restauriert	zugänglich	Bemerkung
CASA 352	148	Speyer, Deutschland	X		X	X	Restauriert als W.Nr. 5489
	153	Polk City, USA	X		X		Eingelagert als Luftwaffen-Maschine
	163	Hawkinge, England	X		X	X	Restauriert als Luftwaffen-Maschine
	164	Johannesb., Süd Afrika	X		X		Als W.Nr. 4058 eingelagert
	166	Lelystad, Niederlande	X		X	X	Restauriert als Luftwaffen-Maschine

Unvollständige Wracks und größere Baugruppen

Typ	W.Nr.	Standort	Museum	Wrackstelle	Restauriert	zugänglich	Bemerkung
Junkers Ju52/3m 31 Teile 14 Klärung	n/a	Hannover, Deutschland	X		X	X	Mittelrumpf
	n/a	Raunheim, Deutschland	(X)			X	Höhenflosse als Dekoration
	n/a	Stendal, Deutschland.	(X)			(X)	Höhenflosse im Towergebäude
	2921 2923	Hiiumaa, Estland		U			Reste zweier „Mausi" Unterwasserwracks
	5494 ?	Keri, Estland		U			Unterwasserwrack Rumpfvorderstück, Flgl.
	5049	Aakenustunturi, Finnland		(X)			Bauteilreste an Absturzstelle
	5596	Njallajärvi, Finnland		(X)			Flügel/Leitwerk-Reste Teilw. auch in Tikkakoski
	6343	Tuolbujärvi, Finnland		(X)			Heckstück an Absturzstelle
	6778	Cadoaivi, Finnland		(X)			Rumpf- und Flügelreste an Absturzstelle
	6069	Muddusjärvi, Finnland				X	Leitwerk ausgestellt auf öffentl. Parkplatz
	5078	Grenoble, Frankreich		(X)			Möglw. Reste eines Gletscherwracks?
	6844	Väylä, Finnland		(X)			Wenige Kleinteilreste an Absturzstelle
	3383 3400	Ila la Groix, Frankreich		U			Unterwasser-Reste zweier Minensuch-Ju52
	n/a	Casabianda, Korsika, (F)		U			Reste eines Unterwasserwracks

Typ	W.Nr.	Standort	Museum	Wrackstelle	Restauriert	zugänglich	Bemerkung
Junkers Ju52/3m	n/a	Maleme, Griechenl.				X	Diverse Strukturbauteile
	n/a	Maleme, Griechenl.		U			Unterwasserwrack, Bugnase
	n/a	Chania, Griechenl.		U			Unterwasserwrack, Rumpfboden
	n/a	Faliro, Griechenl.		U			Unterwasserwrack, Rumpfteile, Flügel
	n/a	Kythira, Griechenl.		U			Unterwasserwrack, Leitwerk und Motor
	n/a	Isola delle Femmine, It.		U			Unterwasserwrack, Mittelrumpf und Flügel
	n/a	Portoferraio, Italien		U			Unterwasserwrack Heck und Leitwerk
	n/a	Capri, Italien		U			Unterwasserwrack, vorderer Rumpfbereich
	6940	Busta, Norwegen		(X)			Wenige Strukturteile an Absturzstelle
	n/a	Bodö, Norwegen	X		X	X	Cockpit-Mockup
	n/a	Narvik, Norwegen	X			X	Seitenleitwerk
	7238	Nonsvatnet, Norwegen		(X)			Rumpfbleche und Motorteile
	6269	Uccagag'ga, Norwegen		(X)			Möglw. noch größere Rumpf/Flügelteile
	2810	Digerronden, Norwegen		(X)			Vermutl. Hecksegment, Kleinteile, Gedenktafel
	640608	Hestnutan, Norwegen		(X)			Diverse Wrackstück-Reste

Typ	W.Nr.	Standort	Museum	Wrackstelle	Restauriert	zugänglich	Bemerkung
Junkers Ju52/3m	6108	Amot, Norwegen		(X)			Vermutl. Reste des Leitwerks
	1351	Ringebu, Norwegen		X			Rumpfmittelstück
	4077	Sola, Norwegen	X		X	X	Kabinenreste des abgestürzten Flugzeugs
	6032	Geaidnogaisa, Norwegen		X			Rumpfsegment, linker Tragflügel
	6582	Gullesfjord, Norwegen	(X)				Flügelholm in Privatbesitz
	6978	Tangedalskaret, Norwegen	X	X		X	Schwimmer im Museum, Wrackteile
	6888	Prägraten, Österreich	X		X		Eingelagerte Cockpit- und Rumpffront
	6857	Odessa, Schw. Meer		U			Unterwasserwrack
	6751	Riksgränsen, Schweden		(X)			Wenige Blechteile
	4017	Stockholm, Schweden	X		X		Eingel. Cockpit-Sektion, Tragflügel, Schwimmer
	n/a	Ugglarp, Schweden	X		X	X	Cockpit-Mockup
	n/a	Prag, Tschechien	X				Eingelagertes Mittelrumpfsegment
	6820	Mala Upa, Tschechien	X			X	Wrackteile eines Gletscherwracks
	5886	Paysandu, Uruguay	(X)				Möglw. in Sammlerbesitz?

Älteste, noch existierende Ju52

Je nach Sichtweise kommen Experten bei der Frage nach der ältesten, heute noch existierenden Ju52 zu unterschiedlichen Aussagen.

Mitte der 90er Jahre existierte im bolivianischen Urwald noch das Wrack der W.Nr. 4008, CB-17. Bei diesem Flugzeug handelt es sich nicht nur um die älteste noch existierende Ju52, sondern auch um die letzte noch existierende Ju52 mit dem Rumpf einer einmotorigen Ju52/1m. Seit 20 Jahren liegen zu diesem Wrack allerdings keine neuen Erkenntnisse bezüglich Zerfallsfortschritt oder Abtransport von Bauteilen durch die regionale Bevölkerung vor. Auf jeden Fall handelt es sich bei dem Wrack um ein nicht mehr vollständiges Exemplar der Ju52.

Bei der Ju52/1m, W.Nr. 4006, CF-ARM des Royal Aviation Museums of Western Canada handelt es sich um eine Replika auf Basis einer nach dem Krieg gebauten CASA 352. Das originale Flugzeug wurde nach dem zweiten Weltkrieg in Kanada verschrottet.

Als älteste, vollständig erhaltene Ju52 gelten daher die W.Nr. 4043, T-158 des Museo Nacional de Aeronautica in Buenos Aires und die W.Nr. 4056, „625" des Museo Aereo Espacial Colombiano in Tocancipa aus dem Jahr 1932. Letztere wurde zwar nach W.Nr. 4043 montiert, startete allerdings vor ihr zum Erstflug.

Älteste, vollständige Junkers Ju52, W.Nr. 4043, T-158 in Moron im Oktober 2011

14

Erstes Ju52 Museumsflugzeug

Die erste für ein Museum bestimmte Ju52 war eine AAC.1, W.Nr. 363 aus französischer Nachkriegsproduktion. Sie wurde 1957 bei der Armee de l'Air außer Dienst gestellt und dem Deutschen Museum in München überlassen. Sie gilt als erste Ju52, die museal erfasst und seit Anfang der 60er Jahre auf der Museumsinsel für die Öffentlichkeit in einem Museum zugänglich ist.

Welterste Museums-Ju52 im Deutschen Museum, München (Deutsches Museum)

Die heute im Technikmuseum in Berlin stehende Junkers Ju52, W.Nr. 7220, D-AZAW kam 1965 nach ihrer Stillegung in Spanien wieder nach Deutschland. Sie wurde gelegentlich im Rahmen von Sonderveranstaltungen gezeigt, blieb aber bis zur Eröffnung der neuen DTMB-Ausstellungshallen in den 2000ern eingelagert. Die meisten der heute in Museen präsentierten Ju52 kamen ab Mitte der 70er Jahre aus spanischen Luftwaffenbeständen und sind CASA-Nachbauten aus Spanien. Die heute noch erhaltenen originalen Ju52 stammen weitgehend aus den Mitte der 80er Jahre geborgenen Maschinen im Hartvikvatnet-See oder aus Beständen der portugiesischen Luftwaffe.

15

Letzte, in Erstverwendung genutzte Ju52

Abgesehen von späteren Einsätzen als Traditions- oder Oldtimer-Flugzeuge wurden die letzten Ju52 1981 aus dem operativen Betrieb genommen. Hierbei handelte es sich um die drei bei der Schweizer Fliegertruppe seit 1939 verwendeten Junkers Ju52 W.Nr. 6580, 6595 und 6610. Sie waren nicht nur die letzten Ju52, die aus dem Betrieb ihrer Erstverwendung gezogen wurden, sondern waren mit einer Einsatzzeit von 42 Jahren auch am längsten im Ersteinsatz.

Ju52-Einsatz bei der Schweizer Fliegertruppe bis 1981 (SDASM Archives)

Die 1936 ausgelieferten, originalen Ju52 der portugiesischen Luftwaffe wurden zwischen 1966 und 1972 abgestellt. Die letzte 1972 abgestellte, portugiesische Ju52, W.Nr. 5664 erreichte eine Einsatzzeit von 36 Jahren bei der portugiesischen Luftwaffe. Im Vergleich dazu wurde die „D-AQUI" bei TAO bereits 1962 nach 26 Jahren Erstverwendung abgestellt.

Auch die zuletzt gebauten spanischen CASA 352 wurden noch vor den drei Schweizer Ju52 im Jahr 1975 außer Dienst gestellt. Ihre Einsatzdauer bei der spanischen Luftwaffe lag unter 30 Jahren.

Junkers Ju52 Oldtimer-Flugbetrieb seit 1970

Nach der Stilllegung der letzten aktiven Ju52 bei der spanischen und portugiesischen Luftwaffe Mitte der 70er Jahre verblieben die drei bei der Schweizer Fliegertruppe im Einsatz befindlichen Ju52, sowie die bereits 1970 zum Oldtimer-Betrieb reaktivierte, heutige „D-AQUI" als weltweit letzte flugfähige Exemplare der Ju52-Familie in der Luft.

Erste Junkers Ju52, WNr. 130714, N52JU im Oldtimer-Betrieb, 70er Jahre, USA (SDASM)

Während von den französischen AAC.1 nach deren Stilllegung bei der französischen Armee de l'Air und der portugiesischen Forca Aerea Portuguesa kein Exemplar mehr geflogen wurde, kamen mindestens 15 spanische CASA 352 Exemplare nach deren Ausmusterung wieder in den Flugbetrieb.

Die ersten CASA-Flugzeuge für Rundflugdienste erwarb Günter Kurfiss ab 1972 von der spanischen Luftwaffe. Insgesamt vier Flugzeuge wurden in Westdeutschland zugelassen und fliegend nach Deutschland überführt. Eine Zulassung für den kommerziellen Rundflugverkehr in Deutschland konnte Kurfiss allerdings nicht erwirken. Die Maschinen wurden kurzzeitig auf Flugveranstaltungen in Deutschland gezeigt und 1975 in den Air Classic Sammlungen an deutschen Flughäfen abgestellt.

Oldtimer-Rundflugdienst Kurfiss Aviation 1974 (Kurfiss Aviation Werbekarte)

Der Engländer Doug Arnold erwarb 1976 fünf CASA 352 von der spanischen Luftwaffe, die in England für die Warbirds of Great Britain in Blackbushe zugelassen wurden. Sie wurden bis Mitte der 80er Jahre auf Airshows in England fliegend präsentiert und fanden auch in Kriegsfilmen der 70er und 80er Jahre Verwendung. Zwei Maschinen flogen nach dem Tod von Doug Arnold ab 1985 noch bei der Ju52 Flight Ltd. und der Aces High von Keith May weiter, bis sie in den 90er Jahren abgestellt wurden.

Oldtimer-Fluggruppe Warbirds of Great Britain von Doug Arnold in Blackbushe 1978

David Tallichet erwarb 1978 zwei CASA 352 der spanischen Luftwaffe und ließ diese für die Military Aircraft Restoration Corp. in Chino in Kalifornien registrieren. Eine Maschine blieb zunächst in Spanien, während Tallichet die zweite Maschine mit amerikanischer Zulassung in England stationierte und für Rundflugveranstaltungen und Filmaufnahmen nutzte. Die Maschine wurde 1983 durch einen Orkan in Dublin beschädigt. Tallichet aktivierte daraufhin die zweite Maschine in Spanien. Nachdem auch dieses Flugzeug bei einem Landeunfall beschädigt wurde, gab Tallichet beide Maschinen 1985 an Museen ab.

Tallichet CASA 352, N9012P in Biggin Hill 19 Mai 1984 (Chris England)

Schließlich erwarb noch die Confederate Air Force in den USA 1979 eine ehemalige CASA 352 der spanischen Luftwaffe. Diese wurde mit amerikanischer Zulassung in die USA überführt und flog fast 30 Jahre lang auf Airshows in den USA für die CAF. Das Flugzeug wurde mehrfach in längeren Standzeiten grundüberholt und erhielt dabei immer wieder wechselnde Erscheinungsbilder.

Gerald Yagen erwarb das Flugzeug 2007 für die Training Services Corp. in Virgina, der das Flugzeug bis 2013 in Virginia City instandsetzen ließ. Seit 2013 operiert Yagen diese letzte auf dem amerikanischen Kontinent flugfähige CASA 352 regelmässig auf Airshows. Sie ist heute eine der beiden letzten, noch flugfähig verbliebenen CASA 352 weltweit.

CASA 352 der Confederated Air Force um 1980

Zwei Flugzeuge wurde von der spanischen Luftwaffe 1977 für einen einzelnen Überführungsflug wieder flugtauglich gemacht. Die vom Royal Air Force Museum in Cosford erworbene CASA 352 wurde 1977 fliegend mit ihrer spanischen Luftwaffen-Zulassung von Madrid nach Cosford gebracht und danach im Static Display in Cosford ausgestellt. Das Wings & Wheels Museum in Florida ließ die eine CASA 352 für die Überführung nach Orlando in den USA zu. Vermutlich wurde dieses Flugzeug in den USA nicht mehr betrieben. Nachdem das Royal Aviation Museum in Winnipeg die Maschine 1982 übernahm, erhielt sie für den Überführungsflug eine kanadische Zulassung, mit der sie noch einige Male in Kanada bis 1984 geflogen ist, bevor sie in umgebautem Zustand Bestandteil der Museumsausstellung wurde.

Von den 14 reaktivierten CASA 352 waren Mitte der 80er Jahre noch zwei Exemplare bei der Ju52 Flight Ltd. gelegentlich im Einsatz. Auch die von Caidin in den USA betriebene originale Junkers Ju52 war Mitte der 80er Jahre zur Instandsetzung bei der Lufthansa aus dem Verkehr genommen worden. Als letzte der in den 70er Jahren reaktivierten CASA 352 war damit Mitte der 80er Jahre die Maschine der Confederated Air Force in den USA noch im regelmässigen Einsatz.

Ju52 Zulassungen seit 1970

(in der Reihenfolge ihrer ersten Inbetriebnahme seit 1970)

Typ	W.Nr.	Reg.	von	bis	Betrieb	Status
Ju52	5489	div.	1936	1962	DLH, DNL, TAO	BMW 132
		N52JU	1970	1984	Weaver/Caidin	R1340
		D-CDLH	1986	2018	Lufthansa	L/F 13.08.2018
			2020		Paderborn	Static
Ju52	6580	A-701	1939	1981	Fliegertruppe	BMW 132
		HB-HOS	1982	2018	Ju-Air	L/F 11.2018
			2022		Wernigerode	Static
Ju52	6610	A-703	1939	1981	Fliegertruppe	BMW 132
		HB-HOP	1982	2018	Ju-Air	L/F 11.2018
			2020		FM Dübendorf	Static
Ju52	6595	A-702	1939	1981	Fliegertruppe	BMW 132
		HB-HOT	1985	2018	Ju-Air	L/F 04.08.2018
			2018		zerstört	
C352	035	T.2B-144	1949	1971	Span. Luftwaffe	Beta R3/E
		N88927	1973	1974	B&S	
		D-CIAS	1974	1974	Kurfiss Aviation	L/F 14.09.1974
					Flughafen MUC	Static
C352	056	T.2B-165	1950	1974	Span. Luftwaffe	Beta R3/E
		D-CIAK	1974	1976	Kurfiss Aviation	Static DUS
		HB-HOY	1997	2016	VFL / Ju-Air	BMW 132
					VFhL M'Gladb.	L/F 29.10.2016
C352	148	T.2B-257	1954	1974	Span. Luftwaffe	Beta R3/E
		D-CIAL	1975	1975	Kurfiss Aviation	L/F 07.04.1975
					TM Speyer	Static
C352	103	T.2B-212	1951	1975	Span. Luftwaffe	Beta R3/E
		G-BECL	1976	1985	Warbird of GB	
		G-BECL	1985	1990	Ju52 Flight Ltd.	L/F 1990 ?
		F-AZJU	2003		AJBS Ferte Alais	flugfähig
C352	164	T.2B-273	1954	1972	Span. Luftwaffe	Beta R3/E
		G-BFHE	1977	1977	Warbird of GB	geparkt
		ZS-AFA	1984	2015	SAA Hist. Flight	R1340
					Flughafen JNB	L/F 22.08.2015
C352	146	T.2B-255	1954	1972	Span. Luftwaffe	Beta R3/E
		G-BFHD	1977	1985	Warbird of GB	
		G-BFHD	1985	1985	Wessex Aviation	L/F 09.1985
					NASM	Static

C352	153	T.2B-262	1954	1973	Span. Luftwaffe	Beta R3/E
		G-BFHG	1977	1984	Warbird of GB	
		G-BFHG	1984	1992	Aces High Ltd.	L/F 1991 ?
					Fantasy of Flight	Static
C352	166	T.2B-275	1954	1973	Span. Luftwaffe	Beta R3/E
		G-BFHF	1977	1985	Warbird of GB	
		G-BFHF	1985	1985	Ju52 Flight Ltd.	L/F 05.1985 ?
					Aviodrome LEY	Static
C352	163	T.2B-272	1954	1972	Span. Luftwaffe	Beta R3/E
			1978	1978	Span. Luftwaffe	L/F 22.05.1978
					Kent BoB Mus.	Static
C352	039	T.2B-148	1949	1975	Span. Luftwaffe	Beta R3/E
		N99234	1978	1982	Wings & Wheels	
		CG-ARM	1982	1984	RAM Winnipeg	L/F 10.06.1984
					RAM Winnipeg	Static
C352	033	T.2B-142	1949	1975	Span. Luftwaffe	Beta
		N9012N	1978	1983	Mil. Acft. Rest.	L/F 1983
					Svedino Mus.	Static
C352	067	T.2B-176	1950	1975	Span. Luftwaffe	Beta R3/E
		N99059	1979	1981	Confederate AF	
		N352JU	1981	2007	Confederate AF	R1340
		N352JU	2007		**Gerald Yagen**	**flugfähig**
C352	018	T.2B-127	1948	1971	Span. Luftwaffe	Beta R3/E
		D-CIAD	1979	1982	Kurfiss Aviation	L/F 23.08.1982
					FA Hermeskeil	Static
C352	031	T.2B-140	1948	1976	Span. Luftwaffe	Beta R3/E
		N9012P	1984	1984	Mil. Acft. Rest.	
		N9012P	1985	1985	Ju52 Flight Ltd.	L/F 29.09.1985
					TM Sinsheim	Static
Ju52	5670	6309	1936	1963	FAP	BMW/Pratt
		OO-AGU	1986	1986	Sabena	nicht geflogen
					Musee de l'Air	Static
C352	102	T.2B-211	1951	1973	Span. Luftwaffe	Beta R3/E
		911-16	1988	1989	Span. Luftwaffe	L/F 13.01.1989
		- - -	1989		Museo del Aire	Static

Junkers Ju52 Traditionsflugverkehr

Der frühe Oldtimer-Betrieb der 70er Jahre ohne geeignete, größere Betreiber-konzepte und finanzielle Mittel zur Instandsetzung der Flugzeuge fand bis Mitte der 80er Jahre sein Ende. Anstelle der Enthusiasten und Liebhaber von Oldtimer-Flugzeugen traten seit Anfang der 80er Jahre vermehrt professionelle Organisationen mit ausreichenden Finanzmitteln und Werkstätten in den Oldtimer-Betrieb ein, um hiermit werbewirksame Traditionspflege für ihre Organisation oder ihr Unternehmen zu betreiben.

Als eine der ersten Organisationen zur Traditionspflege trat nach der Stillegung der letzten drei Junkers Ju52 der Schweizer Fliegertruppe 1982 der Verein der Freunde des Museums der schweizerischen Fliegertruppe (VFMF) auf. Er nahm bereits 1983 mit zwei Ju52 den Rundflugbetrieb in der Schweiz auf und erweiterte diesen 1985 auf drei Flugzeuge.

Als erste Fluggesellschaft bemühte sich in Südafrika die South African Airways bereits 1980 um die Beschaffung eines entsprechenden Flugzeugs, mit dem 1984 der 50. Gründungstag des Unternehmens gefeiert werden sollte. Als erstes vollständig überholtes Traditions-Flugzeug hob diese Maschine aus dem Bestand von Doug Arnold am 14. Januar 1984 in Johannesburg ab. Ihm folgte im April 1986 die „D-AQUI" der Deutschen Lufthansa Berlin Stiftung aus Anlass des 60. Jahrestags der Verkehrseröffnung 1926. Auch die belgische Sabena bemühte sich seit 1985 um die flugtaugliche Wiederherstellung einer Junkers Ju52 der portugiesischen Luftwaffe als Traditionsflugzeug, musste dieses Vorhaben allerdings in den 90ern erfolglos aufgeben.

Bei der spanischen Luftwaffe wurde ab 1987 eine verbliebene CASA352 als flugfähiges Traditionsflugzeug wieder hergestellt. Dieses Flugzeug absolvierte am 1. April 1988 als weltweit sechstes Traditionsflugzeug seinen Erstflug. Der dauerhafte Betrieb dieses Flugzeugs fand allerdings nicht statt. Das Flugzeug wurde bereits am 13. Januar 1989 wieder abgestellt.

In den 90ern folgten am 27. Juni 1997 die CASA 352 des Vereins der Freunde historischer Luftfahrzeuge und am 14. April 2003 der Amicale de Jean Baptiste.

Flugverband der europäischen, flugfähigen Ju52 auf der Hahnweide 2011 (Ju-Air)

Seit 2003 befanden sich damit sechs Junkers Ju52 bzw. CASA 352 in Europa wieder in der Luft. Zwei weitere CASA 352 waren in Südafrika und den USA flugfähig.

Das Ende der Traditionsflüge

Bei zwei der acht im Tradtionsflugbetrieb genutzten Maschinen führte der Mangel an Ersatzteilen zu Problemen. Die CASA 352, W.Nr. 164, ZS-AFA mußte in den 90er Jahren mehrfach länger wegen fehlender Bereifung und Problemen am Fahrwerk stillgelegt werden. In den 2000er Jahren war dieses Flugzeug nur noch selten, zuletzt im August 2015 geflogen. Die durch Ju-Air für den Verein der Freunde historischer Luftfahrzeuge in Mönchengladbach flugfähig gemachte CASA 352, W.Nr. 56, HB-HOY wurde am 29. Oktober 2016 abgestellt, da die BMW-Reservemotore für die vier von Ju-Air betreuten Flugzeuge nicht ausreichte.

Eine Wende in der ansonsten erfolgreichen Geschichte des Ju52-Traditionsflugbetriebs stellte am 4. August 2018 der Absturz der Ju52, W.Nr. 6595, HB-HOT am Piz Segnas dar, bei dem die 3 Besatzungsmitglieder und 17 Passagiere ums Leben kamen. Obwohl der Unfall keine technische Ursache hatte, wurde der Flugbetrieb mit den beiden verbliebenen Ju52, W.Nr. 6580, HB-HOS und W.Nr. 6610, HB-HOP im November 2018 zunächst vorübergehend untersagt. Zu diesem Zeitpunkt war die bei Lufthansa betriebene Ju52, W.Nr. 130714, D-CDLH nach Befunden im Bereich der Motoraufhängungen im August 2018 außer Betrieb. Bereits 2019 traf die Lufthansa die Entscheidung ihr Traditionsflugzeug außer Dienst zu stellen. Eine 2020 begonnene Grundüberholung der HB-HOS durch die Junkers Flugzeugwerke AG in der Schweiz wurde im Juli 2022 endgültig aufgegeben. Die letzte der drei verbliebenen originalen Ju52 wurde damit 2022 abgestellt.

Von den ursprünglich acht flugfähigen Ju52 bzw. CASA 352 befinden sich seit 2019 nur noch die in Frankreich von den Amicale de Jean Baptiste betriebene CASA 352, W.Nr. 103, F-AZJU und die in den USA von Gerald Yagen betriebene CASA 352, W.Nr. 67, N352JU in einem flugfähigen Zustand. Beide Flugzeuge werden nur gelegentlich auf ausgewählten Flugveranstaltungen noch geflogen. Passagiere werden bei Flügen seit 2019 nicht mehr befördert.

Mit mehr als 20.000 Flugstunden ist die „D-AQUI" der Lufthansa auch 2024 der Fleetleader unter den Ju52-Flugzeugen. Sie absolvierte im Tradtionsbetrieb jährlich mehr als 500 Flüge und transportierte pro Jahr 10.000 Passagiere. Sie war die letzte im gewerblichen Personenverkehr zugelassene Junkers Ju52.

Junkers Ju-52 NG (Next Generation)

Als Ersatz für die weitgehend außer Dienst gestellten, flugfähigen Junkers Ju52 entstand bei der Junkers Flugzeugwerke AG im Schweizerischen Widnau 2022 die Überlegung zu einem modernisierten Nachbau neuer Junkers Ju52. Unter Beibehaltung der Wellblech-Leichtmetallbauweise der Ju52 auf Basis der AL 2024-Legierung sollte die Junkers Ju-52 NG mit modernen Avioniksystemen der Firma Garmin und drei 550 PS starken RED Aircraft-Motoren mit Fünfblattpropeller ausgerüstet werden, die der neuen Ju52 STOL-Start- und Landeeigenschaften auf kurzen unbefestigten Bahnen ermöglichen sollten. Neben dem Einsatz im Rundflugbetrieb mit 14 Passagieren, sollte das Flugzeug auch für reguläre Linienflugdienste und Frachtflüge vorgesehen werden.

Anlässlich der AERO 2022 in Friedrichshafen kündigte die Junkers Flugzeugwerke AG die Aufnahme der Entwicklungsarbeiten für die Junkers Ju-52 NG und eine Musterzulassung bis 2025/26 an.

Modell der Junkers Ju-52 NG auf der AERO 2022 in Friedrichshafen

Von den äußeren Abmaßen orientiert sich der NG-Entwurf weitgehend an den früheren Junkers Ju52, während die Verwendung eines Reihenmotors das optische Erscheinungsbild verändert. Gewichtsmässig zeichnet sich die NG durch eine 15% Einsparung aus. Bei annähernd gleicher Motorisierung ist die NG mit fast halbem Spritverbrauch erheblich wirtschaftlicher wie das originale Vorbild. Obwohl als STOL ausgewiesen und bei gleicher Motorisierung benötigt die NG allerdings fast die doppelte Startbahnlänge.

Nur drei Monate nach Ankündigung der Junkers Ju-52 NG kam das Projekt im Rahmen einer Restrukturierung der Junkers Flugzeugwerke AG im Juni 2022 zu einem Stillstand. Bislang ist die Junkers Ju-52 NG nicht über eine Konzeptphase hinaus gekommen. Nach Auflösung der Entwicklungskapazitäten bei der Junkers Flugzeugwerken ist eine Wiederaufnahme des Projekts zu einem späteren Zeitpunkt fraglich. Die Realisierung und der Bau neuer Ju-52 NG für die Oldtimer-Rundflug-Szene ist mittelfristig kaum zu erwarten.

Vergleich Junkers Ju52/3mg3e mit JFAG Ju-52 NG von 2022

	Junkers Ju52/3mg3e	JFAG Ju-52 NG
Spannweite {m]	29,25	29,25
Flügelfläche [m²]	110,50	
Länge [m]	18,90	19,20
Höhe [m]	6,10	6,30
Leergewicht [kg]	5720	
Max. Abfluggewicht [kg]	10500	8616
Reisegeschwindigkeit [km/h]	246	180
Startstrecke [m]	350	641
Gipfelhöhe [m]	6300	
Reichweite [km]	998	1236
Tankvolumen [l]	2450	1560
Verbrauch [l/km]	2,4	1,3
Motor	3 x 525 PS BMW 132A3	3 x 550 PS RED A03-005 V12 Diesel

Junkers Ju52 Ozean-Überquerungen und Weltflüge

In der operativen Einsatzphase der Ju52 zwischen 1930 und 1975 hat keine Ju52 den Atlantik fliegend überquert. Flugzeugauslieferungen nach Nord- und Südamerika erfolgten per Seetransport. Erst in der Oldtimer-Phase überquerten Ju52 den Atlantik fliegend. Die erste Ju52 war eine CASA, W.Nr. 039 im Juli 1979. Nur weitere drei Mal wurde der Atlantik mit einer Ju52 überquert:

CASA 039	N99234	Wings & Wheels	07.1979	Glasgow-Orlando Westrichtung
CASA 169	N99059	CAF	09.07.80	Biggin Hill–Harlington Westrichtung
5489	N52JU	Lufthansa	10.12.84	Opa Locka-Hamburg Ostrichtung
6595	HB-HOT	Ju-Air	18.06.12	Norwich-Goose Bay West & Ost-Richtung

Für die CASA 153, G-BFHG in Polk City und die CASA 135 im USAF Museum in Dayton sind keine Überführungsflüge bekannt geworden. Diese sind mit hoher Wahrscheinlichkeit per Seetransport in die USA gelangt.

Eine Überquerung des Pazifiks mit einer Ju52 fand bis heute nicht statt. Auch eine Weltumrundung mit einer Ju52 hat bis heute nicht stattgefunden. Der Versuch einer Weltumrundung mit einer Junkers Ju52 der Ju-Air, W.Nr. 6580, HB-HOS scheiterte im Jahr 2000 nach der Ankunft in Japan an der russischen Verweigerung der Überflugrechte.

Ju-Air, W.Nr. 6580 geparkt auf dem Sendai Airport am 26. März 2000 (FlyTeam)

Mit dem Flug von Europa nach Japan bewältigte die HB-HOS allerdings die längste nach dem zweiten Weltkrieg mit einer Ju52 geflogene Flugroute, die auch vor dem zweiten Weltkrieg nur einige wenige Male ab April 1939 von der Lufthansa mit Ju52 versuchsweise geflogen wurde. Zuvor hielten diesen Ju52-Rekord die AAC.1 Toucan der französischen Luftwaffe, die während des französischen Indochinakriegs zwischen Frankreich und Hanoi im Einsatz waren. Vermutlich absolvierte die HB-HOS bei den anschließenden Rundflügen in Südostasien einen der längsten Flüge einer Ju52 mit einer Flugzeit von 8,75 Stunden auf der Strecke von Brunei nach Kuala Lumpur am 22. April 2000.

Ursprünglich entstand die Junkers Ju52 als vergrösserte Weiterentwicklung der einmotorigen Junkers W33/W34, die sich bereits erfolgreich im Frachtsegment etabliert hatte. Für Transport größerer Güter entstand die Junkers Ju52/1m mit einem vergrößerten Rumpfquerschnitt. Wie allgemein üblich, sah Junkers für die Frachtmaschine nur einen Motor vor. Die erste Ju52/1m startete am 11. September 1930 zu ihrem Erstflug, ein zweiter Prototyp folgte am 14. Januar 1931. Bereits im Februar 1931 erfolgte die Musterzulassung der einmotorigen Ju52/1m.

Junkers Ju52/1m Prototyp D-1974, 1930 (JFAG)

Bereits während der Zulassung der Prototypen wurde in Dessau die Serienfertigung von fünf Serienmaschinen (W.Nr. 4003-4007) aufgenommen. Überwiegend kamen diese Maschinen bei paramilitärischen Organisationen, wie etwa der Luftdienst GmbH in Deutschland zur Erprobung. Ein einzelnes Exemplar (W.Nr. 4006) wurde nach Kanada als Buschflugzeug verkauft. Im Winter 1931/32 entstand bereits eine zweite Kleinserie (W.Nr. 4008-4012). Ebenso wie Kanada zeigten auch Fluggesellschaften in Südamerika Interesse an dem Großflugzeug. Diese waren allerdings auf Grund ihres Streckennetzes über abgelegenen Urwaldgebieten an einer mehrmotorigen Lösung interessiert. Bereits im April 1931 begannen daher die Arbeiten an einer dreimotorigen Junkers Ju52, die neben dem zentralen Motor im Rumpf zwei weitere Motore in den Tragflächen erhielt. Dazu wurde der einmotorige Prototyp W.Nr. 4001 mit zwei Motorattrappen im Flügel ausgestattet. Die bereits im Bau befindliche zweite Serie der Junkers Ju52/1m wurde für Bolivien und Kolumbien mit zwei zusätzlich verbauten Flächenmotoren fertiggestellt. Sie unterschied sich von den späteren Junkers Ju52/3m durch den unveränderten Rumpf der Junkers Ju52/1m. Die erste dreimotorige Ju52 dieser Serie absolvierte am 3. März 1932 in Dessau ihren Erstflug.

Modifizierte Ju52/1m mit drei Motoren aus dem Jahr 1932 (JFAG)

Neben den sieben einmotorigen Ju52 und den fünf mit drei Motoren für Südamerika fertiggestellten Maschinen entstanden keine weiteren Serienflugzeuge auf Basis der Junkers Ju52/1m. Heute existiert noch das Wrack einer an Bolivien gelieferten dreimotorigen Umbaumaschine (W.Nr. 4008) im bolivianischen Urwald bei Ricon del Tigre. Die übrigen einmotorigen Maschinen wurden bis 1947 abgestellt und abgewrackt. Weitere originale Maschinen existieren heute nicht mehr. Allerdings befindet sich im Royal Aviation Museum of Western Canada in

Winnipeg noch die Replika der nach Kanada 1933 ausgelieferten Ju52/1m, CF-ARM. Sie entstand aus dem musealen Umbau einer CASA 352 (CASA W.Nr. 038).

Junkers Ju52/3m

Für die Serienfertigung der dreimotorigen Junkers Ju52/3m überarbeitete Zindel den Gesamtentwurf nochmals. Hierbei wurden auch die Belange des Personentransports berücksichtigt. Die beiden Motoraufnahmen wurden in die Struktur der Flügel integriert. Auch der Rumpf der Ju52/1m wurde nochmals überarbeitet. Mit W.Nr. 4013 entstand der Prototyp der dreimotorigen Serienmaschine. Sie flog erstmals im Februar 1932. Im Mai 1932 wurde die Maschine zu Versuchszwecken als D-2201 „Boelcke" an die Deutsche Luft Hansa AG übergeben. Die erste Junkers Ju52/3m blieb bis 1934 bei Lufthansa und wurde danach als D-ADOM an die Deutsche Reichsbahn abgegeben. Sie ging später durch Absturz verloren.

Erste Junkers Ju52/3m, W.Nr. 4013, D-2201 mit 3m-Rumpf (Deutsche Lufthansa AG)

Eine aus Spanien Mitte der 60er Jahre für das Technikmuseum in Berlin beschaffte Junkers Ju52/3m (W.Nr. 7220) wurde 1965 auf der Internationalen Verkehrsausstellung in München noch einmal im Erscheinungsbild der ersten Ju52/3m als D-2201 ausgestellt, bevor sie in den 90er Jahren auf ihr eigenes früheres Lufthansa-Erscheinungsbild als D-AZAW umgestaltet wurde.

Die genaue Zahl der produzierten Ju52/3m schwankt in unterschiedlichen Quellen zwischen mehr als 4800 und 5200 Flugzeugen. Die Produktion lief bei Junkers mit 22 Flugzeugen, die bis Ende 1933 bei Junkers in Dessau gebaut wurden, eher bescheiden an. Mit dem Ausbau der Junkerswerke zu einem staatlichen Rüstungskonzern durch Heinrich Koppenberg begann auch die industrielle Serienfertigung der Ju52 in Dessau. Im Rahmen des ABC-Programms wurde ab Dezember 1933 die Baugruppen-Fertigung der Ju52 aus dem Stammwerk nach außen verlagert. Junkers selbst verlagerte die Rumpffertigung der Ju52 in das Reichsbahnwerk nach Dessau-Süd. Im Stammwerk verblieb lediglich die Endmontage der Ju52. Tragflächen wurden bei ATG in Leipzig hergestellt, Leitwerk und Motorgerüst kamen von Blohm & Voss in Hamburg.

Ju52 Produktionsstandorte 1934-1944

Betrieb	Fertigungsort	Zeitraum	Baugruppe
Junkers	Dessau	1930-1933	Ju52/1m und Ju52/3m Initialproduktion
Junkers	Stammwerk Dessau	1934-1937	Endmontage und Sonderbau
Junkers	Reichsbahn-Ausbesserungswerk Dessau-Süd	1934-1937	Rumpf inkl. Waggonwerk Dessau
ATG	Leipzig Lindenthal	1934-1937	Tragflächen
Blohm & Voss	Hamburg	1934-1937	Leitwerk, Motorgerüst
Junkers	Zweigwerk Bernburg	ab Sept. 1937	Komplette Fertigungslinie
ATG	Leipzig Mockau	1935-1937	Rumpf und Endmontage, Sondereinbau
ATG	Leipzig Mockau	1940-1944	Komplette Fertigungslinie
Amiot		1942-1944	Komplette Fertigungslinie
PIRT	Budapest	1944	Komplette Fertigungslinie

Ab 1936 übernahm die ATG auf dem Flugplatz Leipzig-Mockau auch die Fertigung kompletter Ju52. Mit der Fertigstellung des Junkers Zweigwerk Bernburg wurde die gesamte Ju52 Produktion in Bernburg konzentriert. Die ersten Flugzeuge wurden im September 1937 in Bernburg ausgeliefert. Das Stammwerk in Dessau war ab 1938 ein reiner Entwicklungsbetrieb. ATG übernahm die Produktion anderer Flugzeugmuster.

Mit dem Ausbruch des zweiten Weltkriegs und dem erhöhten Ersatzbedarf an Ju52 durch die Luftwaffe übernahm die ATG in Leipzig Mockau ab 1940 wieder einen Teil der Komplettfertigung von Ju52. Ab 1942 übernahmen die Amiot-Werke in Frankreich einen weiteren Teil. Der Höhepunkt der Ju52-Produktion wurde 1943 mit den drei Produktionsstandorten bei Junkers in Bernburg, ATG in Leipzig Mockau und bei Amiot in Colombes erreicht, die 1943 fast 900 Ju52 produzierten.

Der Produktionsanlauf bei PIRT in Ungarn 1944 wurde durch dem sowjetischen Vormarsch nach wenigen gebauten Exemplaren wieder gestoppt. Auch die französischen Amiotwerke fielen im Herbst 1944 nach der alliierten Befreiung als Ju52 Produktionsstandort weg. Bei Junkers und ATG wurde die Ju52 Produktion im Herbst 1944 zugunsten des priorisierten Jägernotprogramms gestoppt. Die letzten Ju52 aus dem Junkers-Produktionsprogramm entstanden im Herbst 1944.

Junkers Ju52/3m Serienproduktion in Dessau (JFM)

Amiot in Frankreich und die spanische CASA setzten die Produktion ab 1944 unter den Bezeichnungen AAC.1 und CASA 352 fort. Während bei Amiot die Serienfertigung der für Junkers gefertigten Ju52/3mg10e unter einem eigenen Werknummern-Kreis als AAC.1 fortgesetzt und später geringfügig auf Grund der weggefallenen Versorgung aus Dessau angepasst wurde, wurden bei der CASA zahlreiche Baugruppen und verwendete Materialien des originalen Junkers-Entwurfs entsprechend der Versorgungslage nach dem Ende des Krieges angepasst. Die CASA 352 unterschied sich daher deutlich von den ursprünglichen Junkers Ju52/3m der Junkerswerke.

Ju52 Produktionszahlen 1932-1944[1]

Jahr	JFM Dessau	JFM Bernburg	ATG Leipzig	Amiot	PIRT	Total
1930/31	2					2
1932	5+5+5[2]					15
1933	17					17
1934	175					175
1935	347		32			379
1936	221		72			293
1937	210 [3]		50			260
1938		300				300
1939		578				578
1940		303	120			423
1941		301	201			502
1942		329	204	40		573
1943		318	258	321		897
1944		81	101	241	32	455
Total	**987**	**2210**	**1038**	**602** [4]	**32**	**4869**[5]

---

[1] Ferenc Vajda, „German Aircraft Industry and Production 1933-1945"
[2] Inkl. 5 Umbauten aus Ju52/1m und weiteren 5 Ju52/1m
[3] Gesamtproduktion Dessau und Bernburg (ab 09.1937)
[4] Vermutl wurden bei Amiot nur 517 Ju52 unter deutscher Aufsicht fertiggestellt
[5] Der Bericht „Junkers Aircraft and Aero Engine Works Dessau, Germany" des U.S. Strategic Bombing Survey vom Januar 1947 erwähnt 4845 unter Leitung der Junkers Flugzeug- und Motorenwerke AG gebaute Ju52. Unterstellt man 85 bei Amiot nicht mehr fertiggestellte Ju52 beträgt die Gesamtzahl 4784 Maschinen.

Ju52 Werknummern

W.Nr.	Anz.	Hersteller	von	bis
301-312	12	ATG	07.1935	11.1935
1301-1384	84	ATG	11.1935	09.1936
2801-2861	60	ATG	10.1936	05.1937
2862-3462	600	ATG	1940	06.1943
4001-4007	7	JFAG Dessau	1930	1933
4008-4012	5	JFAG Dessau	1932	1933
4013-4080	68	JFAG Dessau	1932	1935
5001-ca. 5859	859	JFM Dessau-Süd	05.1934	09.1937
ca, 5860-7800	1941	JFM ZW Bernburg	09.1937	05.1943
10001-10150	150	Amiot	1942	1943
10394-10406	13	Amiot		02.1944
130221-130230	10	Junkers Bernburg	05.1943	05.1943
130511-130530	20	Junkers-Bernburg	06.1943	06.1943
130591-130600	10	Junkers-Bernburg	06.1943	07.1943
130701-130770	70	Junkers-Bernburg	07.1943	09.1943
130851-130880	30	Junkers-Bernburg	09.1943	10.1943
130931-130950	20	Junkers-Bernburg	10.1943	11.1943
131041-131080	40	Junkers-Bernburg	11.1943	12.1943
131141-131170	30	Junkers-Bernburg	12.1943	01.1944
131291-131300	10	Junkers-Bernburg	01.1944	02.1944
131401-131430	30	Junkers-Bernburg	02.1944	02.1944
131471-131485	15	Junkers-Bernburg	03.1944	04.1944
180341-180360	20	Amiot	05.1943	07.1943
180501-180552	52	Amiot	07.1943	05.1944
500111-500180	70	ATG	06.1943	09.1943
501111-501170	60	ATG	09.1943	11.1943
501191-501220	30	ATG	11.1943	12.1943
501301-501380	80	ATG	01.1944	03.1944
501401-501454	54	ATG	04.1944	07.1944
640041-640080	40	Amiot	1943	1943
640161-640210	50	Amiot	1943	1944
640401-640420	20	Amiot		12.1943
640491-640500	10	Amiot		
640591-640640	50	Amiot		04.1944
640690-640699	10	Amiot		05.1944
640741-640760	20	Amiot		01.1944
640981-641040	60	Amiot		03.1944
641190-641250	60	Amiot		
641361-641410	50	Amiot		06.1944
901121-901150	30	PIRT	1943	1944

Ju52 aus dem ATG-Werk in Leipzig erhielten die nächsten fortlaufenden Werknummern bei ihrer Bestellung. Hierzu zählen einige 300er und 1300er Kreise, sowie die Werknummern ab 2801 bis 3462. Die bei Amiot in Frankreich gefertigten Ju52 erhielten 1942 die Werknummern ab 10000 bis 10406.

Ab 1943 wurde das Werknummern-System bei Junkers umgestellt. Um Rückschlüsse auf Produktionsmengen aus Werknummernkreisen zu verhindern, weisen die nun sechsstelligen Werknummernlisten ab 1943 größere Lücken in den Nummernkreisen aus. Die WNr 13x.xxx wurden für Ju52 aus Bernburg vergeben. W.Nr. 18x.xxx und 64x.xxx stammen aus Frankreich, während W.Nr. 50x.xxx bei ATG in Leipzig hergestellt wurden. Für ungarische Ju52 waren die W.Nr. 90x.xxx vorgesehen.

Die nach dem Krieg in Frankreich produzierten AAC.1 und die in Spanien produzierten CASA 352 erhielten eigene Werknummern-Systeme jeweils beginnend mit der Werknummer 001.

Erhaltene Junkers Ju52/3m

Nach dem Krieg blieben in Deutschland keine originalen Junkers Ju52/3m erhalten. Auch die von den Alliierten erbeuteten Maschinen wurden kurz nach dem Krieg ausnahmslos abgewrackt. Neben einigen Einzelstücken in Argentinien und Kolumbien, sowie der Lufthansa-Traditionsmaschine „-DAQUI" stammen die heute noch existierenden Junkers Ju52/3m im Wesentlichen aus folgenden früheren Beständen:

- Forca Aerea Portuguesa (FAP)
- Schweizer Fliegertruppe
- Geborgene Luftwaffen Ju52 aus dem Hartvikvatnet-See in Norwegen

Hinzu kommen einige ehemalige Luftwaffen Ju52, die noch als betauchbare Unterwasserwracks im Mittelmeer und in Skandinavien vorhanden sind oder als Landwracks meist an entlegenen Absturzorten in Skandinavien liegen.

Typ / Ort / Status	W.Nr.	Zulassung
Junkers Ju52/3mce, Wrack, Bolivien		
An der Absturzstelle Ricon del Tigre, Bolivien	4008	CB-17
Wrack an der Absturzstelle, letzte Information 1991		

Letzte Wrackstücke in Ricon del Tigre in den frühen 2000er Jahren

Im bolivianischen Urwald existieren in der Nähe von Ricon del Tigre einige Wrackstücke der Junkers Ju52/3m W.Nr. 4008. Die W.Nr. 4008 war die zweite Junkers Ju52/3m. Sie war bei den Junkerswerken in Dessau als einmotorige Ju52/1m begonnen worden, wurde dann aber 1932 in eine dreimotorige Ju52/3m umgebaut und vom Zinn-Magnaten Simon Patino in Bolivien zusammen mit der baugleichen W.Nr. 4009 erworben. Patino übergab beide Maschinen an die bolivianische Fluglinie Lloyd Aero Boliviano, die das Flugzeug im Januar 1933 als CB-17 unter dem Beinamen „Juan del Valle" registrieren ließ. Beide Ju52 gingen bei Ausbruch des Grand Chaco Krieges 1932 als Militärtransporter an das bolivianische Militär. Zwei weitere Ju52/3m bestellte Lloyd Aero Boliviano 1935 als sich das Ende des Chaco-Krieges abzeichnete. Im April 1935 kam Ju52/3m, W.Nr. 4061 zur LAB, die ebenfalls für einige Monate bei der bolivianischen Armee noch zum Einsatz kam. Im Verlauf des Grand Chaco Kriegs transportierten die 2-3 Ju52 etwa 4.500 Tonnen Fracht an die Front. Auf den Rückflügen nahmen die Flugzeuge Verwundete an Bord. Nach Ende des Grand Chaco Krieges kamen die drei Ju52/3m ab Juli 1935 zum zivilen Flugeinsatz der Lloyd Aero Bolviano (LAB). Die vierte Ju52/3m kam erst 1937 mit W.Nr. 5623 zur Auslieferung.

Lloyd Aero Boliviano, „Juan del Valle", W.Nr. 4008

Die W.Nr. 4009, CB-18 „Huanuni" ging im Dezember 1937 und die W.Nr. 4008, CB-17, „Juan del Valle" im November 1940 durch Absturz über dem Urwald verloren. Die beiden übrigen Ju52/3m CB-21 und CB-22 blieben noch bis 1942 bei Lloyd Aero Boliviano im Einsatz und wurden danach nach Argentinien und Brasilien verkauft.

Bolivianische Junkers Ju52

4008		1931	Umbau zur Ju52/3mce
	CB-17	22.01.1932	Lloyd Aero Boliviano, „Juan del Valle"
	CB-17	1932	Bolivianische Armee, Grand-Chaco-Krieg
	CB-17	1935	Lloyd Aero Boliviano
	CB-17	04.11.1940	Absturz bei Rincon del Tigre
		1996	Rumpf an Absturzstelle noch vorhanden
4009		1931	Umbau zur Ju52/3mce
	CB-18	22.01.1932	Lloyd Aero Boliviano, „Huanuni"
	CB-18	1932	Bolivianische Armee, Grand-Chaco-Krieg
	CB-18	1935	Lloyd Aero Boliviano
	CB-18	15.12.1937	Absturz über Urwald z. Robore + Santa Cruz
4061		04.1935	Lloyd Aero Boliviano, „Bolivar"
	CB-21	04.1935	Bolivianische Armee, Grand-Chaco-Krieg
	CB-21	07.1935	Lloyd Aero Boliviano
	LV-AAN	22.07.1942	Aeroposta Argentina, „Quichua"
5623	CB-22	1937	Lloyd Aero Boliviano, „Illampu"
	PP-SPJ	04.1944	VASP, „Cidade de Campinas"

Während das Wrack der W.Nr. 4009 zwar in den 40er Jahren entdeckt, allerdings nicht genauer spezifiziert wurde, wurde der Absturz der W.Nr. 4008 „Juan del Valle" sehr umfangreich dokumentiert[6]. Das Flugzeug war am 4. November 1940 auf dem Flug vom El Trompillo Flughafen in Santa Cruz ins brasilianische Corumba. Neben drei Besatzungsmitgliedern unter Führung von Kapitän Georg Jüterbock befanden sich elf Passagiere an Bord, u.a. der Gouverneur der Provinz Santa Cruz, sowie der Bürgermeister der Stadt Santa Cruz und der Rektor der dortigen Universität, die in Corumba an der brasilianischen Grenze die Eröffnung der Eisenbahnlinie nach Bolivien feiern wollten. Nach Zwischenlandungen in San Jose, San Ignacio de Velasco und Robore befand sich das Flugzeug auf dem Weg nach Puerto Suarez an der Grenze von Brasilien und Bolivien. In Puerto Suarez herrschte zum Zeitpunkt der Ankunft des Flugzeugs ein schwerer Regensturm. Vermutlich versuchte Jüterbock diesem Sturm auszuweichen und verlor die Orientierung. Nachdem der Treibstoff aufgebraucht war, erfolgte eine Notlandung

---

[6] Johann Jacob, „Juan del Valle", in Flugzeug 5/1996

im bolivianischen Urwald. Erst 14 Monate später im Januar 1942 entdeckte man das Wrack der „Juan del Valle" in der Nähe des Weges von San Lorenzo nach Santo Corazon etwa 20 Kilometer nordwestlich der Missionsstation von Rincon del Tigre weitab seiner geplanten Route. Nicht alle Insassen wurden bei der Notlandung getötet sondern starben in der Folgezeit. Das Bergungsteam barg 1942 die Toten von der Unglücksstelle. Das Flugzeug blieb an der Absturzstelle.

Auf der Ostseite des Parque Urbano in Santa Cruz ließ Lloyd Aero Bolviano zum 50. Jahrestag des Absturzes 1990 eine Gedenktafel mit den Namen der Opfer aufstellen.

Im Jahr 1991 fand eine Exkursion zur Absturzstelle der „Juan del Valle" statt. Dabei entstanden erstmals Photos des Wracks, dessen Rumpf auch nach 50 Jahren Aufenthalt im subtropischen Urwald noch erhalten war. Die Flügel sind beim Eintauchen in den Wald an der Flügelwurzel abgerissen. Die drei Motore waren bereits geborgen.

Wrack der zweiten Ju52/3m W.Nr. 4008 im bolivianischen Urwald 1991 (Oscar Terceros)

Vermutlich wurden seit 1996 große Teile des Wracks durch die einheimische Bevölkerung verwertet. Aktuelle Informationen zum Zustand des letzten noch vorhandenen Rumpfs einer Junkers Ju52/1m liegen nicht vor.

Typ/Ort/Status	W.Nr.	Zulassung
Junkers Ju52/3mge, Moron, Argentinien		
Museo Nacional de Aeronautica Moron, Buenos Aires, Argentinien z.Zt. in Restaurierung, nicht zugänglich	4043	T-158

Ju52/3m W.Nr. 4043 in Moron auf eigenem Fahrwerk im März 2024 (C. Villafane, GTRA)

Die vermutlich älteste noch komplett erhaltene Junkers Ju52/3m mit der W.Nr. 4043 gehört dem Museo Nacional de Aeronautica (MNA) in Buenos Aires, Argentinien. Das Flugzeug war im Besitz der argentinischen Regierung und wurde Anfang der 60er Jahre für eine spätere Luftfahrtausstellung eingelagert. Das Flugzeug wurde seit der Ende der 60er Jahre in verschiedenen Erscheinungsbildern an mehreren Orten in Buenos Aires ausgestellt. Zuletzt befand sich das Flugzeug in der Freilicht-Ausstellung der Luftwaffenbasis von Moron bei Buenos Aires. Hier wurde die Maschine bei einem Sturm in Jahr 2012 schwer beschädigt. Nachdem sich das Flugzeug einige Jahre zur Instandsetzung auf der Luftwaffenbasis von Rio Cuatro befand, ist es inzwischen wieder in Moron, wo die Instandsetzung fortgesetzt werden soll. Die Zugänglichkeit des Flugzeugs ist zur Zeit beschränkt.

Einsatz bei Lufthansa

Das Flugzeug absolvierte seinen Erstflug in Dessau am 28. März 1934 mit der Zulassung D-3356. Danach wurde die Maschine nach Travemünde überführt und mit Schwimmern ausgerüstet. Nach Abschluss der See-Erprobung wurde sie als D-ABIS mit dem Namen „Kurt Wolff" für die Deutsche Lufthansa zugelassen und auf Strecken nach Skandinavien eingesetzt. Am 26. April 1934 absolvierte die „Kurt Wolff" mit Flugkapitän Joseph Kaspar den ersten Lufthansa-Flug von Travemünde über Kopenhagen und Gothenburg nach Oslo[7].

W.Nr. 4043, Lufthansa D-ABIS in Gressholmen im April 1934 (Industrihistorik Arkiv)

---

[7] Rob Mulder, Günther Ott: Deutsche Lufthansa in Norway 1927-1945, European Aviation

42

Einsatz beim Syndicato Condor Ltda.

Mitte der dreißiger Jahre baute die Lufthansa-Tochtergesellschaft Syndicato Condor Ltda von Rio de Janeiro in Brasilien ihr südamerikanisches Streckennetz weiter aus. Einerseits wurde dabei die Südamerika-Route aus Europa nach Natal bis Rio de Janeiro erweitert. Andererseits erfolgte die Anbindung von La Paz in Bolivien, Buenos Aires in Argentinien und Santiago in Chile. Diese Fernstrecken der Syndikato Condor wurden zunächst von Junkers G24 bedient. Ab 1933 übernahmen aber Junkers Ju52 zunehmend diese Routen. Insgesamt 16 Maschinen erhielt Syndicato Condor aus dem Flottenpark der Lufthansa in Deutschland zwischen Dezember 1933 und 1941. Die D-ABIS, „Kurt Wolff" wurde bei Lufthansa nach nur neun Monaten Anfang 1935 außer Betrieb genommen und per Seetransport nach Rio de Janeiro verfrachtet. Im März 1935 erhielt die Maschine die brasilianische Zulassung PP-CAX mit dem Beinamen „Curupira".

W.Nr. 4043, PP-CAX der Syndicato Condor in Brasilien (Old Skool SantaRosa, CC-BY-2.5)

Mit Ausbruch des zweiten Weltkriegs war Syndicato Condor von deutschen Versorgungslieferungen weitgehend abgeschnitten. Nur vereinzelt trafen noch Blockadebrecher-Schiffe in Brasilien ein, mit denen allerdings sogar noch eine Ju52 während des Kriegs nach Brasilien kam. Mit dem amerikanischen Kriegseintritt wuchs der amerikanische Druck auf die brasilianische Regierung zu einer Reduzierung des deutschen Einflusses bei Syndicato Condor. Zunächst wurde das Unternehmen in ein brasilianisches Unternehmen unter dem Namen Serviços Aeros Condor Ltda umgewandelt ohne dabei die deutschen Kapitalgeber vom Unternehmen zu trennen. Dies geschah erst am 16. Januar 1943 mit der Beschlagnahmung des Unternehmens und der Umbenennung in Serviços Aereos Cruzeiro do Sul Ltda. Die noch vorhandenen, dreizehn Junkers Ju52 des Syndicato Condor gingen einschließlich der W.Nr. 4043, PP-CAX in den Besitz der Cruzeiro über. Nach dem Ende des zweiten Weltkriegs verkaufte Cruzeiro Anfang 1946 elf der verbliebenen Junkers Ju52 an Argentinien.

Ju52 in Argentinien [8]

Die argentinische Fluggesellschaft Aeroposta erhielt ihre ersten drei Junkers Ju52 bereits im Oktober 1937. Auch die argentinische Luftwaffe Fuerza Aerea Argentinas (FAA) übernahm ab September 1939 fünf Junkers Ju52. Beide Betreiber waren während des zweiten Weltkriegs im neutralen Argentinien von der weiteren Ersatzteilversorgung aus Deutschland abgeschnitten. Aeroposta erwarb während des Kriegs noch zwei weitere Ju52 aus Bolivien und Brasilien.

Die argentinische Luftwaffe gelangte erst nach dem Ende des zweiten Weltkriegs an weitere Flugzeuge, die sie aus Brasilien vom Syndicato-Nachfolger Cruzeiro 1946 erwarb. Elf Junkers Ju52 wurden zwischen Januar und März 1946 von Cruzeiro nach Argentinien geliefert. Hierzu gehörte auch die W.Nr. 4043, die als PP-CAX „Curupira" vom Syndicato Condor seit März 1935 betrieben wurde.

---

[8] Der Einsatz der Ju52 in Argentinien wird auf der Webseite des Museo Nacional de Aeronautica (MNA) https://mna.ar/notas/10Mayo-JUNKERS-JU52-3M-TIA-ALEMANA.html ausführlich dargestellt.

Übersicht der Junkers Ju52 in Argentinien

5824	D-AALA	07.07.1936	Flugbereitschaft RLM Staaken
	R-344	08.10.1937	Aeroposta, „Patagonia", ex Junkers (D-AALA)
	LV-AAB	1938	RREG
	LV-AAG	31.08.1942	RREG
	LV-AAG	1950	stillgelegt, 06.01.1954 verschrottet
5829		14.07.1937	Junkers
	R-346	08.10.1937	Aeroposta, „Tierra del Fuego"
	LV-BAB	1938	Auslieferung ex Junkers Dessau
	LV-AAI	31.08.1942	RREG
	LV-ZIF	18.04.1950	Ministerio de Agricultura y Ganaderia
	LV-ZIF	14.11.1956	Absturz bei Rauch während Sprühflug
		10.08.1960	Reste verschrottet
5833	D-AYKA	21.07.1937	Junkers
	R-345	08.10.1937	Aeroposta, „Pampa", ex Junkers (D-AYKA)
	LV-CAB	1938	RREG
	LV-AAH	31.08.1942	Ministerio de Agricultura y Ganaderia
	LV-AAH	1950	stillgelegt, 06.01.1954 verschrottet
6264		07.03.1939	Erstflug
		23.05.1939	FAA-Bestellung 12601, 5 Flugzeuge
		1939	Aufrüstung Wright Cyclone GR-1820-G3 u. PAKIII
	T-164	16.09.1939	Fuerza Aereas Argentinas, „Nahuel Pan"
	T-164	09.1939	Grupo 1 de Observación
	T-164	25.09.1939	FAA Luftwaffenflugschule
	T-164	02.02.1941	LSD Líneas Aereas al Noreste
	T-164	01.12.1947	Umrüstung PW Wasp
	LV-YSI	18.04.1950	Ministerio de Agricultura y Ganaderia
	LV-YSI	1950	Umbau zum Sprühflugzeug
	LQ-YSI	1954	RREG
	LQ-YSI	26.01.1956	stillgelegt, 15.05.1963 verschrottet
6307		10.04.1939	Erstflug
	T-165	16.09.1939	Fuerza Aerea Argentina, „Cl. Fontana"
	T-165	09.1939	Aufrüstung Wright Cyclone GR-1820-G3 u. PAKIII
	T-165	25.09.1939	Escuela de Aplicación del Ejercito
	T-165	11.03.1941	Agrupación Transporte
	T-165	22.11.1946	abgestellt nach Unfall
6224		10.04.1939	Erstflug
	T-166	16.09.1939	Fuerza Aerea Argentina, „Neuquen"
	T-166	09.1939	Aufrüstung Wright Cyclone GR-1820-G3 u. PAKIII
			Ausbau zum Lehrsaalflugzeug
	T-166	26.09.1939	Escuela de Aplicación del Ejercit
	T-166	15.11.1939	Kollionsunfall mit T-168 in El Palomar
	T-166	1940	Líneas Aereas al SudOeste
	T-166	01.12.1947	Umrüstung PW Wasp

	LV-ZBL	08.02.1949	Ministerio de Agricultura y Ganaderia
	LQ-ZBL	1954	RREG
	LQ-ZBL	26.01.1956	Stillgelegt, 10.01.1961 verschrottet
6403		15.05.1939	Erstflug
	T-167	25.09.1939	Fuerza Aerea Argentinas „Catam. De Iguazu"
	T-167	09.1939	Aufrüstung Wright Cyclone GR-1820-G3 u. PAKIII
	T-167	26.09.1939	Escuela de Aplicación del Ejercit
	T-167	1940	Centro de Instrucción de Aviación
	T-167		Lineas Aereas ak Noreste
	T-167	01.12.1947	Umrüstung PW Wasp
	LV-ZBF	08.02.1949	Ministerio de Agricultura y Ganaderia
	LV-ZBF	04.08.1954	abgestellt
	LV-ZBF	26.01.1956	reaktiviert
6354	D-AGCB	22.04.1939	Erstflug
	T-168	25.09.1939	Fuerza Aerea Argentina, „Gen. San Martin"
	T-168	09.1939	Aufrüstung Wright Cyclone GR-1820-G3 u. PAKIII
	T-168	09.1939	Grupo 1 de Observación
	T-168		Lineas Aereas ak Noreste
	LV-ZBJ	08.02.1949	Ministerio de Agricultura y Ganaderia
	LQ-ZBJ	1954	RREG
	LQ-ZBJ	26.01.1956	Abgestellt, 15.05.1963 verschrottet
6800	D-AHGB	23.01.1940	Erstflug
	D-AHGB	1940	Lufthansa „Rudolf Kleine"
	PP-CBP	14.12.1940	Syndicato Condor
	LV-AAJ	26.12.1942	Aeroposta, „Ibate"
	LV-ZIG	18.04.1950	Ministerio de Agricultura y Ganaderia
	LQ-ZIG	26.01.1956	stillgelegt, 10.08.1960 verschrottet
4061		11.1934	Erstflug
	CB-21	06.12.1934	Lloyd Aero Boliviano „Bolivar"
	LV-AAN	27.02.1945	Aeroposta, „Quichua"
	LV-ZIH	18.04.1950	Ministerio de Agricultura y Ganaderia
	LQ-ZIH	1954	RREG
	LQ-ZIH	06.08.1953	Absturz bei Tartagal
		04.06.1959	Reste verschrottet
4078	D-AKIQ	16.04.1935	Erstflug
	D-AKIQ	1935	Lufthansa „William Langanke"
	PP-CBB	1935	Syndicato Condor, „Tupan"
	PP-CBB	1935	Umrüstung PW Wasp R1340-S3H1G
	T-153	04.01.1946	Fuerza Aerea Argentina, „Misiones"
	T-153	1946	Instituto Aerotecnico I.A.e
	T-153	01.10.1954	Einsatz Schleppflugzeug/ Erprobungsträger
	T-153	12.10.1957	Absturz bei Testflug bei Cavayate
4043	D-3356	28.03.1934	Erstflug
	D-3356	04.1934	Lufthansa „Kurt Wolff"
	D-ABIS	1934	RREG

	PP-CAX	03.1935	Syndicato Condor „Curupira"
	T-158	08.01.1946	Fuerza Aerea Argentina, „Yapeyu"
	T-158	08.1946	Umbau Ambulanzflugzeug
	LV-ZBD	08.02.1949	Ministerio de Agricultura y Ganaderia
	LQ-ZBD	1954	RREG
	LQ-ZBD	26.01.1956	stillgelegt
	LQ-ZBD	20.07.1958	Reaktiviert
	LQ-ZBD	06.03.1963	stillgelegt
	LQ-ZBD	18.03.1963	Luftfahrtmuseum Buenos Aires
5261	PP-CAZ	1935	Syndicato Condor „Maipo"
	D-AGST	11.03.1938	Lufthansa Südamerika „Maipo"
	PP-CAZ	20.09.1939	Syndicato Condor „Maipo"
	T-159	08.01.1946	Fuerza Aerea Argentina, „Rio Negro"
	T-159	12.11.1953	Luftkollision mit FAA DH104 bei Villa Mugueta
4038	D-ARUW	17.02.1934	Erstflug
	D-ARUW	02.1934	Lufthansa Südamerika "Caicara"
	PP-CAV	11.09.1939	Syndicato Condor „Caicara"
	T-160	08.01.1946	Fuerza Aerea Argentina, ohne Beinamen
	T-160	10.01.1948	Escuela de Aplicación del Ejercit
	LV-YSH	29.12.1950	Ministerio de Agricultura y Ganaderia
	LQ-YSH	1954	RREG
	LQ-YSH	26.01.1956	Stillgelegt, 10.01.1961 verschrottet
5656	D-AMYE	20.04.1937	Erstflug
	D-AMYE	07.06.1937	Lufthansa Südamerika „Los Andes"
	PP-CBL	11.09.1939	Syndicato Condor
	T-161	08.01.1946	Fuerza Aerea Argentina, „Andes"
	LV-ZBE	08.02.1949	Ministerio de Agricultura y Ganaderia
	LV-ZBE	12.03.1954	Absturz bei Schädlingsbekämpfung in Catamarca durch Motorausfall #2, #3
5053	D-AQUQ	1934	Lufthansa „Adolf von Tutschek"
	HC-SAC	1938	SEDTA, „Guayas"
	PP-CBR	13.01.1939	Syndicato Condor, „Uirapuru"
	T-152	03.02.1946	Fuerza Aerea Argentina, „Santa Cruz"
	T-152	08.1946	FAA Fallschrimspringerschule
	LV-ZBG	08.02.1949	Ministerio de Agricultura y Ganaderia
	LV-ZBG	23.07.1953	Absturz bei Sprüheinsatz in El Chanear
5478	D-AJAO	1935	Lufthansa „Robert Weinhard"
	PP-CBD	1938	Syndicato Condor „Jacy"
	T-154	03.02.1946	Fuerza Aerea Argentina, ohne Beinamen
	T-154	27.02.1947	Unfall im Einsatz für LADE
4079	D-APOR	1935	Lufthansa „Olaf Bielenstein"
	PP-CBF	1938	Syndicato Condor „Aracy"
	T-155	03.02.1946	Fuerza Aerea Argentina, „La Pampa"
	LV-ZBH	08.02.1949	Ministerio de Agricultura y Ganaderia
	T-155	19.05.1954	Fuerza Aerea Argentina

	LV-ZBH	26.01.1956	Ministerio de Agricultura y Ganaderia Verschrottet
4075	D-APEF	18.03.1935	Lufthansa „Karl Wessel"
	D-APEF	24.09.1938	Lufthansa Südamerika"Page"
	PP-CBG	09.1939	Syndicato Condor „Page"
	PP-CBG	1941	LSD SEDTA „Page"
	PP-CBG	08.1941	Syndicato Condor „Page"
	T-156	03.02.1946	Fuerza Aerea Argentina, ohne Beinamen
	LV-ZBI	08.02.1949	Ministerio de Agricultura y Ganaderia
	LV-ZBI	10.03.1953	Unfall bei San Pedro de Colalao
5120	D-ADER	1935	Lufthansa „Hans Wende"
	PP-CBE	26.07.1938	Syndicato Condor „Yarassu"
	T-157	08.08.1947	Fuerza Aerea Argentina, ohne Beinamen
	LV-ZBM	08.02.1949	Ministerio de Agricultura y Ganaderia
	LQ-ZBM	1954	RREG
	LQ-ZBM	14.01.1958	Unfall bei Esquel

Am 8. Januar 1946 stellte die FAA W.Nr. 4043 als T-158 mit Beinamen „Yapeyu" in Dienst. Das Flugzeug wurde für die Operation Misericordia als Ambulanzflugzeug umgebaut, um Lepra-Kranke aus Ushuaia und Comodoro Rivadavia zur 3400 km entfernten Leprakolonie auf der Insel Cerrito zu fliegen. Diese Flüge begannen im Oktober 1946. Bis zum 3. Februar 1947 wurden mit der T-158 fast 180 Leprakranke überführt. Danach blieb das Flugzeug bis 1949 bei der FAA als allgemeines Ambulanzflugzeug im Einsatz.

Fuerza Aerea Argentinas T-158 Ambulanzflugzeug in den 40er Jahren (FAA)

Im Februar 1949 stellte die FAA dem Ministerio de Agricultura y Ganaderia ihre noch verbliebenen 12 Junkers Ju52/3m zur Bekämpfung der Heuschreckenplage in Argentinien zur Verfügung. Weitere fünf Ju52 erhielt das Ministerium von der argentinischen Fluggesellschaft Aeropostal. Die Ju52, W.Nr. 4043 wurde nach ihrem Umbau als Bestäubungsflugzeug am 21. Dezember 1950 für das Landwirtschaftsministerium als LV-ZBD zugelassen. Zwischen 1951 und 1954 flog das Flugzeug landesweite Bestäubungseinsätze zur Bekämpfung der Heuschrecken und operierte dabei oft von unbefestigten Landeplätzen.

Nach mehreren Unfällen 1953/54, bei denen vier Schädlingsbekämpfungsflugzeuge innerhalb von 12 Monaten abstürzten, stellte das Landwirtschaftsministerium die Flüge vorübergehend ein.

Junkers Ju52 des argentinischen Landwirtschaftsministeriums (Roman v. Eckstein, FB)

Nachdem das Ministerium zwei Ju52 an die FAA zurückgegeben hatte und zwei Ju52 als Ersatzteilspender aufgebraucht hatte, verblieben von den ursprünglich 17 Flugzeugen des Ministeriums noch 9 einsatzfähige Ju52. Die W.Nr. 4043, LV-ZBD wurde 1954 als LQ-ZBD neu registriert und weiter in der Schädlingsbekämpfung eingesetzt.

Im Januar 1956 stellte das Landwirtschaftsministerium die Ju52-Bestäuberflugzeuge endgültig ab und verschrottete diese bis 1958. Lediglich drei Ju52 wurden für die Luftfahrtabteilung des Landwirtschaftsministeriums reaktiviert und zu Transportflugzeugen umgebaut. Die Ju52, W.Nr. 4043 wurde am 20. Juli 1958 erneut in Dienst gestellt und für Fracht- und Passagiertransporte eingesetzt.

W.Nr. 4043 als LQ-ZBD des argentinischen Landwirtschaftsministeriums (MNA)

Mit Resolution Nr. 64 vom 6. März 1963 sonderte das Landwirtschaftsministerium die drei letzten verbliebenen Ju52 endgültig als veraltetes Material aus. Am 15. Mai 1963 wurde die W.Nr. 4043, LQ-ZBD abgestellt. Während die beiden anderen Flugzeuge verschrottet wurden, übergab das Ministerio de Agricultura y Ganaderia die W.Nr. 4043 nach 28 Einsatzjahren am 18. Juli 1963 an das argentinische Luftfahrtmuseum in Buenos Aires.

W.Nr. 4043 im Muso Nacional de Aeronautica

Nachdem die letzten drei Junkers Ju52 ausgemustert waren, bemühte sich der Direktor des Nationalen Luftfahrtmuseums Edmundo Bernasconi um den Erhalt eines Exemplars für das Museum. Die Ju52 LQ-YSI und LQ-ZBJ wurden verschrottet. W.Nr. 4043 LQ-ZBD wurde durch Präsidialdekret 5875 am 18. Juli 1963 an das Muso Nacional de Aeronautica in Buenos Aires übergeben. Zunächst wurde das Flugzeug in seiner letzten Bemalung des Landwirtschaftsministeriums als LQ-ZBD im Freigelände am Flughafen Aeroparque in Buenos Aires gezeigt.

W.Nr. 4043 LQ-ZBD im Aeroparque Buenos Aires (Loud and Clear ...)

W.Nr. 4043, T-158 der LADE im Luftfahrtmuseum Aeroparque Buenos Aires 1996 (Paul Seymour)

Lange Zeit wurde das Flugzeug dann aber mit der Kennzeichnung „T-159 Rio Negro" in den Farben der Lineas Aereas des Estado ausgestellt, das die W.Nr. 5261 getragen hatte. Dieses Flugzeug war als einzige Junkers Ju52 bei der argentinischen Luftwaffe nach 1950 verblieben. Am 12. November 1953 ging die Maschine nach einer Kollision mit der FAA De Havilland DH104 Dove T-62 beim Landeanflug auf Villa Muegueta verloren, wobei die fünf Besatzungsmitglieder und 8 Passagiere ums Leben kamen. An Bord der Dove kamen alle sieben Insassen ums Leben. In den neunziger Jahren erhielt die W.Nr. 4043 wieder ihre originale, eigene militärische Kennzeichnung „T-158", allerdings in LADE-Bemalung.

Das Museo Nacional de Aeronautica zog 2001 vom Regionalflughafen Aeroparque auf die Luftwaffenbasis von Moron in der Nähe von Buenos Aires. Während des Umzugs erhielt die W.Nr. 4043 eine neue Lackierung im korrekten Erscheinungsbild der argentinischen Luftwaffe FAA ohne LADE-Schriftzug.

W.Nr. 4043 im FAA-Erscheinungsbild in Moron um 2010

Leider fand die W.Nr. 4043 auch in Moron keinen Hallenplatz. Sie war weiterhin der Witterung im Außengelände des Museums ausgesetzt. Während eines schweren Sturms in Buenos Aires im April 2012 wurde das Flugzeug von einer Sturmbö angehoben. Beim Absacken brach das Fahrwerk. Auch die Tragflügel wurden beschädigt. Zur Instandsetzung wurde das Flugzeug im November 2013 zur FAA Area Material Rio IV nach Rio Cuatro in Cordoba gebracht.

Beschädigte W.Nr. 4043 in Moron im April 2012 (Ricardo Ohoka)

Instandsetzung der W.Nr. 4043 in Rio Cuatro, 2017 (Carlos R. Boisen)

Die vorgesehene Wiederherstellung der Flugfähigkeit wurde aufgegeben. Das Flugzeug soll mit möglichst vielen Junkers-Originalteilen für eine statische Ausstellung aufgebaut werden. Finanziert wurde die Instandsetzung zunächst durch die Federación de Asociaciones Argento Alemanas. Neben zahlreichen anderen deutschen Organisationen unterstützt das Technikmuseum Hugo Junkers in Dessau den Wiederaufbau durch Fertigung von Ersatz-Wellblechbeplankungen.

Durch die Corona-Pandemie kamen die Arbeiten in Rio Cuatro 2020 weitgehend zum Erliegen. Nach der Wiederaufnahme der Arbeiten entschied sich die argentinische Luftwaffe im April 2023 zur Aufgabe der Arbeiten in Rio Cuatro. Das unfertige Flugzeug kehrte 2023 in das Museo Nacional de Aeronautica in Moron zurück. Die Instandsetzungsarbeiten werden dort durch die Grupo Tecnico de Restauraciones Aeronáuticas (GTRA) mit ehrenamtlichem Personal fortgesetzt. In Moron wurde am 16. März 2024 das instandgesetzte Fahrwerk der W.Nr. 4043 montiert. Damit ist die älteste erhaltene Junkers Ju52 wieder auf eigenem Fahrwerk beweglich. Für die Instandsetzung der Tragflächen stehen neu gefertigte Panelbleche aus dem Technikmuseum Hugo Junkers in Dessau zur Verfügung.

Bei den Tragflächen der W.Nr. 4043 handelt es sich übrigens nicht um originale Junkers-Tragflächen, sondern um Tragflächen aus französischer Nachkriegsproduktion des Ateliers Aeronautiques de Colombes AAC. Auch die beiden Flächenmotore stammen aus französischer Produktion. Offensichtlich wurden diese von einer AAC.1 übernommen. Wann diese in W.Nr. 4043 verbaut wurden und woher diese AAC.1-Flächen stammen, konnte bisher nicht geklärt werden. Möglicherweise erwarb bereits das Landwirtschaftsministerium diese Flächen bei der Reaktivierung der LQ-ZBD 1958 von einer der Ende der 50er Jahre bei der französischen Luftwaffe ausgemusterten AAC.1. Wahrscheinlicher ist allerdings eine spätere Beschaffung durch das MNA, um möglicherweise instabil gewordene Originalflächen zu ersetzen. Vielleicht stammen diese Flächen aus einer der portugiesischen AAC.1, die in den 80er Jahren im portugiesischen Alverca abgestellt waren. Diese Annahmen konnten allerdings bisher nicht bestätigt werden.

Informationen, dass sich in Moron auch die Werksnummer 4061 befindet, haben sich nicht bestätigt. Möglicherweise existieren noch einzelne Bauteile.

Typ / Ort / Status	W.Nr.	Zulassung
Junkers Ju52/3mg4e, Briceno, Kolumbien		
Museo Aereo Espacial Colombiano Briceno / Tocancipa, Kolumbien Ausgestellt als FAC Reiseflugzeug	4056*)	625

*) Möglicherweise W.Nr. 4057

Werksnummer 4056 im Museo Aero Espacial Colombiano in Briceno 2015 (MAECO)

Im Museo Aereo Espacial Colombiano im 50 km nördlich von Bogota gelegenen Birceno, befindet sich die letzte von sechs Junkers Ju52, die seit 1933 bei der kolumbianischen Luftwaffe im Einsatz befanden. Hierbei handelt es sich um die Ju52, W.Nr. 4056, die durch die Fuerza Aerea Colombiana mit der Registrierung FAC-625 als Reiseflugzeug des kolumbianischen Präsidenten genutzt wurde.

Junkers Ju52 in Kolumbien

Die deutsch-kolumbianische SCADTA (Sociedad Colombo-Alemana de Transporte Aereo) betrieb schon seit den zwanziger Jahren eine größere Flotte von Junkers F13 und Junkers W33 in Kolumbien. Anfang der dreißiger Jahre beabsichtigte SCADTA den Ausbau seines Streckennetzes in die Karibik und suchte dafür größere Flugzeuge. Junkers bot SCADTA zunächst drei im Bau befindliche einmotorige Junkers Ju52/1m mit den W.Nr. 4010-4012 an. SCADTA war jedoch an der angekündigten dreimotorigen Variante interessiert. Daraufhin wurden die bereits im Bau befindlichen Ju52/1m mit breiten Kabinenfenstern auf die dreimotorige Variante umgerüstet. Das erste Flugzeug traf am 7. November 1932 in Kolumbien per Schiffstransport ein. Zwei weitere Flugzeuge folgten im Januar 1933.

Als die drei Flugzeuge in Kolumbien ankamen, brach der zweite Amazonas-Konflikt zwischen Kolumbien und Peru aus. Die SCADTA stellte der kolumbianischen Armee unter anderem auch die gerade ausgelieferten Junkers Ju52 zur Verfügung. Sie wurden zu Militärtransportern mit MG-Abwehrstand umgerüstet und mit den Kennungen „621" bis „623" für das Aviacion Militar zugelassen. Im Amazonas-Konflikt wurden die Transporter im Süden des Landes eingesetzt.

Übersicht der Junkers Ju52 in Kolumbien (FAC-Nr. fraglich)

4010		25.04.1932	Gebaut als Ju52/1m, umgebaut zu Ju52/3mde
	ntu	Nov. 1932	SCADTA
	621	1933	Aviacion Militar, Transporter
	621	1950	Stillgelegt
4011		16.05.1932	Gebaut als Ju52/1m, umgebaut zu Ju52/3mde
	ntu	Jan. 1933	SCADTA
	622	1933	Aviacion Militar, Transporter
	622	1950	Stillgelegt
4012	D-9	26.05.1932	Gebaut als Ju52/1m, umgebaut zu Ju52/3mde
	ntu	Jan. 1933	SCADTA
	623	1933	Aviacion Militar
	623	1936	Unfall in Cabuyaro
4034			BMW132?
	624	05.07.1933	Aviacion Militar
	624	14.01.1936	Absturz Tres Esquinas durch mechan. Fehler
4056			PW Hornet?
	625	05.07.1933	Aviacion Militar, Präsidentmaschine
	625	1950	Stillgelegt
	625	1950	Instituto Militar Aeronautico
	625	1967	**Museo de Fuerza Aerea Colombiana**
4057			PW Hornet?
	626	05.07.1933	Aviacion Militar, Transporter
	626	1950	Stillgelegt

Da das kolumbianische Militär von der Einsatzstärke der Junkers Ju52/3m während des Amazonas-Konflikts überzeugt wurde, verblieben die drei Maschinen nach dem Ende des Konflikts beim Aviacion Militar und man bestellte noch 1933 zwei weitere Ju52/3mce, die mit Pratt & Whitney Hornet Motoren ausgestattet waren, sowie eine Ju52/3mge mit BMW132 Motoren. Diese zweite Batch traf am 5. Juli 1933 in Kolumbien ein. Zwei der Maschinen wurden als Transporter bei der Aviacion Militar eingesetzt. Eine Ju52, W.Nr. 4056 wurde für den kolumbianischen Präsidenten Enrique Olaya Herrera als Reiseflugzeug für Staatsreisen ausgerüstet. Am 24. Oktober 1933 brachte das Flugzeug die kolumbianische Verhandlungsdelegation zur Unterzeichnung des Friedensvertrags mit Peru nach Manaus in Brasilien. Später nutzten auch die Präsidenten Alfonso López Pumarejo und Eduardo Santos y Mariano Ospina die Junkers Ju52 als Staatsflugzeug.

W.Nr. 4056 oder 4057 als Reiseflugzeug der kolumbianischen Regierung nach 1936
(Banco de Republica, BNr. brblaa75419-1)

Stationiert wurden die FAC Junkers Ju52 auf dem Luftwaffenstützpunkt Palanquero in Puerto Salgar, Cundinamarca. Die Reisemaschine wurde auch für inländische Besuchsreisen des kolumbianischen Präsidenten genutzt. Alfonso López Pumarejo nutzte die Maschine beispielsweise für eine Wahlkampfreise nach Honda am 29. April 1938.

Ju52, „625" mit Präsident Pumarejo in Hondo im April 1938 (Tolima Sammlung)

Zwei der Militärtransporter gingen durch Absturz verloren. Am 14. Januar 1936 ging die W.Nr. 4034 bei Tres Esquinas auf dem Mecaya-Fluss in Caquetá durch einen technischen Defekt verloren. Noch im gleichen Jahr scheint auch die W.Nr. 4012 bei einem Unfall beschädigt worden zu sein. Sie wurde nicht wieder instandgesetzt. Die vier verbliebenen Flugzeuge blieben bis Ende der vierziger Jahre im Einsatz. Die drei Transporter wurden im Mai 1947 zum Aufbau der ersten Fallschirmspringer-Einheiten auf der Airbase Madrid in in Cundinamarca eingesetzt. 1950 wurden alle Ju52 einschließlich der Reisemaschine stillgelegt.

W.Nr. 4056 im Museo Aereo Espacial Colombiano

Während die drei Frachtflugzeuge abgewrackt wurden, blieb die Präsidentenmaschine „625" erhalten und wurde an das Instituto Militar Aeronautico auf der Madrid Airbase am stillgelegten Techo Flugplatz von Bogota abgegeben. Aus diesem Institut entstand 1967 das Museo de Fuerza Aerea Colombiana. Nachdem die Militärbasis in Techo geschlossen wurde, verlagerte auch das Museum als letzter verbliebener Ansiedler in Techo seinen Sitz 1971 zum El Dorado Airport

Bogota. Nachdem die Ausstellung des Museums längere Zeit geschlossen war, übernahm die Fuerza Aereas Colombiano FAC Ende der 90er Jahre die Sammlung und richtete 2000 das kolumbianische Luftfahrtmuseum im Präsidialbüro des militärischen Transportverbands CATAM auf der Base Aerea Brigadier General Camilo Daza ein.

Werksnummer 4056 im FAC Museum im CATAM am Bogota El Dorado Airport, 2012
(Aeroprints.com, CC-BY-3.0)

Die Zugänglichkeit im militärischen Sperrgebiet des CATAM-Transportverbands erfolgte über geführte Touren mit begrenzter Teilnehmerzahl. Da auf dem Gelände keine Möglichkeiten zur Erweiterung der Ausstellung gegeben waren, entschied man sich 2013 zur Verlagerung des Museums. Vom Jaime Duque Park in Briceno erwarb man ein 7 Hektar großes Areal, auf dem ab 2013 ein neues Museumsgebäude entstand. Mit dem Beginn der Verlagerung erster Teile der Ausstellung im November 2013 wurde die Ausstellung am El Dorado Flughafen von Bogota für die Öffentlichkeit geschlossen. Die Junkers Ju52, W.Nr. 4056 war bereits 2015 auf dem neuen Ausstellungsgelände. Im Juni 2017 waren die letzten Ausstellungsobjekte in Briceno angekommen. Inzwischen ist die Junkers Ju52 in Briceno für die Öffentlichkeit allgemein zugänglich.

Typ / Ort / Status	W.Nr.	Zulassung
Junkers Ju52/3mg8e, Paderborn/Frankfurt		
Deutsche Lufthansa Berlin-Stiftung (DLBS) Hamburg, Deutschland	5489*)	D-CDLH
Abgestellt in Paderborn, künftig Ausstellung Frankfurt		(D-AQUI)

*) Rumpf stammt aus W.Nr. 130714

D-AQUI mit montierten Tragflächen und Motorgestellen in Paderborn Okt. 2022

Dieses Flugzeug der Deutschen Lufthansa Berlin Stiftung war seit 1986 für mehr als 30 Jahre die älteste noch flugfähige Junkers Ju52/3m. Schäden im Bereich der Motorgestelle führten 2018 zur Einstellung des letzten gewerblich betriebenen Luftverkehrs mit einer Junkers Ju52. Eine Wiederherstellung der Flugfähigkeit ist derzeit nicht mehr vorgesehen. Zur Zeit ist das Flugzeug in Paderborn im aufgebauten Zustand eingelagert und für die Öffentlichkeit nicht zugänglich.

Die in Dessau gebaute Maschine mit der W.Nr. 5489 startete am 10. Geburtstag der Deutschen Lufthansa AG am 6. April 1936 in Dessau zu ihrem Erstflug. Am folgenden Tag wurde das mit einem Radfahrwerk ausgerüstete Flugzeug nach Travemünde überführt. Dort erfolgte die Umrüstung in eine Schwimmerversion. Am 10. April 1936 erfolgte in Travemünde die Übergabe an die Lufthansa.

Junkers Ju52, W.Nr. 5489, D-AQUI, „Fritz Simon" in Travemünde 1936 (Deutsche Lufthansa AG)

Das Flugzeug wurde als D-AQUI mit dem Beinamen „Fritz Simon" zugelassen. Fritz Simon war ein Lufthansa-Pilot, der mit einer Heinkel He12 am 5. Oktober 1931 über der Cobequid Bay in Kanada während eines Postvorausflugs von Bord des Schnelldampfers „Bremen" nach New York nach einem Motorschaden notlanden musste und dabei ums Leben kam. Den Beinamen „Fritz Simon" trugen bei Lufthansa drei Junkers Ju52. Die D-AQUI übernahm den Beinamen von der Ju52, W.Nr. 4077, D-ANOP, die kurz zuvor nach Norwegen verkauft worden war. Nachdem auch die D-AQUI wenige Monate später nach Norwegen abgegeben wurde, übernahm die Junkers Ju52, W.Nr. 5555, D-AGOO diesen Beinamen.

Bei Lufthansa war die D-AQUI zunächst nur drei Monate im Einsatz. Sie ersetzte bei Lufthansa die Junkers Ju52, W.Nr. 4077, D-ANOP, die 1935 an die norwegische Fluggesellschaft Det Norske Luftfahrtselskap Fred Olsen & Bergenske A/S (DNL) abgegeben worden war. Als Seeflieger wurde die Maschine hauptsächlich auf den Seerouten von Travemünde nach Skandinavien bis Mitte 1936 eingesetzt. Als die ehemalige D-ANOP bzw. bei DNL LN-DAE am 16. Juni 1936 durch einen Unfall verloren ging, wurde die D-AQUI als Ersatzflugzeug nach Norwegen abgegeben. Bei Lufthansa ersetzte die D-AGOO daraufhin die D-AQUI.

Einsatz bei Det Norske Luftfartselskap DNL [9]

Die Junkers Ju52, W.Nr. 5489, D-AQUI traf als Ersatzmaschine nur zwei Wochen nach dem Absturz ihrer Vorgängermaschine W.Nr. 4077, D-ANOP bzw. LN-DAE bei Det Norske Luftfartselskap (DNL) in Oslo am 1. Juli 1936 ein. Das Flugzeug erhielt in Norwegen die Zulassung LN-DAH und den Beinamen „Falken".

Junkers Ju52/3m, W.Nr. 5489, LN-DAH, „Falken" der DNL vor 1940 (Scandiinavian Airlines, SAS)

Ursprünglich sollte dieses Flugzeug mit W.Nr. 5429, LN-DAF auf der Nordkap-Route von Bergen nach Tromsö eingesetzt werden. Nach dem Absturz der LN-DAE verzögerte sich die Aufnahme der Passagierdienste aber auf dieser Route. Stattdessen bedienten die beiden D.N.L-Ju52 ab Juni 1936 die Strecke von Oslo über Moss, Arendal, Kristiansund, Stavanger und Haugesund nach Bergen, die Montag bis Samstag in beide Richtungen geflogen wurde. Kurzzeitig wurden auch Dienste von Oslo nach Kopenhagen mit Ju52 bedient. Nach Beschaffung einer weiteren Ju52, W.Nr. 5751 im Herbst 1937 nahm DNL mit den drei Ju52-See-

---

[9] Zu Einzelheiten des Ju52-Einsatzes bei DNL siehe W.Nr. 5664

flugzeugen im Sommer 1938 eine Küstenstrecke von Bergen ans Nordkap in Betrieb. Passagiere wurden zwischen Juni und September auf dem „Midnight Sun Airway" der Strecke 1702 dreimal wöchentlich Dienstag, Donnerstag und Samstag von Bergen in nördlicher Richtung über Trondheim nach Tromsö geflogen. Der Rückflug erfolgte jeweils am Folgetag.

Bei Kriegsausbruch stellte D.N.L. den Flugverkehr im September 1939 vorübergehend ein. Nach Wiederaufnahme des Flugverkehrs im Oktober 1939 blieb die Nordkap-Route wegen der Winterpause weiterhin geschlossen. Die Ju52, W.Nr. 5489, LN-DAH befand sich während der Wintermonate in der Werft in Gressholmen zur Grundüberholung. Dort wurde die Maschine am 9. April 1940 von deutschen Truppen beschlagnahmt und nach Abschluss der Instandsetzung am 6. Juni 1940 zur Umrüstung in militärische Ju52/3mg2e für die Luftwaffe nach Norderney überführt.

Auf Anforderung der deutschen Besatzung in Norwegen erweiterte die Lufthansa im Sommer 1940 ihr Streckennetz nach Norwegen und übernahm dabei die ehemaligen Routen der D.N.L. Zur Durchführung der Flüge in Norwegen stellte die Luftwaffe der Lufthansa die beiden erbeuteten See-Flugzeuge der ehemaligen D.N.L. W.Nr. 5489 und W.Nr. 5751 zur Verfügung. Die ehemalige LN-DAH, „Falken" wurde am 22. August 1940 wieder mit ihrer früheren deutschen Zulassung D-AQUI für die Deutsche Lufthansa zugelassen. Mit dem neuen Beinamen „Kurt Wintgens", der an den am 25. September 1916 bei Villers-Carbonnel gefallenen deutschen Jagdflieger Kurt Wintgens erinnerte, nahm die Maschine im September 1940 den Dienst auf der Lufthansa-Strecke Nr. 4 zwischen Trondheim und Kirkenes gemeinsam mit W.Nr. 5751, D-AQUB auf, die nun ganzjährig bis Tromsö bedient wurde. In der Anfangsphase griff Lufthansa auf norwegische D.N.L.-Piloten für diese Flüge zurück. Ab März 1941 wurden die Flüge nur noch von deutschen Besatzungen durchgeführt. Zeitweise waren die Ju52 in Tarnfarben der Luftwaffe mit ziviler Kennung unterwegs. Nach einem Landeunfall der W.Nr. 5751, D-AQUB übernahm W.Nr. 5429, D-AKIY den Nordkap-Dienst mit der „Falken". Kurz vor Kriegsende wurde die Streckenverlängerung von Tromsö nach Kirkenes vor den heranrückenden russischen Truppen eingestellt.

W.Nr. 5489, D-AQUI der Lufthansa in Norwegen 1940-1945 (ubk. Via IWM)

Bei Kriegsende befand sich die Ju52, W.Nr. 5489, D-AQUI in Hommelvik bei Trondheim. Am 28. Mai 1945 übernahm die norwegische Seetransport-Flieger-staffel 2 die Maschine. Am 15. August 1945 wurde es der 21. Transportstaffel in Tromsö-Skattora zugeteilt. Einen Monat später wurde das Flugzeug auf Grund ständiger Betriebsstörungen ausgemustert und am 12. September 1945 an die Horten Flyfabrik abgegeben, wo es die neu gegründete D.N.L. Ende 1945 erwarb und nach Grundüberholung am 12. April 1946 als LN-KAF „Askeladden" zuließ.

W.Nr. 5489, LN-KAF der D.N.L. 1946/48 (Norsk Luftfartmuseum)

Rumpf-Instandsetzung 1947

Im Rahmen einer Routine-Instandhaltung stellte man bei Horten Flyfabrik 1947 umfangreiche Korrosionsschäden im Rumpfbereich der W.Nr. 5489 fest. Statt einer aufwendigen Instandsetzung ersetzte man den Rumpf der W.Nr. 5489 durch ein bei Horten eingelagertes Rumpfgerüst der W.Nr. 130714 und die rechte Flügelbaugruppe und Teile des Leitwerks der bereits abgewrackten W.Nr. 2982.

Der Rumpf der W.Nr. 130714 gehörte zu einer Maschine, die am 21. Juli 1943 von den Junkerswerken in Bernburg an die Luftwaffe übergeben worden war. Sie kam zur Seetransportstaffel 2 in Sola und blieb bis 1945 in Norwegen. Nach einem kurzen Einsatz bei der norwegischen Luftwaffe wurde auch die W.Nr. 130714 an die Seewerft in Horten abgegeben. Olsen erwarb auch diese Maschine und ließ sie als LN-KAL für D.N.L. zu. Sie kam allerdings nicht in den kommerziellen Betrieb der D.N.L., sondern wurde bei Horten Flyfabrik als Ersatzteilspender für die Instandsetzung der übrigen D.N.L.-Flugzeuge eingelagert. Der weitgehend intakte Rumpf der W.Nr. 130714 ersetzte 1947 den korrodierten Rumpf der W.Nr. 5489.

Weitere Korrosionsbefunde traten im Bereich der Flügel und des Leitwerks auf. Im Lager der Seewerft befand sich die Flügelhälfte aus W.Nr. 2982. Sie stammte aus einer Ju52, die im Januar 1941 bei ATG fertiggestellt wurde und bei der Transportstaffel des VIII. Fliegerkorps an der Ostfront zum Einsatz kam. Im Januar 1942 wurde sie auf dem Flugplatz Smolensk durch Bombentreffer zerstört, aber dennoch wieder aufgebaut. Ab April 1942 war die Maschine in Norwegen bei 2./TG20 im Einsatz. Von der norwegischen Luftwaffe wurde das Flugzeug als No. 22 der Transportstaffel in Bardufoss bis Mitte 1946 genutzt und dann zur Verschrottung an die Seewerft in Horten abgegeben. Während der Verschrottung wurde die Flügelhälfte und das Leitwerk als Austauchteil in der Seewerft erhalten. Sie ersetzten 1947 weitere Baugruppen der W.Nr. 5489.

Die Instandsetzung war Anfang 1948 abgeschlossen. Von der originalen W.Nr. 5489, LN-KAF „Asekladden" waren wenige Leitwerksteile und die linke Flügelhälfte erhalten. Bei der erneuten Zulassung des Flugzeugs wurde statt der alten W.Nr. 5489 die W.Nr. 130714 des übernommenen Rumpfs übernommen.

Am 14. Februar 1948 wurde die LN-KAF, „Asskeladen", nun mit W.Nr. 130714 der Rumpfbaugruppe, wieder in Dienst gestellt. Wenige Monate später schlossen sich die norwegische D.N.L., die dänische D.D.L. und die schwedische AB Aerotransport im August 1948 zur Scandinavian Airlines SAS zusammen, die auch die Ju52 der D.N.L. übernahm.

„Askeladden" im Einsatz bei SAS, Tromsö 1956 (Thøringssamlingen via Perspektivet Museum)

Die „Askeladden" blieb weitere acht Jahre auf der Nordkap-Route für die SAS im Einsatz. Erst im Alter von 20 Jahren wurde das Flugzeug Ende 1955 außer Dienst gestellt, nachdem auch die kleineren Ortschaften längs der Nordkap-Route über geeignete Landflugplätze verfügten. Die Pläne für eine Ausstellung in einem norwegischen Museum zerschlugen sich, da für ein Flugzeug dieser Größe kein Platz zur Verfügung stand.

Einsatz bei Transportes Aereos Orientales (TAO)

Der in Ecuador lebende Deutsche Christian Drexel kaufte die „Askeladden" im Oktober 1956 von Scandinavian Airlines und baute sie noch in Oslo in ein Landflugzeug um. Danach ließ er das Flugzeug in Kisten verpacken und per Schiff nach Ecuador verfrachten.

In Ecuador verkaufte Drexel das Flugzeug an die Transportes Aereos Orientales S.A. (TAO) von Gonzalo Ruales. Ruales hatte diese Gesellschaft 1949 in Shell Mara bei Puyo gegründet. Mit zwei kleinen Noorduyn Norseman Flugzeugen bediente die Gesellschaft kleinere Ortschaften im Osten Ecuadors, die über das Straßennetz des Landes ungenügend angebunden waren. Für größere Transporte hatte Ruales 1949 von der Fluggesellschaft SEDTA eine Junkers Ju52, W.Nr. 5109 erworben, die bei TAO als HC-SND „Azuay" zum Einsatz kam. Zur Ausweitung des Geschäfts beschaffte Drexel für Ruales in Norwegen die „Askeladden" als zweite Ju52 des Unternehmens, die im März 1957 als HC-ABS „Amazonas" für TAO zugelassen wurde. Von Quito aus bedienten die beiden TAO Ju52 Passagier- und Fracht-Routen zu 11 Destinationen im östlichen Ecuador entlang des Amazonas.

W.Nr. 130714 als HC-ABS „Amazonas" der TAO in Ecuador (Revisionismo Histórico del Ecuador)

Die W.Nr. 5109 ging im April 1958 durch Absturz bei Quito nach einem Motorausfall verloren, wobei drei der vierzehn Insassen ums Leben kamen. Die „Amazonas" blieb noch vier Jahre als letzte Ju52 bei TAO mit einer weiteren Cessna 180 und einer Norseman im Einsatz, die kleinere Flugfelder bedienten.

Ju52 der TAO beim Beladen in Quito (Samayoa Amiel)

Seit 1960 kamen bei TAO vermehrt auch amerikanische DC3 Flugzeuge zum Einsatz. Auf Grund von Ersatzteilproblemen insbesondere bei den Motoren legte Ruales die letzte verbliebene Ju52 des Unternehmens 1962 still. Die Maschine wurde am Rand des Flugplatzes von Rio Japura bei Quito abgestellt. Am Ende ihres ersten operativen Abschnitts hatte die 26 Jahre alte Maschine 8.000 Flugstunden absolviert. Witterung und mangelnde Pflege führten zum Verfall.

Abgestellte W.Nr. 130714 der TAO „Amazonas" in Quito, 1970 (Jacinto Ruales)

Warbird in den USA

Der ehemalige US-Bomberpilot Lester F. Weaver entdeckte das Flugzeug 1970 auf dem Flughafen Quito und kaufte es für 5000 US-Dollar. Nach Überholung der Maschine erhielt diese eine provisorische amerikanische Zulassung N130LW. Am 10. November 1970 startete Weaver in Quito zum Überführungsflug in die USA. Zwei Wochen später am 22. November 1970 landete Weaver in Dixon, IL. Trotz mehrerer Versuche gelang es Weaver nicht, die notwendigen Voraussetzungen für eine reguläre Zulassung der Ju52 in den USA zu erreichen.

Weaver verkaufte das Flugzeug 1974 über Cannon Aircraft an den amerikanischen Science Fiction und Luftfahrtautor Martin Caidin, der das Flugzeug bei Sekman Aviation in Titusville ab März 1975 grundüberholen, die kaum noch verfügbaren BMW 132 Motore gegen Pratt PW1340 S1H1G Wasp Motore austauschen und ein Bremssystem der Curtiss C46 einbauen ließ. Das Flugzeug wurde Ende 1976 als N52JU, „Iron Annie" in den USA für Caidin zugelassen.

Junkers Ju52, W.Nr. 130714,, N52JU in Texas, 1976 im TAO-Erscheinungsbild (Jun Olzumi)

Anfänglich war die N52JU im weitgehend unveränderten Erscheinungsbild der TAO mit einem aufgemalten Balkenkreuz zu sehen. Caidin ersetzte dieses Erscheinungsbild später durch eine grüne Tarnfarben-Lackierung. Auf der Unterseite der Tragflächen trug das Flugzeug Balkenkreuze und die Kennung „+MC" für „Martin Caidin". Caidin nahm mit dem Flugzeug ab Mitte der 70er Jahre an zahlreichen Airshows in den USA teil.

Ju52 „Iron Annie" in Tarnfaben-Lackierung in Opa Locka 1984 (via Deutsche Lufthansa AG)

Lufthansa Traditionsflugzeug

Im Herbst 1984 erwarb die Deutsche Lufthansa AG die „Iron Annie" von Martin Caidin. Im Rahmen der Vorbereitungen der Feierlichkeiten zum 60. Jahrestag der Betriebsaufnahme durch die Lufthansa am 6. April 1926 beabsichtigte die Lufthansa 1986 die Indienststellung eines Traditionsflugzeugs. Als das bei der Vorkriegs-Lufthansa meistgeflogene Passagierflugzeug sollte dafür eine flugfähige Junkers Ju52 wieder hergestellt werden. Neben den drei bei der Schweizer Luftwaffe betriebenen originalen Junkers Ju52 befand sich zu dieser Zeit lediglich noch Caidin's Ju52 in einem flugfähigen Zustand. Die originalen Ju52 der portugiesischen Luftwaffe waren Mitte der 80er Jahre bereits seit 10 Jahren abgestellt und erschienen für eine Wiederherstellung der Flugfähigkeit als zu aufwendig. Somit fiel die Entscheidung zugunsten der Ju52 von Martin Caidin, zumal dieses Flugzeug auch über eine „Lufthansa-Vergangenheit" verfügte.

Nachdem in den 70er Jahren bereits mehrere CASA 352 auf dem Luftweg in die USA überführt worden waren, entschloss man sich, auch Caidin's „Iron Annie" fliegend zu überführen. Da Lufthansa 1984 über keine eigenen Ju52 Piloten verfügte, übernahmen Clark Woodard, John Wilson und Terry Ritter den Überführungsflug nach Deutschland. Der Start in Opa Locka erfolgte am 10. Dezember 1984. Zwei Wochen benötigte die 8000 km lange West-Ost-Überquerung des Atlantiks durch eine Ju52 über Labrador, Grönland, Island, Schottland und England bevor die „Iron Annie" am 28. Dezember 1984 in Hamburg-Fuhlsbüttel nach 52 Stunden und 45 Minuten landete.

Ankunft Ju52, W.Nr. 130714, N52JU in Hamburg am 28. Dezember 1984 (DLBS)

In Hamburg erfolgte die eineinhalbjährige Grundinstandsetzung des Flugzeugs, in der vor allem Struktur und Motoren einer Neuerung unterzogen wurden und moderne, zulassungsrelevante Ausrüstung eingebaut wurde. Nach der Nachweisführung durch die Direktion für Ingenieurwesen der Lufthansa erfolgte die Musterzulassung der Ju52 durch das deutsche Luftfahrtbundesamt in einem eigenen Gerätekennblatt. Im April 1986 erhielt das instandgesetzte Flugzeug die offizielle Zulassung D-CDLH. Das traditionelle Kennzeichen D-AQUI war entsprechend der neuen Zulassungsregularien inzwischen für Flugzeuge oberhalb 20 Tonnen reserviert und konnte für eine Ju52 nicht mehr vergeben werden. Stattdessen wurde das Traditionskennzeichen „D-AQUI" nun als Teil der Sonderbemalung des Flugzeugs aufgebracht. Die Lufthansa Ju52 „D-AQUI" war 1986 die einzige für den gewerblichen Luftverkehr im Passagierdienst zugelassene Ju52.

Restaurierung der „Iron Annie" in Hamburg 1985 (Deutsche Lufthansa AG)

Offizielle Vorstellung „D-AQUI" am 6. April 1986 in Hamburg (Deutsche Lufthansa AG)

Pünktlich zum 60. Jahrestag der Betriebsaufnahme durch die Deutsche Lufthansa erfolgte am 6. April 1986 die erste öffentliche Präsentation des Flugzeugs in Hamburg-Fuhlsbüttel durch den Flugbetriebsleiter der Ju52 Operation Heinz-Dieter Bonsmann, Brian Wallace und Kurt Matzak. Im Rahmen dieser Veranstaltung erhielt das Flugzeug den Beinamen „Berlin-Tempelhof". Unter dem Schriftzug ziert die Unterschrift von Reinhard Abraham, dem seinerzeitigen Technikvorstand der Lufthansa, das Flugzeug.

Zum Betrieb der „D-AQUI" wurde 1986 die Deutsche Lufthansa Berlin-Stiftung e.V. (DLBS) gegründet, die unter einer eigenen Flugbetriebszulassung arbeitete. Nachdem anfänglich nur gelegentliche Passagierflüge stattfanden, betrieb die DLBS seit Anfang der 90er Jahre die Junkers Ju52/3m im Rahmen eines planmäßigen Rundflugprogramms, dessen Flüge von bis zu 16 Passagieren gebucht werden konnten. Pro Jahr transportierte die „D-AQUI" auf diesen Rundflügen etwa 5.000 Passagiere auf 600 Flügen und absolviert dabei knapp 400 Flugstunden in den Monaten von April bis Oktober. Mit über 150.000 Passagieren und 21.000 Flügen war die „D-AQUI" nach mehr als 30 Jahren Einsatz im Rundflugprogramm nicht nur die älteste, sondern auch die am intensivsten genutzte, flugfähige Junkers Ju52/3m weltweit. Neben dem linienmäßig betriebenen, kommerziellen Luftverkehr wurde die „D-AQUI" in der Vergangenheit auch immer wieder zu repräsentativen oder historischen Veranstaltungen herangezogen. Hierzu gehörte in den 80er Jahren eine Skandinavien-Tour, auf der die „D-AQUI" nochmals längs der von ihr viele Jahre bedienten norwegischen Küstenroute unterwegs war. Wenige Monate nach der unerwarteten innerdeutschen Grenzöffnung landete die „D-AQUI" bereits am 6. April 1990 als erste Ju52 nach dem Ende des zweiten Weltkriegs wieder an ihrem Herstellungsort in Dessau. Am 20. Juni 1990 folgte 45 Jahre nach der letzten Landung einer Ju52 in Tempelhof die erste Nachkriegs-Landung einer Lufthansa Ju52 auf dem Flughafen Berlin-Tempelhof.

Mit hohem Aufwand betrieb die Lufthansa 1990 und 1991 eine fast einjährige USA-Tour mit der „D-AQUI". Am 25. Juni 1990 wurde die Maschine an Bord einer Antonow 124 von Hamburg nach Montreal transportiert, wo das Flugzeug bei Bombardier wieder montiert wurde.

Verladung der „D-AQUI" in Hamburg zur U.S.-Tour, Juni 1991 (Deutsche Lufthansa AG)

Am 18. Juli 1990 startete die „D-AQUI" dann zu ihrer fast einjährigen Rundreise in den USA und Kanada, die sie unter anderem nach New York, Washington, Los Angeles und San Francisco führte. Besondere Aufmerksamkeit fand die „D-AQUI" auf dieser Tour auf den Airshows, wie Oshkosh oder Kendall, auf denen sie in ihren früheren Jahren noch als „Iron Annie" bekannt war.

In Seattle begleitete die Ju52 als ältestes Flugzeug der Lufthansa-Flotte Im Februar 1991 die jüngste bei Boeing zur Auslieferung bereitstehende Boeing B737, D-ABIH der Lufthansa. Bei der D-ABIH handelt es sich um die 2000. gebaute Boeing B737. Insgesamt absolvierte die „D-AQUI" auf ihrer U.S.-Tour mehr als 200 Flugstunden und besuchte 67 Flugplätze in Nordamerika.

In Seattle endete im Februar 1991 die U.S.-Tour der „D-AQUI". Die Maschine wurde zerlegt und in drei Containern für den Seetransport von Seattle nach Bremerhaven verpackt. Mit einem Küstenmotorschiff erfolgte der Weitertransport von Bremerhaven nach Hamburg, wo das Flugzeug am 19. April 1991 ankam.

Stationen der U.S.-Tour 1990/91

25.06.1990	Hamburg-Montreal	mit AN124 Lufttransport
18.07.1990	**Montreal-Syracuse**	
21.07.1990	Syracuse (NY)	
22.07.1990	Buffalo (NY)	
24.07.1990	Milwaukee (WI)	
25.07.1990	Oshkosh	EAA Convention
21.08.1990	Erie (PA)	
22.08.1990	Binghampton (NY)	
28.08.1990	Boston (MA)	
07.09.1990	Woodbury (NY)	
14.09.1990	Newark (NJ)	
25.09.1990	Philadelphia (PA)	
02.10.1990	Washington D.C.	
13.10.1990	Sandston (VA)	
16.10.1990	Charlotte (NC)	
19.10.1990	Atlanta (Georgia)	
20.10.1990	Baltimore (Maryland)	
22.10.1990	New York (NY)	
26.10.1990	Jacksonville (FL)	
27.10.1990	Orlando (FL)	
04.11.1990	West Palm Beach - Miami (FL)	
12.11.1990	Fort Myers (FL)	
13.11.1990	March Island – Tampa (FL)	
18.11.1990	Tallahassee (FL)	
29.11.1990	Palm Beach (FL)	
...		
...		
...	San Francisco (CA)	
24.02.1991	Seattle (WA)	Auslieferung 2000. B737
	Seattle-Bremerhaven	Seetransport
	Bremerhaven-Hamburg	Seetransport
19.04.1991	Hamburg	Ankunft Heimatbasis

Ju52, W.Nr. 130714 über Manhattan, September 1990 und Seattle 1991 (Deutsche Lufthansa AG)

Nach ihrer Rückkehr aus den USA wurde in Hamburg der Jahrescheck durchgeführt. Gleichzeitig wurde das Flugzeug 1991 für eine halbe Million D-Mark von den lärmintensiven Zweiblattpropellern auf leisere Dreiblatt-Propeller von Hamilton Standard mit einem Untersetzungsgetriebe umgerüstet, das die Motordrehzahl von 2250 Umdrehungen pro Minute auf 1500 U/min reduziert. Durch die reduzierte Drehzahl erreichen die Blattspitzen nicht mehr den Überschallgeschwindigkeitsbereich, wodurch die Lärmemission von 30 dB auf etwa 15 dB reduziert wurde. Außerdem erhielt die „D-AQUI" neue Triebwerksverkleidungen. Die Umrüstungsarbeiten waren im Mai 1991 abgeschlossen.

Spektakulär war das Zusammentreffen der vier letzten noch fliegenden, originalen Junkers Ju52/3m der Ju-Air und der Lufthansa 1994 auf dem Flugplatz von Dessau. Während die drei Schweizer Ju52 bereits in Bernburg hergestellt wurden, kehrte die „D-AQUI" an den Ort ihres Erstflugs vor 58 Jahren zurück. Die vier Junkers-Flugzeuge überflogen bei dieser Veranstaltung gemeinsam mehrfach das ehemalige Werksgelände der Junkerswerke in Dessau. Erwähnenswert ist auch der 31. Oktober 2008, an dem die „D-AQUI" den letzten offiziellen Start auf dem Flughafen Berlin-Tempelhof durchführte, bevor der Flugverkehr auf dem Stadtflughafen endgültig eingestellt wurde.

Wiederholt wurde die „D-AQUI" seit 1986 an die neusten Anforderungen des modernen Luftverkehrs angepasst. Der Dreiblattpropeller mit Untersetzungsgetriebe war bereits 1991 eingebaut worden. In den 90er Jahren erhielt die Maschine Flight Management und Navigationssysteme und 2012 erfolgte eine komplette Modernisierung der elektronischen Ausrüstung des Flugzeugs einschließlich eines Motorüberwachungssystems mit dem jeder einzelne der 27 Zylinder kontrolliert werden kann. Eine der umfangreichsten Instandhaltungsmaßnahmen neben der Grundüberholung von 1985 war die Neuerung der hauptsächlich im Flug beanspruchten, 80 Jahre alten Unterholme der Tragflügelstruktur im Jahr 2016. Hierbei wurden an beiden Tragflächenhälften drei der vier unteren, achtzig Jahre alten Flügelholme durch neues Material ersetzt. Der vierte Holm war bereits im Jahr 2011 nach mehreren vorangegangenen Strukturbefunden während

einer Winterliegezeit gewechselt worden. Nach einer mehr als einjährigen Standzeit konnte die inzwischen 80 Jahre alt gewordene „D-AQUI" am 13. Mai 2017
ihren Erstflug mit neuen Holmen absolvieren.

„D-AQUI" Flügelholm-Neuerung 2016

In Fachkreisen oft kritisiert wurde der hohe Modernisierungsstand der „D-AQUI".
Im Gegensatz zu den übrigen seinerzeit flugfähigen Ju52 war die „D-AQUI" allerdings als letzte Ju52 noch für den gewerblichen Luftverkehr zugelassen. Dazu
musste und wurde die „D-AQUI" während der Gesamtdauer ihres 82-jährigen
Einsatzlebens immer wieder an die Anforderungen des modernen Luftverkehrs
angepasst. Sie repräsentierte 2018 als letzte Ju52 den aktuell neusten, erforder-
lichen Modernisierungsstand einer Ju52 für den gewerblichen Personenverkehr.

Die „D-AQUI" war 2018 mit 82 Jahren das älteste noch im kommerziellen Passagierdienst eingesetzte Verkehrsflugzeug der Welt. Mit 32 kontinuierlichen
Dienstjahren in seinem zweiten Leben bei Lufthansa war die „D-AQUI" das
dienstälteste Flugzeug in der Lufthansa-Flotte.

Der besonderen historischen Bedeutung der „D-AQUI" trugen die deutschen Denkmalschutz-Behörden durch die Verleihung der Denkmalschutz-Plakette für das weltweit erste „fliegende Denkmal" Rechnung. Sie wurde bereits im September 2015 während der Hamburg Airport Days durch den Regierenden Bürgermeister Olaf Scholz an den früheren Lufthansa-Vorstands- und Aufsichtsratsvorsitzenden Jürgen Weber überreicht.

Verleihung der Plakette als fliegendes Denkmal, Sept. 2015 (Deutsche Lufthansa AG)

Ein außerplanmäßiger Strukturschaden führte im August 2018 zu einem erneuten vorzeitigen Abbruch der Flugsaison. Während einer Routinekontrolle in München wurde ein Riss in einem Motorträgerbereich festgestellt, in dessen Folge eine grundsätzliche Sanierung und Neuerung der drei Motorträger mit hohem zeitlichen und finanziellem Aufwand erforderlich wurde. Auf Grund des Schadensbilds wurde auf einen technischen Überführungsflug der „D-AQUI" verzichtet. Das Flugzeug wurde in der Nacht zum 5. April 2019 mit drei LKWs von München zur technischen Basis nach Hamburg transportiert. Da ähnliche Maßnahmen in anderen Strukturbereichen des Flugzeugs nicht ausgeschlossen werden konnten, kam der Vorstand der Deutschen Lufthansa AG wenige Tage später zu dem Entschluss, den Traditionsbetrieb mit „D-AQUI" einzustellen.

Vorerst letzte Rückkehr der „D-AQUI" an ihre technische Basis in Hamburg am 5. April 2019 (DLBS)

Der vorerst letzte Passagierflug der „D-AQUI" fand damit am 12. August 2018 anlässlich der Do-Days in Friedrichshafen statt. Der letzte Flug der „D-AQUI" dürfte ein Überführungsflug von Schleissheim nach München am folgenden Tag gewesen sein. Zum Zeitpunkt der Außerdienststellung hatte die Zelle der W.Nr. 130714 in ihrer Zeit als Traditionsflugzeug der Lufthansa seit 1986 insgesamt 11.382 Flugstunden bei 20.940 Flügen zurückgelegt. In mehr als 30 Jahren hatte die „D-AQUI" etwa eine Viertel Million Passagiere transportiert.

Nach Auflösung des technischen Basisbetriebs der DLBS in Hamburg wurde die „D-AQUI" am 18. September 2019 von Hamburg nach Bremen überführt, wo sie gemeinsam mit der aus den USA inzwischen nach Deutschland gelangten Lockheed Super Star in einer Halle des Stadthafens eingelagert wurde. Im August 2020 einigten sich der Vorstand der DLBS und der Quax-Verein zur Förderung von historischem Fluggerät e.V. in Paderborn auf eine zeitweise Überlassung der „D-AQUI" in der Obhut des Paderborner Vereins. Vorgesehen wurde der Zusammenbau und die Wiederaufrüstung des Flugzeugs nach luftrechtlich zugelassenen Verfahren, die eine eventuelle spätere Wiederinbetriebnahme des Flugzeugs sicherstellen. Am 26. September 2020 erfolgte der LKW-Transport von Bremen an den neuen Standort in Paderborn, wo der Rumpf ohne Fahrwerk zunächst im Glashangar des Quax-Vereins wieder der Öffentlichkeit gezeigt wurde.

Rumpf der W.Nr. 130714 im Quax-Glashangar in Paderborn am 26.09.2020

Schrittweise wurde in den folgenden Monaten das Flugzeug in Paderborn durch den technischen Betrieb des Quax-Vereins wieder montiert. Seit dem 21. August 2021 stand die „D-AQUI" auf eigenem Fahrwerk im Haupthangar des Vereins.

Fahrwerkmontage in Paderborn im August 2021

Im September 2022 erfolgte die Verlagerung des Flugzeugs aus dem Quax-Haupthangar in den Technikhangar des Flughafens Paderborn, wo erstmals seit 2018 die Tragflächen des Flugzeugs wieder montiert wurden. Da der Quax-Hangar für die „D-AQUI" mit Flügeln nicht ausreichte, musste das Flugzeug im nicht öffentlichen Flughafenhangar verbleiben. Für die Öffentlichkeit ist das Flugzeug nur bei besonderen Veranstaltungen des Quax-Vereins zu besichtigen.

Tragflächen-Montage im Flughafen-Hangar Paderborn im September 2022

Im April 2024 gab die Lufthansa Group den Bau eines neuen Besucher- und Konferenzzentrums in unmittelbarer Nachbarschaft zum Lufthansa Aviation Center (LAC) in Frankfurt bekannt. Ab 2026 soll hier neben der Lockheed Super Star auch die „D-AQUI" wieder der Öffentlichkeit zugänglich gemacht werden.

Geplantes Lufthansa Besucher- und Konferenzzentrum (Deutsche Lufthansa AG)

Typ / Ort / Status	W.Nr.	Zulassung
Junkers Ju52/3mge, Alverca (I), Portugal		
Forca Aerea Portuguese FAP	5655	6303
Alverca, Portugal ?		
Zuletzt gesehen in Evora 1975, vermutl. abgewrackt		

Letztes bekanntes Bild der W.Nr. 5655, Spielplatz im Parque da Malagueira in Evora, 1975

Die Junkers Ju52, W.Nr. 5655, „6303" gehörte zu den 27 Junkers Ju52 bzw. AAC.1, die die portugiesische Luftwaffe FAP zwischen 1936 und 1970 betrieb[10]. Das Flugzeug absolvierte am 1. Oktober 1936 seinen Erstflug und wurde am 23. Dezember 1936 bei der Aeronautica Militar als „103" und später „203" in Dienst gestellt. Seit 1951 stand das Flugzeug als „6303" bei der Forca Aerea Portuguese im Einsatz u.a. um 1964 bei der B.A. 3 in Tancos. Die Maschine wurde am 6. April 1966 außer Dienst gestellt.

---

[10] Zum Einsatz der Ju52/AAC.1 bei der FAP, siehe Ju52, W.Nr. 5661

Einige Ju52/AAC.1 fanden nach ihrer Außerdienststellung den Weg in regionale Parks als Ausstellungsattraktionen. Auch die „6303" wurde nachdem sie drei Jahre in Alverca abgestellt war, 1969 an die Stadt Evora übergeben[11]. Das Flugzeug wurde auf einem Spielplatz im Parque da Malagueira in der Nähe des Schwimmbads ausgestellt.

Ju52, W.Nr. 5655, „6303" beim Abtransport von Alverca nach Elvora 1969 (OGMA)

Der Spielplatz wurde 1985 beseitigt. Angeblich war das Flugzeug seit 1985 wieder in Alverca geparkt. Auf Bildaufnahmen aus den 90er Jahren (siehe W.Nr. 5661) ist das Flugzeug auf der Abstellfläche in Alverca nicht zu erkennen. Vermutlich kehrte dieses Flugzeug nicht nach Alverca zurück, sondern wurde im Rahmen der Parkauflösung in Evora entsorgt oder dieses Flugzeug wurde im Rahmen des Wiederaufbaus der beiden Ju52, W.Nr. 5661 und 5664 in Bodö als Ersatzteilspender aufgebraucht.

---

[11] Ju52Archiv.de gibt die Ju52, W.Nr. 501196, „6301" für Evora an. Lt. Ju52Archiv.de wurde die W.Nr. 5655, „6303" direkt nach ihrer Stillegung abgewrackt.

Typ / Ort / Status	W.Nr.	Zulassung
Junkers Ju52/3mg3e, Sintra, Portugal		
Forca Aerea Portuguese FAP	5661	6304
Museo do Ar, Sintra, Portugal		
Restauriert, zugänglich in Ausstellung		

„6304" im Museo do Air, Sintra, Portugal im April 2011 (Johnny Comstedt)

Im portugiesischen Museo do Ar in Sintra befindet sich die originale Ju52, W.Nr. 5661 im Erscheinungsbild ihrer Indienststellung bei der Aeronautica Militar aus dem Jahr 1936. Mit diesem Exponat würdigt das Museum den langjährigen Einsatz von Junkers Ju52 und französischen Nachbauten AAC.1 in der portugiesischen Luftwaffe.

Junkers Ju52 der Forca Aerea Portuguese (FAP)

Die portugiesische Luftwaffe Aeronautica Militar gehörte 1936 zu den frühen Bestellern von insgesamt zehn Junkers Ju52/3mg3e. Sie übernahm die Maschinen in Dessau am 19. Dezember 1936 und überführte diese wegen des anhaltenden, spanischen Bürgerkriegs über Italien und Spanisch-Marokko nach Lissabon, wo die zehn Flugzeuge am 23. Dezember 1936 in Sintra landeten. In Portugal erhielten diese Flugzeuge die Registrierungen von „101" bis „110".

Im August 1937 wurden die Ju52 der Bombergruppe GIAB in Alverca und im Dezember 1937 dem Nachtbombergeschwader GBN in Ota zugeteilt. Im Juni 1938 wurde die „1XX"-Registrierung der Flugzeuge auf „2XX" geändert. Nach Ausbruch des zweiten Weltkriegs wurden fünf Ju52 der Groupe d'Escadrilles Expeditionnaire No. 1 zur Sicherung der Azoren zugeteilt und ab Februar 1942 auf der Insel San Miguel stationiert. Die Überführung erfolgte per Schiff nach Ponta Delgada. Zum Zusammenbau wurden die zerlegten Flugzeuge 17 km in den Norden der Insel nach Rabo de Peixe transportiert. Der Flugbetrieb wurde auf den Azoren im Juni 1942 aufgenommen. Im Rahmen des Azoren-Einsatzes wurden die Ju52 erstmals auch für Transport- und Fallschirmspringer-Missionen zwischen den Inseln verwendet. Nachdem bereits eine Ju52 mit der Registrierung „201" im Februar 1941 beim Einsturz eines Hangars in d'Ota während eines Orkans zerstört wurde, ging auf den Azoren die „210" bei einem Landeunfall in Rabo de Peixe verloren. Der Azoreneinsatz endete am 12. Januar 1944.

Im September 1950 übernahm die portugiesische Luftwaffe zwei weitere Ju52 von der norwegischen Luftwaffe als Ersatz für die beiden verloren gegangenen Ju52. Hierbei handelte es sich um zwei ehemalige deutsche Luftwaffenflugzeugen, die 1943 gebaut wurden und im Mai 1945 in Norwegen verblieben waren.

Mit der Einrichtung der Forca Aerea Portuguese 1952 wurden die Ju52 als Verbindungs- und Transportflugzeugstaffel in Tancos stationiert. Die Flugzeuge wurden nochmals umregistriert und erhielten die Nummerierung „63XX". Ab 1955 kamen die Ju52 als Transporter für Fallschirmspringertruppen zum Einsatz. Mitte der 50er Jahre waren die Ersatzteilbestände der portugiesischen Luftwaffe insbesondere für die Instandhaltung der BMW 132 Motore erschöpft. Ab 1956 erfolgte daher die Umrüstung der portugiesischen Ju52 von BMW 132 auf Pratt & Whitney R1340-AN1 Wasp Motore. Ab Januar 1959 kam ein Teil der Flugzeuge bei der EICPNAP als Ausbildungsflugzeuge für Navigatoren und Piloten zum Einsatz. Andere Flugzeuge kamen ab 1960 als Verbindungsflugzeuge bei den Kolonialkriegen in Angola, Mozambique und Guinea zum Einsatz.

Um dem erhöhten Flugzeugbedarf gerecht zu werden, erwarb die portugiesische Luftwaffe 1960 fünfzehn weitere Flugzeuge von der französischen Luftwaffe. Hierbei handelte es sich um französische Nachbauten aus dem Atelier Aeronautiques Colombes mit der Bezeichnung AAC-1, die als „6310" bis „6324" registriert und in Portugal als „Argelin" bezeichnet wurden. Die französischen AAC.1 wurden bei der portugiesischen Luftwaffe im Gegensatz zu den originalen Ju52 mit dem BMW 132Z3 Motoren betrieben. Ab 1965 wurden die Ju52/AAC.1 schrittweise bei der portugiesischen Luftwaffe durch modernere Noratlas Transporter ersetzt und stillgelegt. Der letzte Flug einer portugiesischen Ju52/AAC.1 fand 36 Jahre nach der Indienststellung einer Ju52 am 3. Januar 1973 mit der „6310" nach Tancos statt. Die Forca Aerea Portuguese (FAP) gehörte damit neben der Schweizer und der spanischen Luftwaffe zu den längsten Betreibern der Ju52.

Überblick portugiesische Ju52 und AAC.1

Die exakte Zuordnung von Werknummern und FAP-Registrierungen sind insbesondere bei den „63XX"-Registern schwierig, da Baugruppen zwischen den einzelnen Flugzeugen während der Instandhaltung häufig getauscht wurden. Auch CASA-Baugruppen wurden als Ersatzteile in portugiesischen Ju52 verbaut.

Ju52	101	23.12.1936	Auslieferung ex JFM an Aeronautica Militar
5653	201	06.1938	RRG
	201	02.02.1941	zerstört bei Halleneinsturz durch Orkan
Ju52	D-ADAY	21.09.1936	Erstflug Wendel
5654	102	23.12.1936	Auslieferung ex JFM an Aeronautica Militar
	202	06.1938	RRG
	6302	1951	RRG, Forca Aerea Portuguese (FAP)
	6302	05.04.1966	geparkt, später abgewrackt in Ferraille
Ju52		01.10.1936	Erstflug Skribanowitz
5655	103	23.12.1936	Auslieferung ex JFM an Aeronautica Militar
	203	06.1938	RRG
	6303	1951	RRG, Forca Aerea Portuguese (FAP)
	6303	06.04.1966	geparkt in Alverca
	6303	1968	Ausstellung Spielplatz Evora
	6303	1985	geparkt in Ferraille, vermutl. abgewrackt

Ju52		07.10.1936	Erstflug Skribanowitz
5661	104	23.12.1936	Auslieferung ex JFM an Aeronautica Militar
	204	06.1938	RRG
	204	06.1942	Azoren-Einsatz (bis 01.1944)
	6304	1951	RRG, Forca Aerea Portuguese (FAP)
	6304	06.06.1967	geparkt in Alverca
	6304	1968	Coimbra, Portugal dos Pequeninos
	6304	1982	zurück in Alverca
	6304	1993-2000	Restaurierung in Bodö
	6304	**12.2009**	**Museo do Ar in Sintra**
Ju52		06.10.1936	Erstflug Harder
5662	105	23.12.1936	Auslieferung ex JFM an Aeronautica Militar
	205	06.1938	RRG
	205	02.1942	Azoren-Einsatz (bis 01.1944)
	6305	1951	RRG, Forca Aerea Portuguese (FAP)
	6305	16.09.1965	geparkt nach Unfall in Ferraille, verm. abgewrackt
Ju52		24.10.1936	Erstflug Harder
5664	106	23.12.1936	Auslieferung ex JFM an Aeronautica Militar
	206	06.1938	RRG
	6306	07.1952	RRG, Forca Aerea Portuguese (FAP)
	6306	05.02.1972	geparkt in Alverca
	„LN-DAF"	**1993**	**Norsk Luftfartsmuseum, Bodö**
Ju52		23.10.1936	Erstflug Zimmermann
5667	107	23.12.1936	Auslieferung ex JFM an Aeronautica Militar
	207	06.1938	RRG
	207	02.1942	Azoren-Einsatz (bis 01.1944)
	6307	1951	RRG, Forca Aerea Portuguese (FAP)
	6307	26.05.1969	geparkt, vermutlich abgewrackt
Ju52		15.10.1936	Erstflug Wendel
5659	108	23.12.1936	Auslieferung ex JFM an Aeronautica Militar
	208	06.1938	RRG
	208	02.1942	Azoren-Einsatz (02.42 bis 01.44)
	6308	1951	RRG, Forca Aerea Portuguese (FAP)
	6308	1956	w/o
Ju52	CS-109	19.10.1936	Erstflug Wendel
5670	109	23.12.1936	Auslieferung ex JFM an Aeronautica Militar
	209	06.1938	RRG
	6309	1951	RRG, Forca Aerea Portuguese (FAP)
	6309	02.02.1963	geparkt in Alverca
	ohne	**1985**	**Musee de L'Armee, Brussel**
Ju52		23.10.1936	Erstflug Harder
5671	110	23.12.1936	Auslieferung ex JFM an Aeronautica Militar
	210	06.1938	RRG
	210	06.1942	Azoren-Einsatz (bis 01.1944)
	210	1943	zerstört bei Landeunfall Rabo de Peixe, Az.

Ju52	PN+BN	1943	Auslieferung an Luftwaffe, 2. KG zbV 108
g7e	7U+IK	1944	Luftwaffe 2. TG20
501196	N-11	11.09.1945	RNAF TG22
	YA-C	07.09.1946	RNAF, „Laila", abgestellt Herbst 1946
	201	21.09.1950	Forca Aerea Portuguese (FAP)
	6301	07.1952	RRG
	6301	02.08.1971	abgestellt in Alverca ohne Cockpit
	6301	2009	**Eingelagert in Alverca**
Ju52	PR+WK	30.12.1943	Auslieferung an Luftwaffe
g8e	7U+I?	30.01.1944	Luftwaffe 2. TG20
501219	N-??	11.09.1945	RNAF TG22
	YA-B	09.09.1946	RNAF, „Jampa", abgestellt Frühjahr 1946
	200	21.09.1950	Forca Aerea Portuguese (FAP)
	6300	07.1952	RRG
	6300	03.01.1969	abgestellt in Alverca
	6300	2011	**Eingelagert in Alocheta**
AAC.1	F-BAJE	03.01.1945	Air France
005	005	05.1948	Armee de l'Air
	6315	19.12.1960	Forca Aerea Portuguese (FAP)
	6315	29.05.1967	abgestellt in Alverca
	6315	**2009**	**Museu Aeropacial, Rio de Janeiro**
AAC.1	048	1945	Armee de l'Air
048	6316	26.11.1960	Forca Aerea Portuguese (FAP)
oder	6316	29.05.1967	Abgestellt
255	1Z+NK	1973	IWM Duxford
	4V+GH	2012	**Luftfahrtmuseum Krakau**
AAC.1	053	1944	Armee de l'Air
053	6320	26.11.1960	Forca Aerea Portuguese (FAP)
oder	6320	09.02.1967	Abgestellt in Ferraille
258	„1Z+IK"	**1975**	Hohn AFB
	ohne	**2021**	**Ausgestellt bei WDL Essen-Mühlheim**
AAC.1	127	1945	Armee de l'Air
127 ?	6322	10.12.1960	Forca Aerea Portuguese (FAP)
	6322	22.03.1967	Abgestellt in Pompiers, Übungsflugzeug, abgewr.
AAC.1	205	02.1947	Armee de l'Air
205	6311	02.12.1960	Forca Aerea Portuguese (FAP)
	6311	06.07.1968	abgestellt in Alverca
	6311	**2011**	**Musee de l'Aviation de Melun Villaroche**
AAC.1	F-BBYN	25.06.1946	TAI
234	234	1947	Armee de l'Air
	6314	10.12.1960	Forca Aerea Portuguese (FAP)
	6314	22.03.1967	abgestellt, abgewrackt in Ferraille
AAC.1	255	1946	Armee de L'Air
255	6317	10.12.1960	Forca Aerea Portuguese (FAP)
od. 048	6317	14.01.1966	abgestellt, abgewrackt Tancos

AAC.1	258	08.1946	Armee de l'Air
258	6313	02.12.1960	Forca Aerea Portuguese (FAP)
	6313	16.09.1965	abgestellt, abgewrackt in Tancos
AAC.1	291	09.1946	Armee de l'Air
291	6310	02.12.1960	Forca Aerea Portuguese (FAP)
	6310	25.06.1971	abgestellt in Alverca
	6310	03.01.1973	letzter Ju52-Flug bei FAP
	6310	**2009**	**TAM-Museum Sao Carlos**
AAC.1	325	1946	Armee de l'Air
325 ?	6321	19.12.1960	Forca Aerea Portuguese (FAP)
	6321	1971	Abgestellt in Alverca
		1996	aufgebraucht für Restaurierung W.Nr. 5670
AAC.1	357	10.1945	Armee de l'Air
357	6323	19.12.1960	Forca Aerea Portuguese (FAP)
	6323	16.09.1965	Abgestellt,, abgewrackt Tancos
AAC.1	366	04.1947	Armee de l'Air
366	6312	26.07.1960	Forca Aerea Portuguese (FAP)
	6312	22.07.1967	Abgestellt, abgewrackt
AAC.1	392	1947	Armee de l'Air
392	6318	19.12.1960	Forca Aerea Portuguese (FAP)
	6318	16.09.1965	Abgestellt, abgewrackt in Ferraille
AAC.1			Armee de l'Air
1009	6324	1960	Forca Aerea Portuguese (FAP)
	6324	16.09.1965	Abgestellt,, abgewrackt Tancos
AAC.1			Armee de l'Air
1011	6319	1960	Forca Aerea Portuguese (FAP)
	6319	20.08.1966	abgestellt, abgewrackt in Ferraille

Verbleib der stillgelegten portugiesischen Ju52/AAC.1

Nach dem Verlust von drei Ju52 im operativen FAP-Betrieb wurden die verbliebenen 24 Flugzeuge bis 1970 in Alverca abgestellt. Bis zu 12 Flugzeuge wurden in Tancos und Alverca im Laufe der Jahre abgewrackt. Die übrigen 12 Flugzeuge wurden in Alverca zum Tausch mit anderen Museen vorgehalten. Neben zwei Ju52, die kurzzeitig in Evora und Coimbra auf Spielplätzen genutzt wurden, verließ die AAC.1 W.Nr. 048, „6316" als erstes Tauschflugzeug 1973 Alverca zum Imperial War Museum ins englische Duxford. Zwei Jahre später erfolgte die Abgabe der AAC.1, W.Nr. 053 an das Luftwaffentransportgeschwader LTG 63 in Hohn. Mitte der 80er Jahre interessierten sich mehrere Luftverkehrsgesellschaften für die flugtaugliche Reaktivierung von Junkers Ju52 als Traditionsflugzeuge.

Die belgische Sabena übernahm 1985 dazu die Ju52, W.Nr. 5670, „6309" nach Belgien und erwarb bis 1996 noch die AAC.1, W.Nr. 325 als Ersatzteilspender für den Wiederaufbau dieses Flugzeugs. Im Rahmen eines Gemeinschaftsprojekts mit dem norwegischen Luftfahrtmuseum in Bodö wurden 1993 die Ju52, W.Nr. 5661, „6304" und die Ju52, W.Nr. 5664, „6306" für eine Ausstellung in den beiden Museen in Bodö aufgearbeitet. Mitte der 90er Jahre waren damit 7 der ursprünglich 12 in Alverca für Tauschzwecke vorgehaltenen Flugzeuge verschwunden. Eine Luftbildaufnahme aus der Mitte der 90er Jahre zeigt die noch verbliebenen fünf Flugzeuge in Alverca.

Satellitenbild der Abstellfläche in Alverca, um 1995 (ex Bing)

Mit der Verlagerung des Museu do Ar von Alverca nach Sintra sollte Mitte der 2000er Jahre auch die Abstellfläche mit den fünf verbliebenen Flugzeugen in Alverca geräumt werden. Das Museu do Ar gab daraufhin bis 2010 die drei noch verbliebenen AAC.1 an befreundete Museen in Brasilien, sowie ein Exemplar in sein Herkunftsland nach Frankreich ab. Mindestens zwei, möglicherweise auch drei Exemplare der originalen Junkers Ju52 lagerte das Museum in ein Lager in Alcochete, sowie eine Halle in Alverca um. Seit 2011 ist die frühere Abstellfläche in Alverca vollständig geräumt. Neben der in Sintra ausgestellten Ju52, W.Nr. 5661, „6304" befinden sich noch die beiden ehemals deutschen und norwegischen Ju52, W.Nr. 501219 und 501196 im Besitz des Museu do Ar. Über den Verbleib der Ju52, W.Nr. 5655, „6303" besteht Unklarheit.

6300 (II), W.Nr. 501219 – eingelagert in Alcocheta

6301 (II). W.Nr. 501196 – eingelagert in Alverca

6303, W.Nr. 5655 – 1968 Evora, vermutl. abgewrackt

6304, W.Nr. 5661 – 1993 Museo do Ar in Sintra

6306, W.Nr. 5664 – 1993 Norsk Luftfartsmuseum in Bodö

6309, W.Nr. 5670 – 1985 Musee de L'Armee in Brüssel

6310, W.Nr. AAC-291 – 2009 TAM Museum Sao Carlos

6311, W.Nr. AAC-205 - 2011 Musee de l'Aviation de Melun Villaroche

6315, W.Nr. AAC-005 – 2009 Museu Aerospacial Rio de Janeiro

6316, W.Nr. AAC-048 – 1973 IWM Duxford, heute Museum Krakau

6320, W.Nr. AAC-053 – 1975 an LTG 63, heute WDL Essen-Mühlheim

6321, W.Nr. AAC-325 – 1996 aufgebraucht Ersatzteilspender W.Nr. 5670

Lebenslauf der Ju52, W.Nr. 5661, FAP-6304

Die Junkers Ju52, W.Nr. 5661 absolvierte am 7. Oktober 1936 in Dessau ihren Erstflug. Sie wurde mit 10 weiteren Ju52 im Dezember 1936 nach Portugal überführt und am 23. Dezember 1936 als „104" bei der Aeronautica Militar (AM) in Dienst gestellt. Im August 1938 wurde das Flugzeug der Bomberstaffel GIAB in Ota zugeteilt. Im gleichen Jahr erfolgte die Zuordnung zur Nachtbomberstaffel GBN. Im Juni 1937 erhielt die W.Nr. 5661 eine neue Registrierung „204".

Junkers Ju52, W.Nr. 5661, „204" in Rabo de Peixe, Azoren (Archives Historiques Forca Aerea)

Seit April 1940 befand sich die Basis der Nachtbombergruppe in d'Ota. Im Dezember 1941 wurde das Flugzeug für den Einsatz auf den Azoren vorbereitet. Im Juni 1942 traf die W.Nr. 5661 per Seetransport mit vier weiteren Ju52 auf den Azoren ein und wurde auf der Ilha de Sao Miguel auf der Basis Rabo de Peixe stationiert. Der Schutzeinsatz auf den Azoren wurde im Januar 1944 beendet. Im Mai 1944 trafen die fünf Ju52 per Seetransport auf dem portugiesischen Festland ein. Am 10. Oktober 1945 wurde die W.Nr. 5661 wieder der Nachtbomberstaffel GBN zugeteilt, in der die Maschine bis 1952 verblieb. 1951 wurde das Registrierungssystem der portugiesischen Luftwaffe erneut umgestellt. Aus der „204" wurde nun die „6304".

Junkers Ju52, W.Nr. 5661, „6304" nach FAP-Übernahme 1952 (Archives Historiques Forca Aerea)

Im Jahr darauf wurde die Aeronautica Militar (AM) vollständig reorganisiert und in die Forca Aerea Portuguese (FAP) überführt. Die „6304" wurde 1952 daraufhin in die FAP übernommen. Bei der Forca Aerea Portuguese flogen die Junkers Ju52 ab Mitte der 50er Jahre ohne Tarnbemalung. Sie erhielten einen blanken Rumpf mit weißer Dachlackierung.

W.Nr. 5661, im neuen FAP-Erscheinungsbild als „6304" um 1960 (SDFA, Arquivo Historica)

Ab 1954 war die „6304" in Sintra als Schulungsflugzeug für Radionavigatoren im Einsatz. Ab 1964 wurde die W.Nr. 5661 für Transport- und Schulungszwecke bei der B.A. 1 eingesetzt. Neben der Navigatoren-Schulung erfolgte mit dem Flugzeug auch das Pilotentraining für Piloten mehrmotoriger Flugzeuge.

Am 6. Juni 1967 wurde die W.Nr. 5661 nach mehr als 30 Jahren und 2500 Flugstunden außer Dienst gestellt und in Alverca geparkt. Die W.Nr. 5661 gehörte zu den Flugzeugen, die bereits kurze Zeit nach ihrer Stilllegung als Ausstellungsattraktionen von der portugiesischen Luftwaffe an regionale Gemeinden in Portugal abgegeben wurde. Die W.Nr. 5661 kam am 24. April 1968 nach Coimbra, wo das Flugzeug auf einem Spielplatz im Portugal dos Pequeninos ausgestellt wurde. Um den Verfall des Flugzeugs zu stoppen, holte das Museo do Ar in Alverca das Flugzeug 1987 im Austausch gegen eine Fiat G91 zurück nach Alverca. Seit 1987 befand sich die „6304" wieder im Lager des Museu do Ar in Alverca bei Lissabon.

Übergabe W.Nr. 5661 in Coimbra, 24.04.1968 (Jose Simoes)

Im Sommer 1993 war das Luftfahrtmuseum im norwegischen Bodö an der Übernahme einer der beiden früheren norwegischen Ju52 aus Alverca interessiert. Im Gegenzug war das Luftfahrtmuseum in Bodö bereit, eine Ju52 für das Museo do Ar instand zu setzen. Im Oktober 1993 wurde die W.Nr. 5661, „6304" und die W.Nr. 5664, „6306" nach Bodö verschifft. Die Aufarbeitung der für Portugal bestimmten W.Nr. 5661 begann unter Leitung von Birger Larsen im Juli 1995. In fünfjähriger Arbeit wurden 15.000-20.000 Arbeitsstunden geleistet, bevor die W.Nr. 5661, „6304" am 1. Juli 2000 in Bodö zum Rücktransport nach Portugal verladen werden konnte.

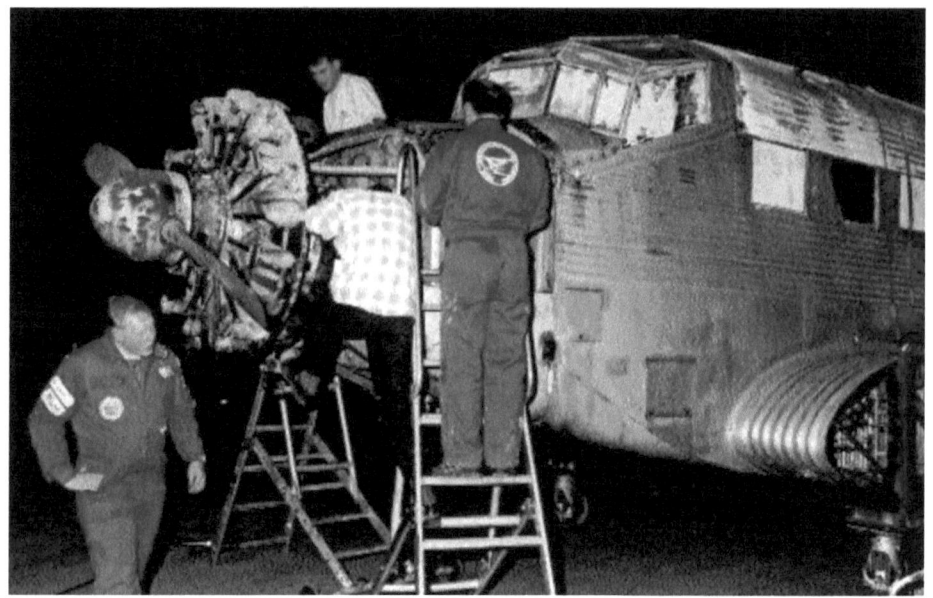

Instandsetzung der W.Nr. 5661 im norwegischen Bodö (Birger Larsen)

In Portugal blieb die W.Nr. 5661 mehr als sieben Jahre eingelagert, da das Museo do Ar über keine Ausstellungsflächen verfügte. Im Juni 2009 wurde die restaurierte W.Nr. 5661 der Öffentlichkeit vorgestellt. Seit dem 14. Dezember 2009 ist die Maschine Bestandteil der Ausstellung des Museo do Ar in Sintra. Sie trägt das frühe Erscheinungsbild der Aeronautica Militar aus den 30er Jahren. Statt der zu dieser Zeit passenden Zulassungsnummer „104" oder „204" trägt das Ausstellungsobjekt seine letzte Zulassungsnummer „6304" aus den 50/60er Jahren.

Typ / Ort / Status	W.Nr.	Zulassung
Junkers Ju52/3mg3e, Bodö, Norwegen		
D.N.L. Wasserflugzeug	5664	6306
Norsk Luftfartsmuseum, Bodö, Norwegen		
Restauriert, zugänglich in Ausstellung	(5429)	(LN-DAF)

W.Nr. 5664 at Norsk Luftfartsmuseum, Bodö, Mai 2014 (Johnny Comstedt)

In der Ausstellung des Norsk Luftfartsmuseum im norwegischen Bodö wird eine Ju52/3m in den Farben der norwegischen Fluggesellschaft Det Norske Luftfartselskab DNL als LN-DAF „Najaden" in einem Diorama ausgestellt. Bei diesem Flugzeug handelt es sich jedoch nicht um die originale W.Nr. 5429 der DNL sondern um eine originale Junkers Ju52 der portugiesischen Luftwaffe mit der W.Nr. 5664. Das Flugzeug stand nach seiner Stilllegung bei der portugiesischen Luftwaffe mehrere Jahre im portugiesischen Alverca. Das portugiesische Museo do Ar stellte 1993 zwei Junkers Ju52 zur Restaurierung dem Norsk Luftfartsmuseum zur Verfügung. Eine Maschine (W.Nr. 5661) ging in den Farben der portugiesischen Luftwaffe zurück an das Museo do Ar, während die zweite Ju52 (W.Nr. 5664) als LN-DAF für das Norsk Luftfartsmuseum fertiggestellt wurde.

Original Ju52, W.Nr. 5664, FAP

Die in Bodö ausgestellte W.Nr. 5664 war eine von zehn Ju52/3m, die im Dezember 1936 an die Aeronautica Militar in Portugal ausgeliefert und dort zunächst als „106" bzw. ab März 1938 als „206" registriert und bei der Esquadrilha de Bombardeamento Nocturno B.A. 3 in Ota als Nachtbomber eingesetzt wurde. [12]

W.Nr. 5664, „206" der portugisieschen Luftwaffe FAP 1938 (FAP via AFHA)

Mit der Neuformierung der Forca Aerea Portuguese (FAP) im Juli 1952 erhielt das Flugzeug die Registrierung „6306". Im September 1956 wurde das Flugzeug von BMW auf P&W Motore umgerüstet und kam später zur Esquadra 32, ab 1964 dann zur B.A.3. Das Flugzeug wurde am 5. Februar 1972 als letzte Ju52 der portugiesischen Luftwaffe außer Dienst gestellt und in Alverca geparkt. Die Maschine blieb mehr als 20 Jahre auf den Abstellflächen in Alverca und ging schließlich in den Besitz des Museo do Ar über.

---

[12] Zur Nutzung der Ju52/AAC.1 bei der FAP siehe W.Nr. 5661

Junkers Ju52, W.Nr. 5664, FAP-6309 in Alverca 1983 (Paul Seymour)

Das norwegische Luftfahrtmuseum in Bodö war 1993 am Rückkauf einer der beiden aus Norwegen 1951 durch die portugiesische Luftwaffe beschafften Ju52 interessiert. Sowohl die W.Nr. 501196 noch die W.Nr. 501219 erwiesen sich jedoch auch für eine statische Ausstellung als nicht restaurierungsfähig. Das norwegische Luftfahrtmuseum entschied sich daher für die ältere, aber besser erhaltene W.Nr. 5664, „6306". Im Gegenzug verpflichtete sich das Norsk Luftfartssenter in Bodö zur Restaurierung einer weiteren Ju52, W.Nr. 5661, „6304" in den Farben der Aeronautica Militar für das Museo do Ar. Nachdem beide Flugzeuge mehr als 20 Jahre in Alverca geparkt waren, verließen diese im Oktober 1993 auf dem Land- und Seeweg Alverca in Richtung Bodö.

Während die Instandsetzungsarbeiten an der für Portugal bestimmten W.Nr. 5661 erst 1995 anliefen, wurde mit dem Umbau und der Restaurierung der für Norwegen bestimmten W.Nr. 5664 noch im Herbst 1993 begonnen. Neben den allgemeinen Restaurierungsarbeiten wurde das Flugzeug in eine Ju52/See mit Schwimmern umgebaut und erhielt einen Anstrich der D.N.L., LN-DAF. Seit 1994 befindet sich die W.Nr. 5664 in diesem Erscheinungsbild in einer passenden Diorama-Anlage in der Ausstellung des Norskk Luftfartssenter in Bodö.

Vorbild: Junkers Ju52, W.Nr. 5429, DNL, LN-DAF

Die in Bodö heute ausgestellte Maschine trägt das Erscheinungsbild der Junkers Ju52, W.Nr. 5429 in den Farben der norwegischen Fluggesellschaft Det Norske Luftfartsslskap D.N.L. Das norwegische Luftfahrtmuseum würdigt mit diesem Exponat die Bedeutung der Junkers Ju52 bei der Entwicklung des norwegischen Luftverkehrs vor dem Zweiten Weltkrieg und deren langjährige Nutzung auf den Seeflugstrecken längs der norwegischen Küste bis zum Nordkap.

Einsatz der Junkers Ju52 bei Det Norske Luftfartselskap D.N.L. [13]

Die Det Norske Luftfartselskap wurde bereits am 4. Mai 1927 in Norwegen von Arnold Rästad gegründet, um innernorwegische Zubringerdienste zu der von Lufthansa eingerichteten internationalen Flugroute von Oslo-Gressholmen über Göteborg und Kopenhagen nach Warnemünde anzubieten. Die kurzen Zubringerflüge aus der Osloer Innenstadt zum Seeflughafen Gressholem erwiesen sich jedoch als wenig lukrativ. Der norwegische Reedereibetrieb Fred Olsen & Co. erwarb 1933 die Reste des Unternehmens und gründete am 15. Oktober 1933 eine Nachfolgegesellschaft mit gleichem Namen als Det Norske Luftfartselskap Fred Olsen A/S.

Nachdem D.N.L. 1934 erste Postdienste mit kleineren Flugzeugen aufgenommen hatte, erfolgte am 11. Juni 1935 die Aufnahme von Passagierflügen mit einer Junkers Ju52, W.Nr. 4077, LN-DAE „Havorn" von Oslo über die Südküste nach Bergen. Für die geplante Verlängerung der Route von Bergen nach Tromsö wurde 1936 eine weitere Ju52, W.Nr. 5429, LN-DAH „Najaden" beschafft. Die geplante Streckenerweiterung verzögerte sich allerdings, nachdem die „Havorn" wenige Tage nach Auslieferung der „Najaden" im Lihesten Gebirge (Hyllestad) zwischen Bergen und Trondheim durch eine Bergkollision verloren ging. Obwohl die Lufthansa nur zwei Wochen später eine dritte Junkers Ju52, W.Nr. 5489, LN-DAF „Falken" an die D.N.L. als Ersatzmaschine abgab, verzichtete D.N.L. zunächst auf die Aufnahme des Passagierdienstes nach Nordnorwegen und weitete stattdessen

---

[13] Rob Mulder, Günther Ott: „Deutsche Lufthansa in Norway 1927-1945", ISBN 978-82-93450-12-2

zunächst den Verkehr zwischen Bergen und Oslo, sowie den Verkehr von Oslo ins skandinavische Ausland aus. Die beiden Ju52, W.Nr. 5429 und 5489 kamen ab Juni 1936 auf der Strecke von Oslo über Moss, Arendal, Kristiansund, Stavanger und Haugesund nach Bergen zum Einsatz, die Montag bis Samstag in beide Richtungen bedient wurde. Kurzzeitig wurden auch Dienste von Oslo nach Kopenhagen mit Ju52 bedient. Die Verbindung von Oslo nach Stockholm wurde mit einem Flugboot vom Typ Sikorsky S43 bedient. Über Stockholm und Kopenhagen wurde das Streckennetz der D.N.L. an das internationale Streckennetz der schwedischen AB Aerotransport, der Det Danske Luftfartselskap D.D.L. und der Lufthansa angeschlossen. Später erfolgte noch eine Verbindung von Oslo nach Amsterdam mit Anbindung an das Streckennetz der holländischen KLM. Die meisten dieser internationalen Strecken wurden von den Partnern im Ausland betrieben, während D.N.L. sich auf den Ausbau der innernorwegischen Strecken konzentrierten. Zur Verlängerung des Passagierdienstes von Oslo nach Bergen bis Tromsö beschaffte D.N.L. 1937 eine weiteren Junkers Ju52, W.Nr. 5751, LN-DAI.

Nordkap-Werbekarte der D.N.L. von 1936 (D.N.L.)

Junkers Ju52 der D.N.L. 1935-1940

4077	D-ANOP	16.04.1935	Erstflug
	D-ANOP	1935	Lufthansa „Fritz Simon"
	LN-DAE	07.06.1935	Det Norske Luftfartselskap „Havorn"
	LN-DAE	16.06.1936	w/o Lihesten Gebirge (Hyllestad)
5429	D-AKIY	04.12.1935	Erstflug
	D-AKIY	1936	Lufthansa „William Langanke"
	LN-DAF	06.06.1936	Det Norske Luftfartselskap „Najaden"
	LN-DAF	10.1939	Umrüstung auf Landversion für CPH-Dienst
	4V+HW	30.09.1940	Luftwaffe (beschlagnahmt) KG zbV 600
	D-AKIY	01.03.1943	Lufthansa „Richard Schneider"
	D-AKIY	06.06.1945	Abgestellt in Hommelvik
		09.1945	Instandsetzung bei Horten
	LN-KAG		Det Norske Luftfartselskap „Veslefrik"
	LN-KAG	1948	SAS „Veslefrik"
	LN-KAG	02.07.1956	Wfu und abgewrackt
5489	D-AQUI	06.04.1936	Erstflug
	D-AQUI	07.04.1936	Lufthansa „Fritz Simon"
	LN-DAH	01.07.1936	Det Norske Luftfartselskap „Falken"
		09.04.1940	Luftwaffe (beschlagnahmt)
	D-AQUI	22.08.1940	Lufthansa „Kurt Wintgens" / „Hans Berr"
	LN-KAF	28.05.1945	Det Norske Luftfartselskap „Askeladden"
130714	LN-KAF	12.09.1945	Instandsetzung bei Horten
	LN-KAF	1948	SAS „Askeladden"
		1956	Verkauft nach Ecuador
5751	D-AQUB	13.09.1937	Erstflug
	LN-DAI	13.09.1937	Det Norske Luftfartselskap „Hauken"
	LN-DAI	12.1937	LSD AB Aerotransport (bis 03.1938)
	F.400	02.1940	LSD Norwegische Luftwaffe / Naval Air Service
		09.04.1940	Luftwaffe (beschlagnahmt)
	D-AQUB	1940	Lufthansa „Hans Berr"
	D-AQUB	01.03.1943	w/o Trondheim, gesunken n. harter Landung

Mit drei Junkers Ju52 nahm D.N.L. im Sommer 1938 die Küstenstrecke von Bergen ans Nordkap in Betrieb. Passagiere wurden zwischen Juni und September auf dem „Midnight Sun Airway" der Strecke 1702 dreimal wöchentlich Dienstag, Donnerstag und Samstag von Bergen in nördlicher Richtung über Trondheim nach Tromsö geflogen. Der Rückflug erfolgte jeweils am Folgetag.

LY 1938
SOMMERPLAN

LUFTVEIEN
BINDER
LANDET
SAMMEN

DET NORSKE
LUFTFARTSELSKAP
FRED. OLSEN & BERGENSKE A/s

DNL-Flugplan 1938/39
Trondheim-Kirkenes-Route
DNL-Flugnr. 1702

(ABA-SAS Historical Collection)

THE MIDNIGHT SUN AIRWAY
BERGEN–TRONDHEIM–TROMSØ
D. N. L. RUTE 1702 – 6|6–1/10.

7.00	avg. Bergen	ank.	17.50
8.20	ank. Aalesund	avg.	16.15
8.25	avg. Aalesund	ank.	16.10
8.45	ank. Molde	avg.	15.50
8.50	avg. Molde	ank.	15.45
9.10	ank. Kristiansund	avg.	15.20
9.15	avg. Kristiansund	ank.	15.15
10.10	ank. Trondheim	avg.	14.25
10.35	avg. Trondheim	ank.	14.00
11.50	ank. Brønnøysund	avg.	12.25
11.55	avg. Brønnøysund	ank.	12.20
12.15	ank. Sandnessjøen	avg.	11.55
12.20	avg. Sandnessjøen	ank.	11.50
13.15	ank. Bodø	avg.	10.55
13.40	avg. Bodø	ank.	10.30
14.35	ank. Narvik	avg.	9.15
14.40	avg. Narvik	ank.	9.10
15.00	ank. Harstad	avg.	8.50
15.05	avg. Harstad	ank.	8.45
16.00	ank. Tromsø	avg.	8.00

NORDOVER: Tirsdag, Torsdag, Lørdag.
SYDOVER: Mandag, Onsdag, Fredag.

Bei Ausbruch des Zweiten Weltkriegs wurde der zivile Flugverkehr in Norwegen am 1. September 1939 kurzzeitig eingestellt. Bereits im Oktober 1939 wurden einzelne Dienste wieder aufgenommen. Die Nordkap-Route nach Tromsö wurde wegen des Betriebsstopps in den Wintermonaten nicht wieder aufgenommen. Die Ju52, W.Nr. 5429, LN-DAF wurde daher im Oktober 1939 auf eine Landversion umgerüstet und auf der Strecke von Oslo nach Kopenhagen zum Einsatz gebracht. Die Ju52, W.Nr. 5751, LN-DAI wurde im Februar 1940 als umgebauter Seeflugzeug-Bomber und Seeaufklärer zur Verstärkung an die norwegischen

Streitkräfte abgegeben. Die Ju52, W.Nr. 5489, LN-DAH befand sich während der Wintermonate in der Werft in Gressholmen zur Grundüberholung.

Beim deutschen Überfall auf Norwegen am 9. Mai 1940 wurden zwei Ju52 in der Werft in Gressholmen und eine Ju52 auf dem Landflugplatz Fornebu durch die deutschen Besatzungstruppen beschlagnahmt. Die einzige einsatzfähige norwegische Ju52, LN-DAF flog ab Mai 1940 als 4V+HW für die Luftwaffe. Auch die beiden Seeflugzeuge in Gressholmen waren für die Luftwaffe vorgesehen und wurden nach Abschluss der Instandsetzung am 6. Juni 1940 zur Umrüstung in militärische Ju52/3mg2e nach Norderney überführt. Damit endete der Betrieb der D.N.L. in Norwegen. Während des Kriegs übernahm Lufthansa mit den ehemaligen D.N.L.-Flugzeugen die früheren D.N.L.-Strecken nach Tromsö und Kirkenes.

Die frühere LN-DAI ging im März 1943 bei einem Landeunfall im Hafen von Trondheim verloren. Die beiden anderen Flugzeuge blieben nach Kriegsende in Norwegen stehen und wurden im Sommer 1945 zunächst von der norwegischen Luftwaffe übernommen. Wegen ständiger Betriebsstörungen erfolgte allerdings bereits nach wenigen Wochen die Ausmusterung. Die beiden Flugzeuge wurden im September 1945 in der Seewerft in Horten abgestellt.

Am 2. Juli 1946 wurde die dritte norwegische Fluggesellschaft mit dem Namen Det Norske Luftfartselskap A/S gegründet. Auf den internationalen Strecken nach London, Stockholm und Kopenhagen ersetzten sechs modernere Douglas DC3 die Junkers Ju52 aus der Vorkriegszeit. Für die regionale Nordkap-Route eigneten sich diese Landflugzeuge allerdings nicht, da viele Orte längs der Küstenroute nur über Seeflugplätze verfügten. Daher übernahm D.N.L. von der Horten Flyfabrik in Horten zehn Junkers Ju52, die nach dem Krieg in Norwegen verblieben waren und in Horten abgestellt wurden, darunter auch die beiden noch erhaltenen D.N.L.-Ju52 aus den 30er Jahren. Neun Flugzeuge wurden für die D.N.L. 1946 in Norwegen zugelassen, allerdings kamen nur vier Ju52 (LN-KAI, LN-KAG, LN-KAF und LN-KAE) auf der Nordkap-Route der D.N.L. tatsächlich zum Einsatz. Eine fünfte Maschine, LN-KAD wurde für Übungsflüge genutzt. Die Wiederaufnahme der Bergen-Tromsö Strecke erfolgte am 27. Mai 1946. Sie wurde ab dem 13. Oktober 1946 bis Kirkenes verlängert und mit Ju52 ganzjährig beflogen.

Junkers Ju52 der D.N.L. und SAS 1945-1956

Ju52	TF+KO	01.1940	FFS C10, KG zbV 108, Seetransportstaffel 2
3257		05.1945	RNoAF, beschlagnahmt in Drontheim
		1945/46	instandgesetzt bei Horten Flyfabrik
	LN-KAI	15.07.1946	DNL, „Peik"
	LN-KAI	25.05.1948	Wfu und verschrottet
Ju52			Ex LN-DAF, D-AKIY „Najaden" (s. 1936-1940)
5429	D-AKIY	05.1945	Abgestellt in Hommelvik
		09.1945	Instandsetzung bei Horten Flyfabrik
	LN-KAG		Det Norske Luftfartselskap „Veslefrik"
	LN-KAG	1948	SAS „Veslefrik"
	LN-KAG	02.07.1956	Wfu und abgewrackt
Ju52		06.04.1936	Ex LN-DAH, D-AQUI, „Falken" (s. 1936-1940)
5489		28.05.1945	RNoAF, 21. Transport Flight
		12.09.1945	Instandsetzung Horten Flyfabrik
	LN-KAF	18.05.1946	DNL, „Askeladden"
130714	LN-KAF	29.09.1947	Instandsetzung Flyfabrik Horten, Rumpfersatz
	LN-KAF	1948	SAS, „Askeladden"
		1956	verkauft nach Ecuador
Ju52	N9+DA	1938	Luftwaffe, Verb.St. Norwegen, FB Norwegen
6048	N9+DA	05.1945	Luftwaffe Verb.St. Norwegen Kjeller
		13.07.1945	RNoAF, 20. Transport Flight Fornebu
	LN-LAB	13.03.1946	DNL, „Tyrihans"
	LN-LAB	22.05.1946	w/o Oslo durch Motorausfall
Ju52	CE+GM	24.05.1941	Luftwaffe, TG20 (auch G6+DP, 7U+EH)
7215		22.09.1945	RNoAF, abgestellt bei Horten Flyfabrik
	LN-KAH	23.06.1946	DNL, „Ulabrand", nicht verwendet
	LN-KAH	1947	abgestellt in Oslo, Ersatzteilspender
	LN-KAH	1955/56	verschrottet, Rumpf im Kindergarten Stavanger
Ju52	GA+VP	13.06.1941	Luftwaffe, Seetransportstaffel 2, (G6+1H)
7229		22.06.1945	RNoAF, 21. Transport Flight Tromsö
	LN-KAB	25.07.1945	Instandsetzung Horten Flyfabrik
	LN-KAB	23.03.1946	DNL, „Tyrihans", Ersatzteilspender
	LN-KAB	25.05.1948	Wfu und abgewrackt
Ju52		21.07.1943	Luftwaffe, Seetransportstaffel 2
130704		16.07.1945	RNoAF
	LN-KAE	21.06.1946	DNL. „Pal"
	LN-KAE	1948	SAS „Pal"
	LN-KAE	13.09.1950	Wfu und abgewrackt

Ju52	CT+EZ	19.07.1943	Luftwaffe, Seetransportstaffel 2
130712		09.1945	RNoAF
			Instandsetzung bei Horten Flyfabrik
	LN-KAD	07.06.1946	DNL, „Per", Trainingsflüge + Ersatzteilspender
	LN-KAD	13.09.1950	Wfu und verschrottet
Ju52		20.07.1943	Luftwaffe, Seetransportstaffel 2
130714		09.1945	RNoAF
	LN-KAL	19.09.1945	Instandsetzung bei Horten Flyfabrik
		11.1947	Rumpf verwendet für LN-KAF, W.Nr. 5489

Nachdem die skandinavischen Fluggesellschaften AB Aerotransport aus Schweden, D.D.L. aus Dänemark und D.N.L. aus Norwegen im August 1946 bereits ihre interkontinentalen Flugstrecken unter der Overseas Scandinavian Airlines System (OSAS) zusammengefasst hatten, wurden am 18. April 1948 auch die regionalen und innerskandinavischen Flugstrecken in der European Scandinavian Airlines System (ESAS) zusammengelegt. Obwohl OSAS und ESAS erst 1951 in der Scandinavian Airlines System (SAS) zusammengefasst wurden, endete mit der E-SAS-Gründung 1948 der eigene Betrieb der D.N.L. Die Junkers Ju52 auf der Nordkap-Route gingen in den Besitz der ESAS über.

Bei der ESAS wurden zwei der vier Ju52 bis 1950 außer Dienst gestellt. Lediglich die beiden Vorkriegs-Ju52 LN-KAF und LN-KAG blieben noch bis 1956 bei Scandinavian Airlines System in Betrieb.

Während die LN-KAF nach Ecuador verkauft wurde und später über die USA zur Traditionsfluggesellschaft Deutsche Lufthansa-Berlin Stiftung kam, wurde die LN-KAG 1956 verschrottet.

Lebenslauf des Vorbild-Flugzeugs Ju52, W.Nr. 5429

Die in Bodö ausgestellte Maschine trägt das Erscheinungsbild der Ju52, W.Nr. 5429 in den Farben der norwegischen Fluggesellschaft Det Norske Luftfartsslskap D.N.L. Dieses Flugzeug absolvierte in Dessau am 4. Dezember 1935 seinen Erstflug und wurde 1936 für Lufthansa als D-AKIY „William Langanke" zugelassen. Bei Lufthansa war das Flugzeug einige Monate als Landflugzeug im Streckendienst.

Junkers Ju52, W.Nr. 5429 der Lufthansa „William Langanke" 1936 (O.G. Nordbö)

Bereits im Juni 1936 wurde das Flugzeug bei Lufthansa freigestellt und zum Seeflugzeug umgerüstet, um bei der D.N.L. den geplanten Passagierdienst längs der norwegischen Küste zwischen Bergen und Tromsö aufzunehmen. In Norwegen wurde die W.Nr. 5429 am 6. Juni 1936 als LN-DAF, „Najaden" zugelassen.

Junkers Ju52, W.Nr. 5429, LN-DAF um 1936 in Norwegen

Nachdem sich die Betriebsaufnahme auf der Nordkap-Route durch den Absturz der „Havorn" verzögerte, kam die LN-DAF gemeinsam mit der LN-DAH 1936/37 hauptsächlich auf der Regionalstrecke von Oslo über die südliche Küstenroute nach Bergen zum Einsatz. Erst im Sommer 1938 kam die D-AKIY dann auf dem „Midnight Sun Airway" im Passagierdienst nach Tromsö zum Einsatz. Die W.Nr. 5429, LN-DAF, „Nadjaden" blieb mit den beiden anderen Ju52 bis zum Ausbruch des Zweiten Weltkriegs im September 1939 auf der Nordkap-Route im Einsatz. Nachdem die Nordkap-Route nach der Wiederaufnahme des Flugverkehrs in Norwegen im Oktober 1939 geschlossen blieb, wurde die W.Nr. 5429, LN-DAF von See- auf eine Landversion mit Radfahrwerk umgerüstet und in Fornebu stationiert, wo sie den Liniendienst von Oslo über Göteborg nach Kopenhagen übernahm. Beim deutschen Überfall auf Norwegen wurde die LN-DAF im April 1940 in Fornebu von deutschen Truppen beschlagnahmt.

Ju52, W.Nr. 5429, LN-DAF als Landflugzeug in Fornebu am 9. April 1940

Sie wurde von der Luftwaffe übernommen und soll als 4V+HW am 30. September 1940 dem KG zbV 600 zugewiesen worden sein. Vermutlich war das Flugzeug längere Zeit für die Luftwaffe im Einsatz, bevor es im März 1943 die bei einem

Landeunfall in Trondheim verloren gegangenen D-AQUB auf der inzwischen von der Lufthansa bedienten Nordkap-Route ersetzte. Dazu wurde das Flugzeug wieder auf eine Seeversion umgerüstet und mit seiner früheren Zulassung D-AKIY als „Richard Schneider" für die Lufthansa zugelassen.

W.Nr. 5429, D-AKIY „Richard Schneider" der Lufthansa zwischen 1940 und 1945 in Norwegen (Norsk Luftfartmuseum.)

Gemeinsam mit der W.Nr. 5489, D-AQUI betrieb die D-AKIY die Nordkap-Route ganzjährig bis Kirkenes. Bei Kriegsende blieb das Flugzeug in Hommelvik liegen. Im September 1945 wurde die D-AKIY an die Horten Flyfabrik zur Überprüfung und Instandsetzung übergeben. Im Frühjahr 1946 übernahm die D.N.L. aus dem Bestand der Horten Flyfabrik insgesamt neun Junkers Ju52 und ließ die beiden früheren D.N.L.-Ju52 unter Verwendung von Ersatzteilen aus den anderen Ju52 instandsetzen. Die W.Nr. 5429 wurde danach als LN-KAG, „Veslefrik" für D.N.L. auf der Nordkap-Route in Dienst gestellt. Durch den Zusammenschluss mit D.D.L. und AB Aerotransport zur Scandinavian Airline System SAS kam das Flugzeug am 1. August 1948 zur SAS. Die „Veselefrik" wurde 1956 als eine der beiden letzten

Ju52 bei der SAS stillgelegt. Teile des Flugzeugs fanden noch in einem Kindergarten auf dem Flugplatz Stavanger einige Jahre Verwendung bevor auch diese verschrottet wurden. Mit der restaurierten W.Nr. 5664 aus Portugal existiert heute wieder eine Ju52 im Erscheinungsbild der LN-DAF aus der Vorkriegszeit.

Ju52, W.Nr. 5429, LN-KAG in D.N.L. Farben (Norsk Luftfartsmuseum, Aksesjon)

W.Nr. 5429, LN-KAG, „Veslefrikk" der SAS in Stavanger nach 1948 (Norsk Luftfartsmuseum)

Typ / Ort / Status	W.Nr.	Zulassung
Junkers Ju52/3mge, Brüssel, Belgien		
Junkers Ju52 in neutralem Junkers-Erscheinungsbild Musee Royal de l'Armee, Brüssel, Belgien	5670	6309
Restauriert, zugänglich in Ausstellung	(5510)	(OO-AGU)

W.Nr. 5670 im Musee Royal de l'Armee im Jubelpark, Brüssel, 2009 (Johnny Comstedt)

Im Musee Royal de l'Armee in Brüssel befindet sich eine originale Junkers Ju52/3mg3e, W.Nr. 5670 ohne Kennzeichen im Erscheinungsbild der Junkers Auslieferungslackierung. Hierbei handelt es sich um eine der zehn Ju52 für die portugiesische Luftwaffe aus dem Jahr 1936[14]. Die belgische Fluggesellschaft Sabena erwarb dieses Flugzeug Mitte der 80er Jahre aus Portugal, um es als Traditionsflugzeug wieder in die Luft zu bringen. Nachdem das Vorhaben gescheitert war, übergab Sabena das Flugzeug an die Ausstellung des Musee de l'Armee.

---

[14] Zur Nutzung der Ju52/AAC.1 bei der FAP siehe W.Nr. 5661

Original Ju52, W.Nr. 5670, FAP 6309

Die Ju52, W.Nr. 5670 absolvierte am 19. Oktober 1936 in Dessau ihren Erstflug. Sie wurde im Dezember 1936 zusammen mit neun weiteren Ju52 an die portugiesische Aviacion Militar ausgeliefert und mit der Zulassungsnummer „109" im Juli 1937 an die Nachtbombergruppe GIAB der AM in Alverca übergeben. Ab Juni 1938 war die Maschine als „209" zugelassen. Nach Fertigstellung der Militärbasis in Ota erfolgte am 14. April 1940 die Stationierung der Nachtbomber auf der Base Aerea No. 1 (BA1) in Ota.

Mit Gründung der Forca Aerea Portuguese (FAP) erhielt das Flugzeug 1951 die Zulassung „6309" und wurde als Verbindungs- und Fallschirmjäger-Flugzeug umgebaut. Die BMW 132-Motore wurden gegen P&W R1340 ausgetauscht.

W.Nr. 5670, FAP „109", Aviacion Militar, ca 1937 (FAP)

Von 1958 bis 1961 war das Flugzeug weiterhin in Ota stationiert. Am 2. Februar 1963 wurde die W.Nr. 5670 nach 26 Jahren Einsatzdauer bei der portugiesischen Luftwaffe als erste Ju52 der FAP stillgelegt. Offiziell blieb das Flugzeug einige Zeit der B.A.2 in Ota als Reserve zugeteilt. Erst 1972 kam das Flugzeug nach Alverca, wo es im zerlegten Zustand auf der Parkfläche im Freien gelagert wurde.

W.Nr. 5670, „6309" der FAP, geparkt in Alverca, 1983 (Paul Seymour)

Restaurierung bei Sabena Old Timers

Mitte der achtziger Jahre war die belgische Fluggesellschaft Sabena an einer flugfähigen Ju52 zum Aufbau der Sabena Old Timers Flotte interessiert. Sabena hatte
vor dem Zweiten Weltkrieg seit 1935 bis zu neun Junkers Ju52 betrieben, die
etwa zur gleichen Zeit entstanden waren wie die noch in Alverca vorhandenen
Flugzeuge der FAP. Daher beabsichtigte die Sabena ähnlich zu den Lufthansa-Be-
strebungen in Deutschland, eine Junkers Ju52 für einen Traditionsflugbetrieb
wieder flugfähig zu machen. Im Austausch gegen eine belgische Alouette II (A-
13) und einen italienischen Sikorsky H19 (MM80119) Hubschrauber überließ das
Museo do Ar die Junkers Ju52, W.Nr. 5670, „6309", die im Dezember 1936 nur
wenige Tage vor der Sabena-Ju52, W.Nr. 5672, OO-AGW ausgeliefert worden
war, der belgischen Restaurierungsgruppe. Vermutlich wurde das bei W.Nr. 5670
fehlende Leitwerk durch das Leitwerk der AAC.1, W.Nr. 291, „6310" ersetzt.

Das Flugzeug gelangte per Schiff am 24. August 1985 nach Zeebrugge und von
dort in die Werkstatt der Sabena Old Timers nach Zaventem bei Brüssel, wo die
Instandsetzung in Halle 6 der Sabena Technik stattfinden sollte.

Ursprünglich plante die Gruppe, das Flugzeug zur 50-Jahrfeier des ersten Sabena-Flugs 1986 wieder flugfähig zu machen. Dazu sollte das Flugzeug in das Erscheinungsbild der ersten Ju52 der Sabena, W.Nr. 5510, OO-AGU vom April 1936 erhalten. Nachdem die Tragflächen stärkere Korrosion aufwiesen und geeignete Ersatztragflächen nicht gefunden wurden, stellte die SOT die Restaurierung im März 1990 ein und parkte das Flugzeug im Außenbereich der Sabena Technics auf dem Brüsseler Flughafen Zaventem.

Abbruch der Instandsetzung im Frühjahr 1990 in Zaventem (Sabena OT)

Auf Betreiben der „Amis du Musee de l'Air et de l'Espace (AELR)" in Brüssel um Jean Michotte wurde das Flugzeug 1998 auf die 70 km östlich von Brüssel gelegene Luftwaffenbasis Brustem bei Hasselt überführt, um als statisches Ausstellungsobjekt durch freiwillige Helfer fertiggestellt zu werden. Da für zahlreiche Fehlteile insbesondere im Flügelbereich keine Ersatzteile mehr zu beschaffen waren, wurden diese vom Restaurierungsteam neu angefertigt. Zu den besonderen Herausforderungen zählte die Anfertigung neuer Wellblechpanele für die Einstiegsöffnungen in den Tragflächen.

W.Nr. 5670 während der Restaurierung in Brustem 1998 (Friends pf Brussel Air Museum)

Im Juni 2001 wurden die Restaurierungsarbeiten in Brustem nach 14 Jahren ab-geschlossen. Im September 2001 gelangte die Maschine per Straßentransport von Brustem ins Musee Royal de l'Armee in Brüssel, wo es am 5. November 2001 der Öffentlichkeit vorgestellt wurde. Wenige Tage zuvor hatte Sabena Insolvenz anmelden müssen. In der Ausstellungshalle des Museums im Jubelpark steht das Flugzeug inzwischen mit dem Hauptfahrwerk auf Stahlstützen als Bestandteil der ständigen Ausstellung des Musee Royal de l'Armee.

Vorbild: Junkers Ju52, W.Nr. 5510, Sabena OO-AGU

Für die heute in Brüssel ausgestellte Ju52 hatte die Sabena Old Timer Group be-reits in den 80er Jahren das Kennzeichen OO-AGU im belgischen Luftfahrtregister reservieren lassen, auf das die W.Nr. 5670 später für den Flugbetrieb hätte zu-gelassen werden sollen. Die OO-AGU war die erste von acht Junkers Ju52, die bei Sabena zwischen 1936 und 1946 betrieben wurden. Die Ju52, W.Nr. 5510 war am 27. April 1936 als OO-AGU bei Sabena in Dienst gestellt worden und blieb zwei Jahre im europäischen Liniendienst der Sabena im Einsatz.

Sabena Ju52, W.Nr. 5510, OO-AGU in Haren um 1937 (Sabena via belgian-wings.be)

Bereits seit 1935 unterhielt Sabena von Europa aus ein Flugnetz zu seinen afrikanischen Kolonien. In Leopoldville, dem heutigen Kinshasa in Belgisch-Kongo entstand ein afrikanisches Drehkreuz nach Europa. Im April 1938 wurde die OO-AGU
als erste Ju52 in Leopoldville stationiert. Sie wurde im afrikanischen Luftverkehr
und auf der Strecke nach Belgien eingesetzt. Zwei weitere Ju52 folgten vor Ausbruch des Zweiten Weltkriegs. Wenige Tage vor der deutschen Besetzung Belgiens folgten am 8. März 1940 die letzten drei Sabena-Ju52 in Europa nach Congo.
Nach der Besetzung Belgiens kamen die Maschinen auf der Strecke von Leo-
poldsville über Lissabon nach London zum Einsatz, für die Sabena zwei weitere
Ju52 von der British Overseas Airways Corporation übernahm. Um Verwechslun-
gen mit deutschen Maschinen über Europa auszuschließen, erhielten die Flugzeuge einen großen „BELGIQUE"-Schriftzug auf der Rumpfoberseite. Drei Ju52
gingen 1943 und 1944 in Afrika verloren. Darunter die OO-AGU, die am 25. April
1944 bei Costermansville abstürzte. Die übrigen fünf Ju52 wurden im November
1946 außer Dienst gestellt. Eine Maschine wurde nach Gabun verkauft. Die übrigen wurden in Ndolo abgestellt und in den 50er Jahren verschrottet.

Junkers Ju52 der Sabena 1936-1946

Ju52	D-AYHU	24.04.1936	Erstflug Maninger
5510	OO-AGU	27.04.1936	Sabena
	OO-AGU	21.01.1938	Grundüberholung Junkers-Werft Leipzig
	OO-AGU	03.1938	Stationiert im Congo
	OO-AGU	25.11.1947	Absturz in Costermannsville
Ju52		30.04.1936	Erstflug Harder
5514	OO-AGV	05.05.1936	Sabena
	OO-AGV	08.03.1940	Stationiert im Congo, London-Dienst
	OO-AGC	22.11.1946	abgestellt
Ju52		31.12.1936	Erstflug
5672	OO-AGW	01.1937	Sabena
	OO-AGW	03.1940	Stationiert im Congo, London-Dienst
	OO-AGW	11.1946	Abgestellt
Ju52	OO-AUA	22.05.1937	Sabena
5815	OO-AUA	14.03.1939	Absturz beim Landeanflug auf Haren
Ju52	OO-AUB	02.06.1937	Sabena
5827	OO-AUB	16.11.1937	Absturz in Ostende
Ju52	D-AYKE	11.10.1937	Erstflug Harder
5852	OO-AUF	06.01.1938	Sabena
	OO-AUF	11.1938	Stationiert im Congo
	OO-AUF	03.04.1944	Absturz in Mongana
Ju52	OO-AUG	15.12.1938	Sabena
6036	OO-AUG	16.06.1939	Stationiert im Congo
	OO-AUG	01.01.1943	Absturz bei Bangui/Ombella-M'Poko
Ju52	OO-AUK	22.05.1939	Sabena
6410	OO-AUK	08.03.1940	Stationiert im Congo
	OO-AUK	22.11.1946	Abgestellt
		06.1948	Transports Aerienne du Gabon TAG
Ju52		16.03.1935	Erstflug Maninger
5440	SE-AER	08.1935	AB Aerotransport „Västmanland"
	G-AERU	05.01.1937	British Airways „Juno"
	G-AERU	22.08.1940	British Overseas Airways Corp.
	OO-	09.1941	Sabena, Ersatzteilspender im Congo
Ju52		26.06.1936	Erstflug Maninger
5518	SE-AES	30.06.1936	AB Aerotransport „SA Andree"
	G-AERX	26.01.1937	British Airways „Jupiter"
	G-AERX	22.08.1940	British Overseas Airways Corp.
	OO-AGU	09.1941	Sabena, stationiert im Congo
	OO-CAP	09.01.1942	RREG
	OO-CAP	1946	abgestellt

Typ / Ort / Status	W.Nr.	Zulassung
Junkers Ju52/3mte, Trondheim, Wrack		
Lufthansa Originallackierung von 1941 Hommelvik Bucht bei Trondheim Unterwasser-Wrack	5751	D-AQUB

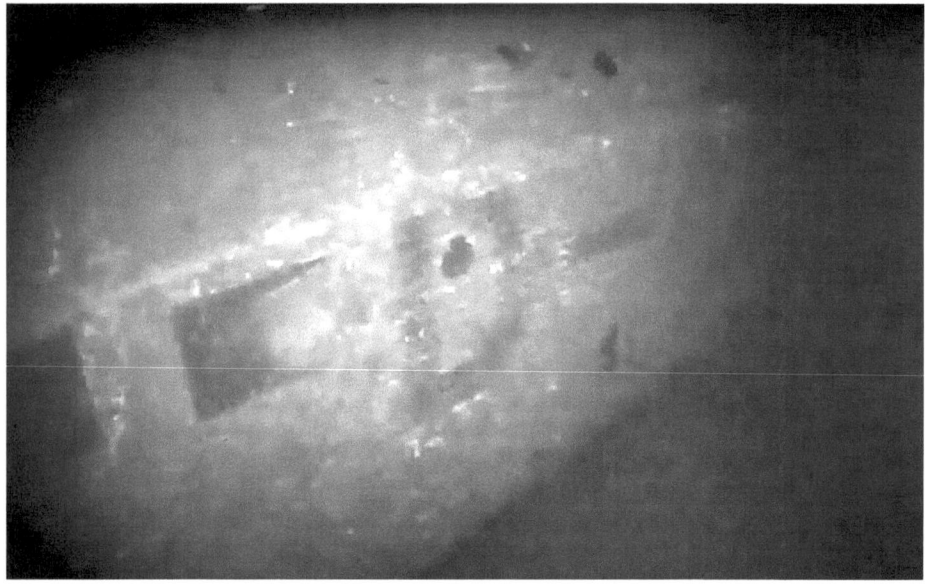

Unterwasserwrack W.Nr. 5751, Lufthansa, D-AQUB, „Hans Berr"

In der Bucht von Hommelvik bei Trondheim liegt das noch weitgehend intakte Wrack der W.Nr. 5751, D-AQUB „Hans Berr" der Lufthansa in einer Wassertiefe von 40 Meter. Das Flugzeug war 1943 nach einem Landeunfall im Hafen von Trondheim versunken und wurde bis heute nicht geborgen.

Die Ju52, W.Nr. 5751 absolvierte im August 1937 als D-AQUB in Dessau ihren Erstflug und wurde am 17. August 1937 als vierte Ju52 in Oslo an die norwegische Fluggesellschaft Det Norske Luftfartselskap D.N.L. übergeben. In Norwegen wurde das Flugzeug am 13. September 1937 als LN-DAI „Hauken" zugelassen. Im

Winter 1937/38 wurde die „Hauken" für die Strecke Oslo-Stockholm an die schwedische Partnergesellschaft AB Aerotransport verliehen, bevor sie im Sommer 1938 mit der W.Nr. 5489, LN-DAH „Falken" und W.Nr. 5429 „Najaden" auf der neuen Passagierroute von Bergen nach Tromsö zum Einsatz kam. [15]

W.Nr. 5751, LN-DAI der D.N.L. vor 1940 (Norsk Luftfartsmuseum)

Nachdem die Nordkap-Route bei Ausbruch des Zweiten Weltkriegs im September 1939 eingestellt wurde, kam die LN-DAI „Hauken" im Oktober 1939 zur norwegischen Naval Air Service. Dort wurde sie für militärische Aufklärungseinsätze umgebaut und als F.400 im Februar 1940 in Dienst gestellt.

Nach der deutschen Besetzung Norwegens sollte die W.Nr. 5751 zunächst als Militärtransporter für die deutsche Luftwaffe umgerüstet werden. Um der Lufthansa die Möglichkeit zur Fortführung der früheren D.N.L.-Nordkaproute zu bieten, überließ die Luftwaffe allerdings zwei der ehemaligen D.N.L.-Flugzeuge 1940 der Lufthansa. Die Lufthansa übernahm die W.Nr. 5751 als D-AQUB „Hans Berr".

---

[15] Zum Einsatz der Ju52 bei D.N.L. siehe W.Nr. 5664

Sie flog mit der „D-AQUI" auf der norwegischen Küstenstrecke bis Kirkenes im Liniendienst. Zeitweise trug die D-AQUB bei diesen Flügen militärische Tarnfarben. Das heute existierende Unterwasserwrack trägt allerdings die typische zivile Lufthansa-Lackierung der 30er Jahre.

W.Nr. 5751, D-AQUB der Lufthansa um 1940 in Luftwaffen-Bemalung (Norsk Luftfartmuseum)

Am 1. März 1941 absolvierte die D-AQUB einen Linienflug mit drei Besatzungsmitgliedern und sechs Passagieren von Narvik nach Trondheim. Bei der Landung in der Bucht von Hommelvik bei Trondheim setzte die Maschine auf eine Düne auf und erhob sich erneut bis zu einer Höhe von 5 Metern, aus der das Flugzeug auf das Wasser durchsackte. Bei der erneuten Wasserberührung rissen beide Schwimmer des Flugzeugs ab. Nur drei der sechs Passagiere konnten sich aus dem sinkenden Flugzeug retten. Cockpit und Mittelmotor sind abgeknickt. Das abgerissene Leitwerk befindet sich unmittelbar hinter dem Wrack und die Rumpfbeplankung ist oben über die gesamte Rumpflänge aufgerissen. Vermutlich entstanden diese Schäden erst später durch Netze und Ankerketten[16].

---

[16] Tauchvideo auf Dykking: https://www.dykking.no/nyheter/5672-ny-video-flyvrak-i-hommelvik

Typ / Ort / Status	W.Nr.	Zulassung
Junkers Ju52/3mge, Hartvikvatnet-See, Wrack		
Mehrere Ju52 Unterwasserwracks der Luftwaffe Hartvikvatnet See, Norwegen Unterwasser-Wrack	6054?	NR+AL?

Wrack der W.Nr. 6054 im Hartvikvatnet-See, 2008 (Sabine Kerkau)

In der Nähe einer Flussmündung am östlichen Ufer des Hartvikvatnet-See, 15 km nördlich von Narvik befindet sich das betauchbare Wrack einer Junkers Ju52, die zu einer Gruppe von 11 Flugzeugen gehörte, die im April 1940 auf dem zugefrorenen See mit Nachschub für die in Narvik kämpfenden deutschen Einheiten gelandet waren. Bei Einsetzen der Eisschmelze versanken diese Flugzeuge im See. Fünf Flugzeuge wurden in den 80er Jahren geborgen. Neben dem Unterwasserwrack, bei dem es sich möglicherweise um die Ju52, W.Nr. 6054, NR+AL handelt, befindet sich heute mindestens noch eine weitere Ju52, W.Nr. 6694, DB+RB an einer tieferen Stelle des Sees. Die im flachen Wasser liegende NR+AL gehörte zum Luftnachrichten Regiment Köthen und stieß während des Versorgungsflugs erst in Fornebu mit weitreichenden Funkgeräten zum Versorgungsverband. Da der Versorgungsverband mit dem Rückflugtreibstoff nicht auf dem See landete, blieb die Nachrichten-Ju mit den übrigen Ju52 auf dem See stehen. Während andere Ju52 in Landnähe später abgewrackt wurden, blieb die Nachrichten-Ju erhalten und versank im Laufe der Jahrzehnte langsam im Untergrund.

Luftlandung auf dem Hartvikvatnet-See 1940

Zur Sicherung der schwedischen Eisenerzlieferungen für Deutschland besetzte das Gebirgsjäger-Regiment 139 am 9. April 1940 von See her den norwegischen Erzhafen Narvik. Durch die überraschende Gegenlandung englischer, französischer und polnischer Einheiten entwickelten sich um Narvik heftige Kämpfe, in deren Verlauf sich das Gebirgsjäger-Regiment am 28. Mai 1940 aus Narvik in das umliegende Gebirge zurückziehen musste. Erst zwei Monate nach Beginn der Narvik-Operation endeten die Kämpfe mit der erneuten Besetzung Narviks am 9. Juni 1940, nachdem die Alliierten ihre Truppen zur Verstärkung der Frankreich-Front aus Norwegen abzogen.

Bereits zu Beginn der Narvik-Operation verloren die deutschen Landungstruppen durch die Versenkung des Versorgungsschiffs „Rauenfels" ihren direkten Nachschub. Durch die vorrückenden alliierten Truppen waren die deutschen Landungstruppen außerdem vom Nachschub aus Deutschland abgeschnitten.

Zur Versorgung der Gebirgsjäger wurde daraufhin am 11. April 1940 eine Gruppe von 13 Ju52 des KG zbV 102 in Neumünster gebildet, die von Flugzeugführerschulen in Sprottau und Solau während der Operation Weserübung als Reserve zusammengefasst waren und nun die dringend benötigte Ausrüstung nach Narvik bringen sollten. Da die Reichweite der Ju52 für den Hin- und Rückflug nach Narvik nicht ausreichend war, sollte eine spätere Treibstoffversorgung der in Narvik gelandeten Ju52 ebenfalls aus der Luft erfolgen.

Am 13. April 1940 verlegte die 3. Kampfgruppe zbV 102 mit 10 Flugzeugen, sowie drei Ju52 der 1. KG zbV 102 zunächst nach Berlin, wo die Flugzeuge mit vier 7,5 cm Gebirgsgeschützen des 2. Artillerie-Regiments 112 einschließlich Munition und Bedienungsmannschaften beladen wurden. Auf dem Flug von Berlin nach Aalborg blieb ein Flugzeug (W.Nr. 6749, CN+BX) mit Motorschaden zurück, allerdings stockte die Gruppe um ein weiteres Flugzeug (vermutlich W.Nr. 6054, NR+AL) mit Funkgeräten großer Reichweite des Nachrichten Flugkommandos Köthen bei einer Zwischenlandung in Oslo-Fornebu auf. Auf eine geplante Zwischenlandung in Aalborg musste wegen schlechter Witterung verzichtet werden. Stattdessen flogen die 13 Ju52/3m in einem fünfstündigen Nonstopflug weiter ins 1000 Kilometer entfernte Narvik. Da norwegische Truppen der Flughafen Bardufoss bei Narvik noch hielten, erfolgte die Landung auf dem zugefrorenen Hartvikvatnet-See etwa 15 Kilometer nördlich von Narvik. Zwei Flugzeuge (W.Nr. 6582, SE+JZ und W.Nr. 6402, CN+BS) verflogen sich im Nebel und landeten auf dem 70 Kilometer nordwestlich von Narvik gelegenen Gullesfjord. Eine dieser beiden Maschinen brach direkt im Eis ein, während die zweite Maschine am nächsten Morgen von norwegischen Heinkel He115 in Brand geschossen wurde. Beide Besatzungen gerieten in englische Gefangenschaft. Nachdem die drei Versorgungsflieger mit dem Flugbenzin für den Rückflug am nächsten Tag nicht auf dem Hartvikvatnet-See landen konnten, blieben die übrigen 11 Flugzeuge auf dem zugefrorenen See stehen. Die Flugzeuge wurden in den nächsten Tagen mehrfach von norwegischen Fokker C.V aus Bardufoss und englischen Fairey Swordfish des Trägers Furious angegriffen. Nur ein Flugzeug (W.Nr. 6664, SE+KC) konnte Uffz. Heinz Küchenmeister mit dem Resttreibstoff aus allen Maschinen am 17. April 1940 zum Rückflug starten, verflog sich aber und landete schließlich im schwedischen Arbra. Das Flugzeug wurde in Schweden zunächst als SE-AKR interniert und im September 1940 an die Deutschen zurückgegeben.

Der Hartvikvatnet-See wurde Anfang Mai 1940 von den deutschen Truppen aufgegeben. Die Flugzeugbesatzungen gelangten über die Erz-Eisenbahn nach Schweden und von dort nach Deutschland.

Ju52 nach der Landung auf dem Hartvikvatnet-See im April 1940

Diorama des Hartvikvatnet-Sees vom April 1940 im Luftfahrtmuseum Hannover-Laatzen

124

Ju52 ohne geborgende Motore auf dem Hartvikvatnet-See (Sör-Troms Museum)

Ju52, W.Nr. 6654, DB+QU nach Eisschmelze in Ufernähe gesichert zur Verwertung (Plankensteiner)

Die nachrückenden norwegischen Kräfte versuchten bei Einsetzen der Eisschmelze drei der Ju52 auf dem See mit leeren Ölfäsern schwimmfähig zu halten. Bei einem irrtümlichen englischen Tieffliegerangriff von Blackburn Skuas der Ark Royal am 23. Mai 1940 wurden die Flugzeuge erneut in Mitleidenschaft gezogen. Die meisten der zehn Ju52 versanken im bis zu 60 Meter tiefen See bei Einsetzen der Schneeschmelze. Einige Flugzeuge wurden auf ihren Eisschollen während eines Sturms an das Ostufer des Sees gedrückt und später dort abgewrackt.

Erst 43 Jahre später, im Jahr 1983, machte sich das norwegische Luftwaffen-Museum in Gardermoen daran, eine erste der versunkenen Maschinen zu bergen. In Deutschland wurde daraufhin eine Gruppe von Luftfahrt-Enthusiasten um Günter Leonhardt auf die Wracks im Hartvikvatnet-See aufmerksam. Es kam zur Gründung der Interessengemeinschaft IG Ju52, die 1986 vier weitere Junkers Ju52 aus dem See barg, von denen zwei Flugzeuge nach Deutschland kamen und zwei weitere Maschinen in Norwegen verblieben. Insgesamt wurden bis 1986 fünf Maschinen aus dem See gehoben:

- W.Nr. 6657, CA+JY   06.1983   Luftfahrtmuseum Gardermoen
- W.Nr. 6134, 1Z+BY   28.08.86   Technikmuseum Dessau
- W.Nr. 6693, DB+RD   28.08.86   IG Ju52 Wunstorf
- W.Nr. 6791, CO+EI   28.08.86   eingelagert Gratangen
- W.Nr. 6821, VB+UP   28.08.86   Technikmuseum Speyer

Mindestens zwei Junkers Ju52 befinden sich noch heute auf dem Grund des Hartikvann-Sees:

- W.Nr. 6054?, NR+AL?   Nachrichtenflugzeug in Ufernähe
- W.Nr. 6694, DB+RB   „Herz-As" in 70 Metern Tiefe, Heck fehlt

Die ürbigen drei Ju52 wurden vermutlich nach dem Ende der Kampfhandlungen 1940/41 von deutschen oder norwegischen Verwertern in Ufernähe abgewrackt:

- W.Nr. 6288, DB+QU
- W.Nr. 6623, CM+AA
- W.Nr. 6631, DB+RC

Am Gullesfjord wurde die W.Nr. 6582 durch den Beschussbrand vollständig zerstört. Teile des Flügelholms dienen heute als Fahnenmast. In welcher Tiefe sich die bei der Landung eingebrochene W.Nr. 6402 befindet, ist unbekannt.

Übersicht Ju52 Einsatzgruppe Narvik

Ju52	NR+AL?		Nachrichten Regiment Köthen
6054?		13.04.1940	Landung auf Hartvikvatnet-See, gesunken
			nicht geborgen
Ju52	1Z+BY	1939	FFS C4 Sprottau
6134		11.04.1940	3. KG zbV 102, „Herz-As"
		13.04.1940	Uffz Krüger, OGf Dedecke, gesunken
		28.08.1986	geborgen, in Oslo eingelagert
		1996	**Technikmuseum Dessau (m. Flügel 6791)**
Ju52	DB+QU	02.1940	FFS C4 Sprottau
6288[17]		11.04.1940	3. KG zbV 102, „Pik-As"
		13.04.1940	Fw Jans, Uffz Bialluch
		04.1940	Beschussschäden, in Ufernähe abgewrackt
Ju52	CN+BS	1939	Sanitätsflugbereitschaft
6402		11.01.1940	FFS C3 Lönnewitz
		11.04.1940	1 KG zbV 102, ohne
		13.04.1940	Uffz Lochmann, Uffz Hagemann
			Gullesfjord, gesunken. nicht geborgen
Ju52	SE+JZ	02.1940	FFS C3 Lönnewitz
6582		11.04.1940	1 KG zbV 102
		13.04.1940	Fw Thomas, Uffz Wechsung
			Landung auf dem Gullesfjord
		14.04.1940	zerstört durch Beschuss norwegische He115
Ju52	CM+AA?	05.08.1939	Erstflug Steckhan
6623		11.04.1940	3. KG zbV 102, ohne
		13.04.1940	Hartvikvatnet-See, ausgebrannt, abgewrackt
Ju52		14.08.1939	Erstflug Steckhan
6631	DB+RC	02.1940	FFS C4 Sprottau
		11.04.1940	3 KG zbV 102, Pik-As
		13.04.1940	Lt. Fontana, Fw Seele
		04.1940	zerstört bei Kämpfen, in Ufernähe abgewrackt
Ju52	CA+JY	22.09.1939	Übergabe an Luftwaffe
6657		02.1940	FFS C1 Sorau
		11.04.1940	3. KG zbV 102, ohne?
		13.04.1940	Fw Kern, Uffz Schulz, gesunken
		06.1983	geborgen
		1999	**Luftfahrtmuseum Gardermoen, Oslo**

---

[17] Andere Quellen nennen W.Nr. 6654 für DB+QU

Ju52	SE+KC	02.1940	FFS C3 Lönnewitz
6664	SE+KC	11.04.1940	1. KG zbV 102, „16", Uffz Arnold, Rippelt
	SE+KC	13.04.1940	Landung auf Hartvikvatnet-See
	SE+KC	17.04.1940	Rückflug, Notlandung Valista, Schweden
	SE-AKR	27.08.1940	Zulassung für Überführung nach Deutshcland
	SE-AKR	02.09.1940	Überführung nach Travemünde
	SE+KC	05.1942	Transportstaffel OBM
	SE+KC	05.1943	II. TG1
	SE+KC	24.08.1943	Verschrottet in Villacoublay
Ju52	DB+RD	22.09.1939	Erstflug
6693		1940	FFS C4 Sprottau
		11.04.1940	3. KG zbV 102, „Pig-As"
		13.04.1940	Fw Nedela, Uffz Ashauer
			Landung auf Hartvikvatnet-See, gesunken
		28.08.1986	geborgen
		15.07.1987	**IG Ju52 Wunstorf, LTG**
Ju52	DB+RB[19]	02.1940	FFS C4 Sprottau
6694 [18]		11.04.1940	3. KG zbV 102, „Herz-As"
		13.04.1940	Fw Kathmann. Fwl Härtelt
			Landung auf Hartvikvatnet-See, gesunken
			nicht geborgen, Heck fehlt
Ju52	CN+BX	01.1940	FFS C3 Lönnewitz
6749		11.04.1940	KG zbV 102
		13.04.1940	Abbruch Narvik-Flug wegen Motorschaden
		08.04.1942	KG zbV 800, zerstört durch Jägerbeschuss
Ju52	CO+EI	1940	FFS C1 Sorau
6791		11.04.1940	3.KG zbV 102, „Vier-Asse",Führungsmaschine
		13.04.1940	OLt Bradel, Fw Böhnert, gesunken
		28.08.1986	geborgen
			Flügel für W.Nr. 6134 in Dessau verwendet
			Restaurierung in Gratangen
J52	VB+UP	25.01.1940	Erstflug Steckhan
6821		01.1940	FFS C3 Lönnewitz
		11.04.1940	3./K.Gr.z.b.V.102, ohne Emblem, Uffz Seip
		13.04.1940	Landung auf Hartvikvatnet-See, gesunken
		28,08.1986	geborgen, ohne rechten Flügel
			Technikmuseum Speyer

[18] Wird auch als W.Nr. 6697 (dies war G6+DP) angegeben. Vermutl. Verwechselung.
[19] Andere Quellen geben DB+BP an

Typ / Ort / Status	W.Nr.	Zulassung
Junkers Ju52/3mg4e, Dessau, Deutschland	6134 *)	1Z+BY
Junkers Ju52 in neutralem Junkers-Erscheinungsbild		
Technikmuseum Hugo Junkers, Dessau		
Restauriert, zugänglich in Ausstellung		(ohne)

*) Flügel der W.Nr. 6791 (CO+EI)

W.Nr. 6134 im Technikmuseum Dessau, 2006

Im Technikmuseum Hugo Junkers befindet sich die Junkers Ju52, W.Nr. 6134. Sie gehört zur Gruppe von fünf militärischen Ju52, die in den 80er Jahren aus dem Hartvikvatnet-See bei Narvik in Norwegen geborgen wurden. Sie wird nicht in ihrem ursprünglich militärischen Erscheinungsbild gezeigt, sondern im Erscheinungsbild des neutralen Junkers-Standard-Auslieferungszustands. Sie ist Teil der öffentlichen Ausstellung an ihrem Entstehungsort Dessau.

Fertiggestellt wurde das Flugzeug im Oktober 1938 und kam 1939 als 1Z+BY zur Luftwaffe. Dort kam sie bei der Flugzeugführerschule FFS C4 in Sprottau zum Einsatz. Im Vorfeld der Operation „Weserübung" zur Besetzung Norwegens wurde die Maschine mit anderen Ju52 der Flugzeugführerschulen in Neumünster in einer Reservestaffel beim 3. KG zbV 102 zusammengezogen. Am 13. April 1940 kam das Flugzeug unter Führung von Uffz. Krüger in einem Versorgungsverband von Berlin über Oslo nach Narvik zum Einsatz[20]. Das Flugzeug blieb mit neun weiteren Ju52 des Verbands auf dem zugefrorenen Hartvikvatnet-See stehen, nachdem Versorgungsflugzeuge mit Rückflugtreibstoff nicht kamen. Das Flugzeug versank im Hartvikvatnet-See bei Einsetzen der Eisschmelze.

Nachdem die norwegische Luftwaffe 1983 eine Ju52 aus dem Hartvikvatnet-See geborgen hatte, wurden durch die Interessengemeinschaft Ju52 e.V. in Wunstorf im August 1986 weitere vier Ju52 aus dem See gehoben.

Gehobene W.Nr. 6134, 1Z+BY am Hartvikvatnet-See 1986 (Freunde des Technikmuseums)

---

[20] Einzelheiten zum Ju52-Einsatz auf dem Hartvikvatnet-See, siehe W.Nr. 6054

Eine der geborgenen Ju52 ging nach Wunstorf. Eine zweite Maschine übernahm das Technikmuseum in Sinsheim. Zwei der geborgenen Maschinen, unter ihnen auch die W.Nr. 6134 kamen in die Kongelige Norsk Luftforssvaret Collection nach Gardermoen bei Oslo, wo die Flugzeuge einige Jahre eingelagert wurden.

Technikmuseum Hugo Junkers, Dessau

Nach der deutschen Wiedervereinigung etablierte sich in Dessau der Förderverein Technikmuseum Hugo Junkers e.V., der den Aufbau eines Junkers-Museums in Dessau beabsichtigte und dazu bereits einige ehemalige NVA-Flugzeuge erworben hatte. Seit 1993 führte der Förderverein Gespräche mit dem norwegischen Luftwaffenmuseum in Gardemoen über den Erwerb einer der beiden in Oslo eingelagerten Junkers Ju52. Das norwegische Museum war schließlich bereit, die W.Nr. 6134 im Austausch gegen eine MiG 21 SPS, W.Nr. 5210, 22+37 des Fördervereins abzugeben. Es dauerte über ein Jahr um ein ausreichendes Betreiber- und Finanzierungskonzept auszuarbeiten und die notwendigen rechtlichen Voraussetzungen für die Ausfuhr der MiG und die Einfuhr der Ju52 zu schaffen. Im Januar 1995 fand schließlich der Austausch der beiden Flugzeuge statt. Am 26. Januar 1995 traf die Junkers Ju52/3mg4e, WNr 6134 in Dessau ein.

Schiffsverladung der W.Nr. 6134 in Oslo im Januar 1995

Das Flugzeug befand sich in ausgezeichnetem Zustand und verfügte noch über drei Motore. Lediglich das Fahrwerk, das bei der Landung auf dem Hartvikvatnet See zusammengebrochen war, fehlte.

Junkers Ju52, W.Nr. 6134 bei Ankunft in Dessau 1995 (Freunde des Technikmuseums)

In Dessau begann eine Grundrestaurierung des Flugzeugs, die zum Teil als Arbeitsbeschaffungsmaßnahme mit Mitteln des Landes finanziert wurde. Aus Gardemoen wurde später noch ein Tragflügel der W.Nr. 6791 zur Verfügung gestellt.

Beim Wiederaufbau des Flugzeugs wurde die militärische Ausrüstung des Flugzeugs ausgebaut. Statt des Originalzustands entstand in Dessau eine Zivilversion der Ju52. Nach sechsjähriger Restaurierungsarbeit waren die Arbeiten 2001 abgeschlossen. Seit 2001 steht das Flugzeug in grauer Bemalung ohne Kennzeichen in der Flugzeughalle des Technikmuseums Hugo Junkers in Dessau.

Typ / Ort / Status	W.Nr.	Zulassung
Junkers Ju52/3mg4e, Wernigerode		
Junkers Ju52 in IWC-Erscheinungsbild Luftfahrtmuseum Wernigerode Ausstellung des Rumpfs ohne Flügel	6580	Ex HB-HOS

Ju52, W.Nr. 6580, ehemals HB-HOS im Luftfahrtmuseum Wernigerode im Juni 2024

Im Luftfahrtmuseum Wernigerode befindet sich die Ju52, W.Nr. 6580 im Hangar Halle 2. Hierbei handelt es sich um die HB-HOS der ehemaligen Ju-Air, die 2018 vorübergehend zur Instandsetzung dann aber endgültig stillgelegt wurde. Sie gehörte bis zu ihrer Stilllegung zu den vier letzten flugfähigen originalen Ju52 weltweit. Aus Platzgründen wird nur der Rumpf ohne Tragflächen gezeigt.

Junkers Ju52/3m bei der Schweizer Fliegertruppe

Die Schweizerische Eidgenossenschaft war 1939 an der Beschaffung von bis zu drei Junkers Ju52/3mg4e mit BMW 132-A3 Motoren als sogenannte „Fliegende Hörsäle" für Ausbildungszwecke interessiert. Die Bestellung erfolgte nach einer Erprobungsphase im April 1939 mit einer leihweise zur Verfügung gestellten Ju52 aus Deutschland und nach der Zustimmung des Bundesrats im Mai 1939 durch die Kriegstechnische Abteilung (KTA) des eidgenössischen Militärdepartements am 10. Juni 1939 zu einem Kaufpreis von 1,16 Mio. Schweizer Franken. Die drei Maschinen standen im September 1939 bereit. Als militärische Varianten verfügten sie über den Topfstand unter dem Rumpf, sowie einen MG-Stand auf dem hinteren Rumpf. Die Flugzeuge konnten neben der Hörsaal-Einrichtung auch mit normalen Passagiersitzen oder als Frachtflugzeug eingesetzt werden. Am 4. Oktober 1939 wurden die drei Ju52 in Dessau übernommen und am folgenden Tag von Hans Rüetschi, Walter Borner und Heinz Voute, sowie drei Junkers-Werkspiloten in die Schweiz überführt. Witterungsbedingt musste der Überführungsflug für vier Tage in Nürnberg unterbrochen werden, bevor es am 10. Oktober über Friedrichshafen in die Schweiz ging. In der Schweiz erhielten die Ju52 eine dunkelgrüne Lackierung und die Schweizer Hoheitsabzeichen. Als Kennung wurden die militärischen Zulassungen A-701 bis A-703 für die Flugzeuge vergeben.

W.Nr. 6580, A-701 der Schweizer Luftwaffe in den 40er Jahren (Staub)

Junkers Ju52 der Schweizer Luftwaffe

Ju52			20.09.1939	Erstflug Maninger
6580	D-AYWV		10.1939	Junkers-Überführungskennzeichen
	A-701		04.10.1939	Schweizer Fliegertruppe
	HB-HOS		09.1947	Auslandsregistrierung
	A-701		01.09.1959	nur noch Inlandsflüge
	A-701		1978	Flimeinsatz „Himmlische Töchter"
	A-701		12.1981	Schweizer Fliegertruppe, abgestellt
	HB-HOS		26.08.1982	VFMF Dübendorf, Rundflüge
	HB-HOS		03.1986	Ju-Air
	HB-HOS		1993	Ju-Air, Milka-Lackierung
	HB-HOS		11.02.1998	DMG Rollschaden in Schneewand, Samedan
	HB-HOS		1998	Ju-Air, IWC-I-Lackierung (weiß)
	HB-HOS		01.2000	Ju-Air, Japan-Flug
	HB-HOS		2006	Ju-Air, IWC-II-Lackierung (grau)
	HB-HOS		2015	Ju-Air, IWC-III-Lackierung (schw. Leitwerk)
	HB-HOS		11.2018	Gegroundet zur Instandsetzung
	HB-HOS		05.2020	Junkers Flugzeugwerk AG
	HB-HOS		04.2023	Luftfahrtmuseum Wernigerode
Ju52			06.09.1939	BAL Abnahme
6595	D-AYWX		10.1939	Junkers-Überführungsflug
	A-702		04.10.1939	Schweizer Fliegertruppe
	HB-HOT		09.1947	Auslandsregisterierung
			1958	Filmeinsatz „Hunde wollt Ihr ewig leben?"
	A-702		01.09.1959	nur noch Inlandsflüge
			1960	Filmeinsatz „Spionage auf Befehl"
	CN+4V		1968	Einsatz Spielfilm „Where the Eagels Dare"65
	A-702		12.1981	Schweizer Fliegertruppe, abgestellt
			1982	VFMF, weiterhin abgestellt
	HB-HOT		29.07.1985	Ju-Air Dübendorf, Rundflüge
	1Z+AU		2003	Filmeinsatz „Stunde der Offiziere"
	D-2600		2007	Filmeinsatz „Walküre"
	HB-HOT		03.10.2009	Flugzeugtaufe „Dessau" in Dessau
	HB-HOT		2012	Filmeinsatz „Bis zum Horizont …"
	HB-HOT		2012	Ju-Air, Rimowa-Lackierung
	HB-HOT		2012	Ju-Air, Transatlantik- und Nordamerikaflug
	S4+CW		2017	Filmeinsatz „The Crown", Luftwaffe
	HB-HOT		04.08.2018	w/o Piz Segnas, Stall im Kurvenflug, 20 Tote

Ju52		04.10.1939	Erstflug Maninger
6610	D-AYWY	04.10.1939	Junkers Überführungsflug
	A-703	10.10.1939	Schweizer Fliegertruppe
	HB-HOP	05.1947	Auslandsregistrierung
	A-703	01.09.1959	nur noch Inlandsflüge
	A-703	12.1981	Schweizer Fliegertruppe, abgestellt
	HB-HOP	10.1982	VFMF Dübendorf, Rundflüge
	HB-HOP	03.1986	Ju-Air
	HB-HOP	1998	Ju-Air, Milka-Erscheinungsbild
	HB-HOP		Ju-Air Erscheinungsbild
	DT+AY	2007	Filmeinsatz „Walküre"
	HB-HOP	2009	Ju-Air, „Brauerei Falken"
	HB-HOP	11.2018	Gegroundet zur Instandsetzung
	HB-HOP	05.2020	Museum Schweizer Fliegertruppe, Dübendorf

In der Schweiz kamen die Ju52 zunächst für die Ausbildung von Beobachtern des zweisitzigen Kampfflugzeugs C-3603 und C-3604 der eidgenössischen Flugzeug-werke zum Einsatz. Im Gegensatz zur bisherigen Ausbildung auf der C35, konnten mit der Ju52 mehrere Schüler gleichzeitig zu Ausbildungszwecken mitgenommen werden. Bereits 1946 reduzierte sich der Ausbildungsbedarf, da die ersten C-36 zu Schleppflugzeugen umgerüstet wurden. Zur Ausbildung von Erdkampftruppen in der Abwehr von Fallschirmjäger-Angriffen flogen die Ju52 in den 40er Jahren auch Scheinangriffe mit Fallschirmjägern. Da die Schweizer Armee über keine ei-genen Fallschirmjäger-Einheiten verfügte, wurden bei diesen Übungsflügen Sandsäcke an Fallschirmen abgeworfen. Die Ju52 wurden in den 40er Jahren ne-ben ihrer Rolle als Ausbildungsflugzeug vermehrt auch für Transportaufgaben eingesetzt. Nach Ende des zweiten Weltkriegs wurden die Abwehrstände unter dem Rumpf und auf der Rumpfoberseite entfernt.

Als die Schweizer Fliegertruppe 1948 insgesamt 130 P-51D Mustangs erwarb, die in Oberpfaffenhofen eingelagert waren, erhielten die drei Ju52 die zivilen Ken-nungen HB-HOP, HB-HOS und HB-HOT, um in den deutschen Luftraum einfliegen zu können. Die Ju52 flogen geraume Zeit Material und Personal zwischen Düben-dorf und Oberpfaffenhofen. Danach waren die Transporter zwischen der Schweiz und dem englischen Hatfield unterwegs, um englische Düsentriebwerke vom Typ Rolls Royce Goblin für den Lizenzbau der De Havilland DH100 Vampire in der Schweiz zu holen. Nachdem die C-36 im Jahr 1952 bei den Schweizer Fliegertruppen als Kampfflugzeug endgültig außer Dienst gestellt wurden, kamen die Ju52 nur noch im Transportdienst zum Einsatz. In den Wintermonaten wurden die Ju52 immer wieder für Versorgungsflüge zu verschneiten Alpenorten eingesetzt. Einen der letzten Transportflüge ins Ausland absolvierten die Ju52 während des Ungarnaufstands im Oktober 1956 mit Hilfsgütern des Roten Kreuzes nach Österreich. Ab 1959 erhielten die Ju52 ihre ursprüngliche, militärische Kennung. In den 60er Jahren kamen die drei Ju52 noch für Transportaufgaben innerhalb der Schweiz zum Einsatz, die aber auch zunehmend von den inzwischen zuverlässig operierenden Helikoptern übernommen wurden. Nachdem die militärischen Aufgaben für die Ju52 in der Schweiz Ende der 50er Jahre an Bedeutung verloren, stellte die Schweizer Fliegertruppe ihre Flugzeuge vermehrt auch für Filmaufnahmen zur Verfügung.

Bereits Anfang der 50er Jahre rüstete die Schweizer Fliegertruppe ihre Ju52 erneut um, nachdem sich die originalen Junkersfelgen und –reifen als störanfällig erwiesen hatten. Für das Hauptfahrwerk übernahm man die bei Amiot in Frankreich weiterentwickelten Felgen der AAC.1, die mit kleineren, aber breiteren DC-3 Reifen bestückt werden konnten. Das Spornrad übernahm man von der in der Schweiz gefertigten DH100 Vampire.

Das ursprüngliche, militärische Erscheinungsbild mit dunkelgrünem Tarnanstrich wurde in den 60er Jahren durch eine weiße Lackierung und ein rotes Leitwerk mit Schweizer Kreuz bei der Fliegertruppe ersetzt. In den 70er Jahren kam es noch einmal zu einer stärkeren Nutzung der Ju52 durch die Fliegertruppe, als die Schweizer Armee ihre erste und einzige Fallschirmaufklärer Kompanie 17 einrichtete und die Ju52 die Flüge für die Fallschirmjäger-Ausbildung übernahmen.

Ende der 70er Jahre wurden die Ju52 auch bei der Fallschirmjäger-Ausbildung durch kleinere und wirtschaftlichere Pilatus PC-6 ersetzt. Für die inzwischen 40 Jahre alten Ju52 gab es bei der Schweizer Flugwaffe daraufhin keine weitere Verwendung mehr.

W.Nr. 6580 im späten Erscheinungsbild der Schweizer Fliegertruppe (SDASM Archive)

Auf Anweisung des Kommandanten der Fliegertruppe Arthur Moll wurden die drei Maschinen im Dezember 1981 nach insgesamt 10.000 Flugstunden aus dem Militärdienst ausgemustert und in Dübendorf abgestellt. Es waren zu dieser Zeit vermutlich die weltweit letzten noch im regulären Einsatz befindlichen Ju52.

Bereits im Vorfeld der Stilllegung bemühte sich der Direktor des Bundesamts für Militärflugplätze Brigadier Walter Dürig seit 1980 um den Erhalt einer Ju52. Der stellvertretende Leiter des BAMF Christian Gerber, Willi Frick und Karl Lüond bildeten 1980 das Initiativteam zur Gründung eines Betreibervereins für die Ju52 in der Schweiz. Hans Huggler und Alex Schnurrenberger waren für die Technik zuständig. Mit Spendengeldern in Höhe von 600.000 CHF wurde der Verein der Freunde des Museums der schweizerischen Fliegertruppe (VFMF) gegründet. Der Verein erwarb im Mai 1982 zunächst die Ju52, W.Nr. 6580, A-701 vom BAMF. Als zweites Flugzeug mietete der Verein die Ju52, W.Nr. 6610, A-703 vom BAMF an, während die dritte Maschine W.Nr. 6595, A-702 mit einem Vorkaufsrecht für den VFMF eingelagert wurde. Bereits im September 1982 wurde die als HB-HOS zugelassene Ju52, W.Nr. 6580 für Werbe- und Sponsorenflüge in der Schweiz eingesetzt, um Spendengelder für den Betrieb des Flugzeugs zu beschaffen. Die Organisation des Flugbetriebs lag seit 1982 in den Händen von Kurt Waldmeier, der am 30. Oktober 1982 die ersten 45-Minuten Rundflüge mit Passagieren in Dübendorf aufnahm. Sie wurden einmal wöchentlich Samstag in der Zeit von 9-16 Uhr in Dübendorf angeboten. Als technischer Leiter kam Hanspeter Sennhauser im März 1984 zum VFMF. Durch die steigende Nachfrage nach Rundflügen, die der Verein mit HB-HOS und HB-HOP durchführte, beschloss die Generalversammlung des VFMF am 26. Januar 1985 die Inbetriebnahme der dritten Ju52, W.Nr. 6610 als HB-HOT. Im gleichen Jahr entschied der VFMF, den operativen Ju52-Betrieb in eine Betriebsgesellschaft Ju-Air unter Führung von Kurt Waldmeier auszulagern. Ab März 1986 wurden die weiterhin dem VFMF gehörenden Ju52 offiziell durch die Ju-Air betrieben. Neben den Dübendorf-Rundflügen nahm Ju-Air 1986 erstmals mehrtägige Fernexkursionsflüge mit einem Flug von Dübendorf nach Lanzarote auf. Für besondere Sponsoren wurde 1999 der „club52" gegründet, dessen Mitglieder einmal jährlich an Fernflügen teilnehmen konnten.

HB-HOS, HB-HOT und HB-HOP der Ju-Air im Formationsflug (Ju-Air)

Der provisorisch aus einem Container in Dübendorf abgewickelte Rundflugbetrieb bezog mit ihrem Checkin-Betrieb und Büros im Juli 1988 die neue Museumshalle 1 in Dübendorf. Nachdem sich der VFMF nach fünfjähriger Betriebszeit für eine Fortsetzung des Ju52-Betriebs ausgesprochen hatte, erfolgte 1991 die Modernisierung der ehemaligen Ad-Astra-Halle 9. Sie wurde am 17. April 1993 offiziell als Wartungshalle für die Ju-Air wieder in Betrieb genommen. Ebenfalls 1991 kam es zur Zusammenarbeit zwischen Ju-Air und dem Verein der Freunde historischer Luftfahrzeuge e.V. VFL in Düsseldorf, der eine CASA 352 vom Düsseldorfer Flughafen erworben hatte. Nach sechsjähriger Instandsetzung bei Ju-Air wurde das dem VFL gehörende Flugzeug als HB-HOY „Düsseldorf" in die Flotte der Ju-Air als viertes Flugzeug integriert.

Im Januar 1998 erfolgte nach sechsjähriger Entwicklungsphase die Zulassung der vierzehn BMW 132 Motore für den Betrieb mit bleifreiem Benzin Oz95. Infolge von Bio- bzw. Alkoholzusätzen im bleifreien Benzin musste diese Entscheidung 2007 wieder zurückgenommen werden. Seither werden die Ju52 wieder mit verbleitem Flugbenzin LL100 betankt.

Nach 25 Betriebsjahren hatten die inzwischen vier Ju52/CASA352 im September 2007 nach offiziellen Angaben 15.850 Flugstunden bei 19.709 Flügen absolviert und dabei 250.000 Passagiere befördert. Dazu gehörten spektakuläre Exkursionsflüge nach Asien und Amerika.

Mit dem Absturz der HB-HOT am 4. August 2018 am Piz Segnas kam die 36-jährige Erfolgsgeschichte des VFMF bzw. der Ju-Air zu einem abrupten Ende. Wenige Wochen nach dem fatalen Unfall wurden die beiden verbliebenen Ju52 der Ju-Air gegroundet. Um Forderungen nach weitergehenden technischen Kontrollen zu erfüllen, übernahm die Junkers Flugzeugwerk AG in der Schweiz die W.Nr. 6580, HB-HOS. Die geforderte Neuerung der Flügelstruktur erwies sich allerdings als zu aufwendig und wurde abgebrochen. Der Traditionsflugbetrieb der Ju52 in der Schweiz kam damit endgültig zum Erliegen. Die beim VFMF verblieben W.Nr. 6610, HB-HOP wurde an das Museum in Dübendorf zur Ausstellung übergeben. Die Junkers Flugzeugwerk AG übergab die teilzerlegte W.Nr. 6580, HB-HOS an das Luftfahrtmuseum Wernigerode zur Ausstellung.

Bekannte Erscheinungsbilder der Ju-Air Flugzeuge

Erscheinungsbild	HB-HOP	HB-HOS	HB-HOT	HB-HOY
Fliegertruppe (nur A-Nummer)	-1981	-1981	-1981	
VFMF (ohne Ju-Air-Schriftzug)	1982-1985	1982-1985		
Ju-Air (mit Ju-Air-Schriftzug)	1986-1998	1986-1993	1985-2012	1997-2000
Ju-Air (mit www.juair.com)	2000-2009			2001-2004
Ju-Air (ohne A-Nummer)	2021-			
Milka	1998-1999	1993-1998		
IWC (I) weiss		1999-2006		
IWC (II) grau		2006-2015		
IWC (III) schwarzes Leitwerk		2015-		
Rimowa (I)	2018-2021		2012-2017	
Rimowa (II)				2010-2024
Falken Brauerei (I)	2009-2015			
Falken Brauerei (II)	2015-2017			
Hülse-Bier			2018-2018	
Hapimag				2004-2005
BMW				2006-2006
tcs-zuerich				2007-2009

Geschichte der W.Nr. 6580, A-701, HB-HOS

Die Werksnummer 6580 absolvierte mit Junkers-Werkspilot Maringer am 20. September 1939 in Dessau ihren Erstflug. Das Flugzeug wurde am 4. Oktober 1939 mit den beiden anderen Ju52 der Schweizer Fliegertruppe mit dem Überführungskennzeichen D-AYWV in die Schweiz überführt. In der Schweiz erhielt das Flugzeug die militärische Kennung A-701. Für Transportflüge von und nach dem Ausland erhielt die Maschine im September 1947 die zivile Kennung HB-HOS. Nach Ende der Auslandseinsätze wurde das Flugzeug im September 1959 wieder militärisch als A-701 registriert.

Noch bei den Schweizer Fliegertruppen wurde die A-701 1978 in der deutschen TV-Serie „Himmlische Töchter" von Michael Pfleghar als „Emma" verwendet. Das Flugzeug erhielt dafür am Leitwerk das blau-gelbe Logo der fiktiven Fluggesellschaft Donnerflug, die im Film von Iris Berben und Ingrid Steeger als Eigentümerinnen und Stewardessen betrieben wurde.

W.Nr. 6580, A-701 als Donnerflug „Emma" in „Himmlische Töchter", 1978 (WDR)

Nach der Ausmusterung der A-701 bei der Schweizer Fliegertruppe im Dezember 1981 und ihrer Übernahme durch den Verein der Freunde des Museums der schweizerischen Fliegertruppen (VFMF) wurde die W.Nr. 6580 am 26. August

1982 wieder mit ihrem zivilen Kennzeichen aus der 50er Jahren HB-HOS zugelassen. Mit der HB-HOS nahm der Verein am 30. Oktober 1982 den Betrieb seiner Samstagsrundflüge in Dübendorf auf. Die Flugzeuge behielten bei der Betriebsaufnahme das weiß-rote Erscheinungsbild der Fliegertruppen. Die HB-HOS stand seit 1983 gemeinsam mit der HB-HOP im regelmäßigen Rundflugbetrieb des VFMF im Einsatz. Die militärische Kennung A-701 blieb als Sonderlackierung.

Im März 1986 übergab der Verein der Freunde des Museums der schweizerischen Fliegertruppen (VFMF) das Flugzeug für den operativen Betrieb an die neu gegründete Ju-Air in Dübendorf. Das Flugzeug wurde durch die Ju-Air in den folgenden 32 Jahren bei zahlreichen Rundflügen, Flugtagen und bei besonderen Langstrecken-Exkursionen präsentiert und galt als „Flagschiff" der Flotte.

Neben örtlichen Rundflügen bot Ju-Air ab 1986 auch Fernflug-Exkursionen mit den drei Ju52 an. Den ersten Fernflug absolvierte HB-HOS im November 1986 von Dübendorf über Malaga und Agadir nach Lanzarote. Im Sommer 1988 folgte ein Fernflug von Dübendorf nach Hammerfest ans Nordkap von Norwegen als Nordland-Airtrekking-Tour. Die regelmäßigen Rundflüge in Dübendorf erweiterte Ju-Air bereits 1987 auch auf örtliche Rundflüge an weitere, kleinere Flugplätze in der Schweiz und Deutschland.

Bei einem Rundflug am Flugplatz in Koblenz kam es am 29. Mai 1987 zu einem Unfall, bei dem es keine Verletzten gab. Beim Landeanflug wurde das Flugzeug von einer Windbö erfasst. Während des Durchstartvorgangs berührte das Flugzeug mit seiner rechten Tragfläche den Boden. Der Sachschaden an der HB-HOS belief sich auf fast 2 Millionen CHF. Ein Motor und das Fahrwerk wurden bei diesem Unfall abgerissen. Die Instandsetzung übernahmen die Flug- und Fahrzeugwerke Altenrhein FFA. Nach fast anderthalbjähriger Reparatur startete die HB-HOS am 6. Oktober 1988 zum ersten Prüfflug und nahm den Flugbetrieb für die JU-AIR in der Restsaison wieder auf.

W.Nr. 6580, A-701 der Schweizer Fliegertruppe vor 1982

W.Nr. 6580, HB-HOS/A-701 des VFMF ohne Ju-Air-Schriftzug 1982-1985

W.Nr. 6580, HB-HOS/A-701 der Ju-Air mit Ju-Air-Schriftzug ab 1986

In den 90er Jahren führte die Ju-Air zur Finanzierung ihres Flugbetriebs mietbare Werbebemalungen für ihre Flugzeuge an. Eine der bekanntesten Werbelackierungen war ab 1993 die lila Farblackierung des Sponsors Milka auf der HB-HOS.

W.Nr. 6580, HB-HOS im Milka Lackierung, 1996 (Charles M. Daniels Collection, SDASM)

1997 wurden die Flugzeuge der Ju-Air auf bleifreies Benzin umgestellt, nachdem die Versorgung mit Avgas 100LL problematisch wurde. Die HB-HOS wurde am 16. Februar 1998 nochmals in einen Unfall verwickelt. Auf dem Flugplatz Samedan berührte die HB-HOS bei der Landung eine Schneemauer und wurde dabei erneut schwer beschädigt. Die Instandsetzung bei FFA kostete 1.2 Millionen CHF. Bereits im Juni 1998 war die HB-HOS wieder im Einsatz. Außerdem hatte das Flugzeug eine spezielle IWC-Bemalung mit einer IWC Mark XV-Uhr auf der Tragflächenunterseite erhalten.

Die neue Lackierung diente der Vorbereitung eines geplanten Weltflugs, den die Ju-Air mit HB-HOS bereits 1998 plante. Finanziert wurde dieser Weltflug durch den Schweizer Uhrenhersteller International Watch Company Ltd. IWC aus Schaffhausen. Für den Flug waren die Sitze in der Passagierkabine durch 3 x 190 Liter Tankfässer ersetzt worden, die an die Haupttanks angeschlossen waren und die Reichweite der Ju52 auf 1500 km bzw. die Flugzeit auf 8,5 Stunden erhöhte. Insgesamt 10 Crews waren für den Weltflug vorgesehen.

HB-HOS der JU-AIR im IWC-Erscheinungsbild,Weltflug, März 2000 (spaceaero2, CC-BY-3.0)

Nach einer fast einjährigen Planung startete die HB-HOS am 11. Januar 2000 zum Weltflug. Über den Nahen Osten, Indien und Südostasien erreichte die HB-HOS am 19. März 2000 die japanische Stadt Sendai. In Taipeh war zuvor ein auf drei Tage geplanter 100 Stunden Check durchgeführt worden, der auf Grund ungeplanter Instandsetzungsarbeiten mit Teilen aus Europa und witterungsbedingt schließlich 20 Tage benötigte. Von Japan aus sollte der Flug über die Kurilen Richtung Alaska und USA fortgesetzt werden. Die Russen hatten hierfür bereits die Überflugrechte einschließlich einer Zwischenlandung auf der Insel Sachalinsk genehmigt. Diese wurden später aber mit der Begründung des Einsatzes der Ju52 gegen Russland im zweiten Weltkrieg verweigert. Vermutlich bestanden aber Bedenken gegen ein Überfliegen der politisch sensiblen Kurillenregion. Der Weltflug wurde in Tokyo am 28. März 2000 abgebrochen. Die HB-HOS kehrte in Westrichtung von Sendai aus am 30. März 2000 zurück nach Europa. Auf den Philippinen traten zwei Motorschäden auf, die mit Motoren aus Dübendorf bedient werden mussten und den Rückflug um 18 Tage verlängerten. Den vermutlich längsten, jemals absolvierten Flug einer Ju52 legte die HB-HOS am 22. April 2000 auf der Strecke vom Sultanat Brunei nach Kuala Lumpur mit einer Flugzeit 8 Stunden und 42 Minuten über eine Distanz von 1510 km zurück. Der zur Asien-Exkursion herabgestufte Weltflug endete am 12. Mai 2000 in Dübendorf. Er gehörte sicher zu einem der beachtenswertesten Umläufe einer Junkers Ju52.

11.01.2000	Dübendorf – Lugano	56 Min.
12.01.2000	Lugano – Brindisi	303 Min.
13.01.2000	Brindisi – Athen	213 Min.
14.-18.012000	Athen	
18.01.2000	Athen-Alexandria	238 Min.
19.01.2000	Alexandria-Luxor	224 Min.
20.01.2000	Luxor-Jeddah	221 Min.
21.01.2000	Jeddah-Riyadh	238 Min.
22.01.2000	Riyadh-Dubai	171 Min.
23.01.2000	Dubai-Muscat	99 Min.
24.-26.01.2000	Muscat	
26.01.2000	Muscat-Karachi	269 Min.
27.01.2000	Karachi-Bombay	295 Min.
28.01.2000	Bombay-Nagpur	208 Min.
29.01.2000	Nagpur-Kalkutta	271 Min.
30.01.2000	Kalkutta-Yangon-Chittagpmg	110 Min.
31.01.2000	Chittagong-Bangkok	443 Min.
01.-03.02.2000	Bangkok (IWC Event)	
03.02.2000	Bangkok-Penang	270 Min.
04.02.2000	Penang-Kuala Lumpur	83 Min.
05.-10.02.2000	Kuala Lumpur	
10.02.2000	Kuala Lumpur-Singapur	109 Min.
11.-14.02.2000	Singapur	
14.02.2000	Singapur-Kuching	246 Min.
15.02.2000	Kuching-Kota Kinabalu	265 Min.
16.02.2000	Kota Kinabalu-Manila	383 Min.
17.02.2000	Manila-Hongkong	389 Nib.
18.-26.02.2000	Hongkong	
26.02.2000	Hongkong-Taipeh	286 Min.
27.02.-17.03.2000	Taipeh (100 Std. Kontrolle)	
17.03.2000	Taipeh-Naha	195 Min.
18.03.2000	Naha-Oita	287 Min.
19.03.2000	Oita-Sendai	346 Min.
19.-30.03.2000	Sendai	
30.03.2000	Start zum Rückflug über gleiche Route	

31.03.2000	Oita-Naha	
01.04.2000	Naha-Isuisaki-Manila	
02.04.2000	Manila-Manila (Motorschaden)	
03-12.04.2000	Manila (Motorwechsel)	
12.04.2000	Manila-Puerto Princessa (Motorschaden)	
12.-20.04.2000	Puerto Princessa (Motorwechsel)	
20.04.2000	Puerto Princessa-Brunei	
22.04.2000	Brunei-Kuala Lumpur	525 Min !!!
23.04.2000		
24.04.2000		
...		
12.05.2000	Dübendorf	

W.Nr. 6580, HB-HOS im IWC-Erscheinungsbild von 2006-2015 (GFDL, Wikimedia.org)

W.Nr. 6580, HB-HOS im IWC-Erscheinungsbild ab 2015

148

Die HB-HOS wurde auch in den folgenden Jahren durch IWC Schaffhausen ge-sponsort und trug bis zu ihrer Stilllegung 2018 wechselnde IWC-Werbelackierun-gen. Die aufwendige erste Lackierung für den Weltflug 2000 wurde 2006 gegen eine einfachere Lackierung mit grauem Rumpf ausgetauscht. Das Schweizer Kreuz am Leitwerk wurde gegen einen IWC-Schriftzug ersetzt. Im Jahr 2015 er-hielt die HB-HOS die dritte IWC-Lackierung mit weißem Rumpf und schwarzem IWC-Leitwerk. Diese Lackierung trägt der Rumpf der HB-HOS derzeit noch im Luftfahrtmuseum Wernigerode.

Nach dem Absturz des Schwesterflugzeugs W.Nr. 6595, HB-HOT am 4. August 2018 wurde der vorübergehend eingestellte Flugbetrieb der Ju-Air am 17. August 2018 mit HB-HOS und HB-HOP wieder aufgenommen. Auf Grund festgestellter Korrosionsschäden am Wrack der W.Nr. 6595, die nicht ursächlich für den Ab-sturz waren, erteilte die Schweizer Luftfahrtbehörde am 20. November 2018 ein Flugverbot für die beiden verbliebenen Ju52 der Ju-Air bis zur Durchführung ent-sprechender Korrosionskontrollen an diesen Flugzeugen. Entsprechende Kon-trollen wurden im Winter 2018/19 im Technikbetrieb der Ju-Air an W.Nr. 6580, HB-HOS durchgeführt. Auf Grund der dabei festgestellten Korrosionsbefunde war die geplante Wiederaufnahme des Betriebs im Frühjahr 2019 nicht möglich. Am 12. März 2019 entzog das Bundesamt für Zivilluftfahrt (BAZL) die Bewilligung des kommerziellen Einsatzes der Ju-Air-Flugzeuge. Lediglich der Mitflug von bis zu sechs Vereinsmitgliedern auf Inlandsflügen in der Schweiz war künftig auf Ba-sis einer nationalen Genehmigung durch das BAZL in Aussicht gestellt worden.

Nachdem die Ju-Air ihren Instandhaltungsbetrieb 2019 an die Junkers Flugzeug-werke AG in Altenrhein ausgelagert hatte, wurde die teilzerlegte W.Nr. 6580, HB-HOS am 15. Juli 2020 am Haken eines Hubschraubers von Dübendorf nach Alten-rhein überführt, wo die beanstandeten Korrosionsschäden beseitigt werden soll-ten. Der inzwischen umbenannte Verein der Freunde der Schweizer Luftwaffe VFL hatte bereits im Juni 2020 seine Eigentumsrechte an HB-HOS auf die Junkers Flugzeugwerke AG übertragen, um hiermit die anfallenden Instandsetzungskos-ten bei der Junkers Flugzeugwerke AG auszugleichen. Im Juli 2022 gab die Jun-kers Flugzeugwerke AG bekannt, dass eine flugfähige Sanierung der HB-HOS nicht möglich sei. Mit einer 82-jährigen Einsatzgeschichte war die W.Nr. 6580 zu diesem Zeitpunkt die letzte originale Ju52, die stillgelegt wurde. Das Flugzeug wurde im April 2023 an das Luftfahrtmuseum Wernigerode abgegeben. In Wernigerode wird der Rumpf ohne Flächen, aber mit Leitwerk und Motor ausgestellt.

Ankunft W.Nr. 6580, HB-HOS Rumpf per Helikopter in Altenrhein im Juli 2020

Ankunft W.Nr. 6580 HB-HOS in Wernigerode im April 2023 (Luftfahrtmuseum Wernigerode)

Typ / Ort / Status	W.Nr.	Zulassung
Junkers Ju52/3mg7e Kea, Griechenland		
Junkers Ju52 der Luftwaffe St. Nicolo-Bucht, Griechenland	6590	S2+T47
Weitgehend vollständiges Unterwasserwrack		

Unterwasserwrack im griechischen Mittelmeer bei Kea 2009, (Pierre Kosmidis)

Vor der griechsichen Insel Kea befindet sich das weitgehend vollständige Unterwasserwrack einer Junkers Ju52, die mit hoher Wahrscheinlichkeit (die notwendige offizielle Anerkennung durch amtliche griechische Stellen steht noch aus) die W.Nr. 6590 ist, welche bei den Kämpfen um die ägäischen Inseln hier 1943 notwassern musste.

Das Flugzeug wurde im Juli 1939 fertiggestellt und war seit 1940 als S2+T47 beim KG zbV 108 bzw. seit 1941 beim KG zbV 105 im Einsatz. Bei den Luftlandeoperationen auf Kreta wurde das Flugzeug auf dem Flugplatz Maleme durch Bombennahtreffer beschädigt. Nach Abschluss der Instandsetzung war die Maschine 1943 bei der I./TG4 in Griechenland stationiert. Im September 1943 kam das

Flugzeug nach der italienischen Kapitulation im Rahmen der Rückeroberung der ägäischen Inseln zum Einsatz [21]. Während eines Versorgungsflugs von Kalamaki zur umkämpften Insel Kea am 6. September 1943 traten Probleme mit der Treibstoffzufur auf, die zu einer Notwasserung in der St. Nicolo-Bucht im Nordwesten der Insel Kea führten. Ein Insasse kam bei der Notwasserung ums Leben, zwei Insassen wurden verletzt. Die Überlebenden wurden im Laufe des Tages durch eine Dornier Do24 der Seenotstaffel 7 geborgen und nach Athen zurückgebracht. Das Flugzeug versank in der Nicolo-Bucht.

Im Rahmen einer Suchaktion im September 2008 nach dem Wrack des Dampfers „Burdigala" vor der Küste Keas wurde das Flugzeug erstmals mit Echolot wieder entdeckt. Das Taucherteam Korissia der Kea Dive Expedition tauchten daraufhin erstmals im Mai 2009 zum Wrack, das in einer Tiefe von 65 Metern liegt. Das Wrack ist weitgehend vollständig erhalten und weist lediglich im Bugbereich Beschädigungen infolge der Notwasserung auf. Die nicht verbogenen Propeller sprechen dafür, dass die Motore zum Zeitpunkt der Notwasserung nicht mehr liefen. Der Frachtraum war leer, was dafür spricht, dass sich das Flugzeug zum Zeitpunkt der Notwasserung bereits auf dem Rückflug nach Athen befand.

---

[21] Weitere Informationen zu den Ägäis-Einsätzen 1943, siehe W.Nr. 7607

Typ / Ort / Status	W.Nr.	Zulassung
Junkers Ju52/3mg4e Payerne, Schweiz		
Junkers Ju52 Wrackstücke vermutl. z.Zt. SUST / Militärbasis Payerne Geborgene Wrackteile von der Unfallstelle	6595	HB-HOT

Geborgene Wrackstücke der W.Nr. 6595, HB-HOT in Payerne im Januar 2019 (SUST)

Die Ju52, W.Nr. 6595, HB-HOT der Ju-Air ging am 4. August 2018 durch einen fatalen Absturz am Piz Segnas bei Flims verloren. Die drei Besatzungsmitglieder und 17 Passagiere an Bord kamen dabei ums Leben. Die geborgenen Wrackstücke wurden seit 2019 in einer Halle des Militärflugplatz Payerne durch die Schweizer Sicherheitsuntersuchungsstelle SUST untersucht. Der Abschlussbericht der SUST-Untersuchung wurde am 28. Januar 2021 veröffentlicht. Die Bundesstaatsanwaltlichen Ermittlungen zum Absturz waren im August 2023 allerdings noch nicht abgeschlossen. Ob und wann die Wrackteile freigegeben werden, ist zur Zeit nicht bekannt. Formaler Eigentümer des Wracks ist der Verein der Freunde der Schweizer Luftwaffe VFL.

Das Flugzeug war eine von drei Junkers Ju52/3mg4e, die im Oktober 1939 an die Schweizer Fliegertruppe ausgeliefert wurden. Die W.Nr. 6595 absolvierte am 6.

September 1939 ihren Erstflug in Dessau und erhielt für den Überführungsflug in die Schweiz das Überführungskennzeichen D-AYWX. Sie traf am 10. Oktober 1939 in Dübendorf in der Schweiz ein und erhielt bei der Schweizer Fliegertruppe die Registrierung A-702[22].

W.Nr. 6895, A-702 der Schweizer Fliegertruppe (Ju-Air)

Zur Wahrnehmung von Transportaufgaben nach Deutschland und England erhielt das Flugzeug im September 1947 die zivile Kennung HB-HOT. Zwischen September und Dezember 1948 wurde Flugpersonal für die Überführung amerikanischer North American P51 Mustangs nach Oberpfaffenhofen geflogen. Ebenso flogen die Ju52 1951 ins englische Hatfield, um dort Goblin-Triebwerke für die in der Schweiz in Lizenz gebauten De Havilland DH100 Vampire abzuholen.

Zu einem schweren Unfall mit der HB-HOT kam es 1956 in Dübendorf, als die Maschine bei Touch and Go Übungen den Boden mit dem linken Flügel berührte und dabei Teile des Flügels abrissen. Die Maschine wurde wieder instandgesetzt.

---

[22] Zur Verwendung der Ju52 bei der Schweizer Fliegertruppe, siehe W.Nr. 6580

Die HB-HOT gehört zu den am häufigsten in Filmen zu sehende Ju52 der Ju-Air. Einer der ersten Filme, in denen eine der Schweizer Ju52 verwendet wurde, war der deutsche Stalingrad-Spielfilm „Hunde wollt Ihr ewig leben?" aus dem Jahr 1958. Für diesen Film wurde eine Ju52 in das Erscheinungsbild einer Luftwaffenmaschine mit Wintertarnung umlackiert und bei Evakuierungsszenen aus Stalingrad verwendet.

Filmszene aus „Hunde wollt Ihr ewig Leben" von 1958 mit Schweizer Ju52 (DFH)

1960 wurde die A-702 im Film „Spionage auf Befehl" eingesetzt. Im Jahr 1968 kam sie im MGM-Kriegsfilm „Where Eagles Dare" von Brian Hutton zum Einsatz und erhielt dafür eine Wintertarnung und das Kennzeichen „CN+4V" als Lackierung. Nach dem Ende der Dreharbeiten wurden zwar die Luftwaffen-Markierungen entfernt, das Flugzeug behielt allerdings die Wintertarnbemalung bis zu seiner Stilllegung Ende 1981. Nur das rote Leitwerk und die Hoheitszeichen wurden wieder hergestellt. Ein Teil der nicht verwendeten Filmaufnahmen des Flugzeugs kam 1981 im U.S.-Lowbudget-Film „The Loch Ness Horror" von Larry Buchanan zum Einsatz, um den Absturz eines deutschen Bombers darzustellen.

W.Nr. 6595 der Schweizer Fliegertruppe im Film „Where Eagles Dare", 1968 (Winkast)

W.Nr. 6595, A-702 der Schweizer Fliegertruppe in Wintertarnung (SDASM, Daniels Collection)

Die Schweizer Fliegertruppe stellte die W.Nr. 6595, A-702 im Dezember 1981 nach 3545 Flugstunden in Dübendorf ab. Während der Verein der Freunde des Museums der schweizerischen Fliegertruppen (VFMF) die Schwestermaschinen A-701 und A-703 bereits 1982 für seinen Rundflugdienst übernahm, verblieb die abgestellte A-702 zunächst noch im Besitz der Schweizer Fliegertruppe. Erst 1984 wurde beim VFMF der Beschluss zur Instandsetzung und Reaktivierung der dritten Ju52 gefasst, um der steigenden Nachfrage entsprechen zu können. Am 29. Juli 1985 wurde die W.Nr. 6595 als HB-HOT für die Ju-Air zugelassen und wie die beiden anderen Ju52 im letzten Erscheinungsbild der Schweizer Fliegertruppe im Rundflugbetrieb eingesetzt. Die militärische Registrierung „A-702" blieb als Sonderbemalung neben der offiziellen Zulassung HB-HOT erhalten.

W.Nr. 6595 im Erscheinungsbild der Ju-Air 2005 (Kogo, Wikimedia.org)

Seit 2001 war die HB-HOT in verschiedenen Filmproduktionen als Luftwaffen-Flugzeug zu sehen. Weniger bekannt ist die deutsch-amerikanische Kriegskomödie „Die Männer Ihrer Majestät" aus dem Jahr 2001, in dem die Maschine in einer weißen Rumpfbemalung mit grünem Leitwerk und der Kennziffer „5" gezeigt wird. Im Film gelangt eine englische Agentengruppe mit dem Flugzeug nach Berlin, um dort die Enigma Codiermaschine zu stehlen und nach England zu bringen. Bereits 2003 folgte der Stauffenberg-Film „Stunde der Offiziere" des ZDF, in dem die HB-HOT als „1Z+AU" während des Rückflugs Stauffenbergs von Rastenburg nach Berlin bei der Ankunft in Rangsdorf zu sehen ist.

Ju52, W.Nr. 6595 oben im Film „Die Männer Ihrer Majestät" 2001
und unten in der ZDF-Produktion „Die Stunde der Offiziere", 2003 (ZDF)

2007 folgte der Film „Die Walküre" mit Tom Cruise, den Bryan Singer für United Artists drehte. Dafür erhielt die Maschine das Erscheinungsbild der Reisemaschine Hitlers „D-2600" mit der Hitler im Film 1943 zu einem Frontbesuch in Smolensk einfliegt. Das Erscheinungsbild wurde mit einem Folienüberzug auf dem Flugzeug erzeugt, der nach den Filmaufnahmen wieder entfernt wurde.

W.Nr. 6595 im Erscheinungsbild von Hitlers Reisemaschine im Film Walküre, 2007 (MGM)

Anfang 2012 wurde die HB-HOT erneut in der deutschen Fernsehkomödie „Bis zum Horizont, dann links!" von Bernd Böhlich im Erscheinungsbild der Ju-Air verwendet und im Film während eines Rundflugs von einer Rentnergruppe ans Mittelmeer entführt.

Aus Anlass des 30. Jubiläums der Ju-Air führte die HB-HOT 2012 einen Atlantikflug und eine anschließende U.S.-Rundtour durch. Dieser Flug wurde vom Kofferhersteller Rimowa finanziert. Für den Flug erhielt die Maschine im Frühjahr 2012 eine Rimowa-Werbelackierung.

Ju52, W.Nr. 6595, HB-HOT mit Rimowa-Bemalung ab 2012

Für die Atlantiküberquerung wurden in der Kabine acht zusätzliche Benzintanks mit einer Zusatzkapazität von 3600 Litern eingebaut. Hierdurch wurde die Reichweite auf ca. 1800 km erweitert.

Am 18. Juni 2012 startete die HB-HOT in Dübendorf zum ersten Besuch eines JU-AIR Flugzeugs in den USA. Neben Martin Müller und Urs Nagel als Piloten, sowie dem Techniker Hans Hollenstein befand sich auch der Eigentümer des Flugsponsors Rimowa, Dieter Morszeck während der Atlantiküberquerung an Bord des Flugzeugs. Erste Zwischenstation war Leverkusen in Deutschland, wo die Maschine feierlich vom Sponsor des Fluges, Rimowa verabschiedet wurde.

Atlantik- und US-Tour HB-HOT 2012

18.06.2012	Dübendorf, Schweiz	
18.06.2012	Leverkusen, Deutschland	
18.06.2012	Norwich, England	
19.06.2012	Wick, Schottland	
20.06.2012	Vagar, Färöer-Inseln	
20.06.2012	Reykjavik, Island	
	Kulusuk, Grönland	
21.06.2012	Narsaruaq, Grönland	
22.06.2012	Nuuk, Grönland	
22.06.2012	Iqaluit, Kanada	
23.06.2012	Kuujuaq, Kanada	
25.06.2012	Goose Bay, Kanada	
26.06.2012	Sept-Îles, Kanada	Zusatzstop
27.06.2012	Bangor, USA	Zollabfertig.
27-29.06.2012	Auburn, USA	Tankausbau
	Cleveland, USA	
30.06.2012	Oshkosh, USA	
	La Crosse, USA	
01.07.2012	Cody, USA	
02.07.2012	Grand Canyon, USA	
03-08.07.2012	Los Angeles Van Nuys Airport, USA	
12.07.2012	St. Georges, USA	

12-15.07.2012	Denver Front Range Airport, USA	
	...	
15-29.07.2012	Oshkosh EAA AirVenture, USA	
30.07.-04.08.2012	New York White Plains Airport, USA	
06.08.2012	Waterloo / Niagara Falls, USA	Zollabfertig.
08-10.08.2012	Toronto Billy Bishop Airport, Kanada	Tankeinbau
10.08.2012	Riviere du Loup, Kanada	
	Sept Iles, Kanada	
12.08.2012	Iqaluit, Kanada	
	Nuuk, Grönland	
	Narsaruaq, Grönland	
	Kulusuk, Grönland	
14-16.08.2012	Reykjavik, Island	
	Vagar, Färöer-Inseln	
	Wick, Schottland	
17.08.2012	Dübendorf, Schweiz	

Die Maschine erreichte in 9 Tagen über Großbritannien, Island, Grönland und Kanada am 27. Juni 2012 in Bangor die Vereinigten Staaten. Die hohen Gebirge Grönlands umflog die HB-HOT längs der Südküste Grönlands über Narsauraq und Nuuk. In Auburn erfolgten der Ausbau der Zusatztanks und der Einbau der Passagierkabine. Am 30. Juni 2012 startete die HB-HOT zum viertägigen Transkontinentalflug von Auburn an der Ostküste nach Los Angeles an der Westküste. Während des etwas mehr als eine Woche dauernden Aufenthalts in Los Angeles fanden Anfang Juli die ersten Eventveranstaltungen der Firma Rimowa u.a. mit Galadinner und Rundflügen am Van Nuys Airport statt.

Ein weiteres Großevent folgte in Denver, von wo aus die HB-HOT Mitte Juli zum alljährlichen EAA Air Venture in Oshkosh weiterflog. Für die Ausstellung der Maschine auf der weltgrößten Oldtimer-Veranstaltung entstand in Oshkosh ein eigener Rimowa-Pavillion. Die Junkers Ju52 gehörte während ihres zweiwöchigen Aufenthalts in Oshkosh sowohl am Boden als auch bei ihren Flugvorführungen und Rundflügen zu den meistbeachteten Attraktionen des Air Ventures 2012.

EAA-Präsentation der HB-HOT in Oshkosh am 23. Juli 2012 durch Bernd Huckenbeck (Ju-Air)

Am 30. Juli 2012 traf die Maschine in New York auf dem White Palms Airport ein. Auch in New York fanden Galaveranstaltungen der Firma Rimowa statt. Die HB-HOT absolvierte während des einwöchigen Aufenthalts mehrere Rundflüge, von denen der Flug über Manhattan den Höhepunkt darstellte.

W.Nr. 6595, HB-HOT Manhattan-Rundflug am 4. August 2012 (Ju-Air)

Mit einem Flug über die Niagara-Fälle und einer Zwischenlandung in Waterloo endete die U.S.-Tour der HB-HOT am 6. August 2012. Auf dem Billy Bishop Airport im kanadischen Toronto erfolgte der Wiedereinbau der Zusatztanks für die zweite Atlantiküberquerung der HB-HOT, die der gleichen Route wie auf dem Hinflug folgte. Am 13. August 2012 verließ die HB-HOT nach fast zweimonatigem Aufenthalt bei Iqaluit in Kanada den amerikanischen Kontinent. Bei der Rückkehr des Flugzeugs in die Schweiz am 17. August 2012 flogen die beiden anderen Junkers Ju52 der Ju-Air dem Atlantikflieger entgegen und eskortierten diesen auf seinen letzten Flugkilometern nach Dübendorf. Im September 2012 nahm das Flugzeug dann an der offiziellen Geburtstagsfeier des VFMF bzw. der Ju-Air in Dübendorf teil.

Im Jahr 2017 wurde die Maschine erneut für Filmaufnahme im Film „The Crown" verwendet und erhielt erneut einen grünen Folienüberzug mit dem Erscheinungsbild der Luftwaffenmaschine S4+CW.

W.Nr. 6595 in Luftwaffen-Erscheinungsbild S4+CW im Film „The Crown", 2017 (Left Bank)

Nach dem Ende der Filmaufnahmen wurde die 5 Jahre alte Rimowa-Lackierung im Winter 2017/18 gegen eine Werbebemalung für Hülse-Bier der Falken-Brauerei ausgetauscht. Dies war die letzte Lackierung des Flugzeugs, die es auch bei seinem Unfall im August 2018 trug.

W.Nr. 6595, HB-HOT mit Hülse-Bier Bemalung der Falken-Brauerei ab 2018 (Sigi Piston Blog)

Am Freitag, den 3. August 2018 startete die HB-HOT in Dübendorf gegen 9 Uhr zu einer zweitägigen Erlebnisreise der Ju-Air in den Kanton Tessin auf der Alpensüdseite mit drei Besatzungsmitgliedern und 17 Passagieren. Die erste Reiseetappe führte von Dübendorf nach Locarno, wo die HB-HOT gegen 10:15 landete. Während die Piloten am Freitag und Samstag weitere Flüge in der Schweiz absolvierten, blieb die HB-HOT bis zum Rückflug am Samstag in Locarno. Nachdem die Fluggäste im Tessin ihr Bodenprogramm abgeschlossen hatten, startete die HB-HOT am Samstag, den 4. August 2018 um 16:14 Uhr in Locarno. Im Talkessel des Piz Segnas kam es beim Wendeflug zum Stall und Absturz des Flugzeugs um 16:57 Uhr[23]. Als Ursache des Unfalls nennt die SUST eine hochriskante Flugführung durch die Piloten, die das Flugzeug in geringer Höhe mit einer gefährlich tiefen Geschwindigkeit ohne alternativen Flugweg manövrierten. Bei auftretenden, nicht ungewöhnlichen Turbulenzen verloren die Piloten die Kontrolle über das Flugzeug und hatten für ein Abfangen zu wenig Raum.

Die HB-HOT hatte zum Zeitpunkt des Unglücks 10189 Flugstunden absolviert.

In Dübendorf existiert inzwischen ein Erinnerungsmahnmal am Museum.

---

[23] Detaillierte Einzelheiten zum Absturz findet man im SUST-Abschlussbericht Nr. 2370 vom 22. Dezember 2020.

164

Typ / Ort / Status	W.Nr.	Zulassung
Junkers Ju52/3mg4e Dübendorf , Schweiz		
Junkers Ju52 im Ju-Air Erscheinungsbild	6610	HB-HOP
Flieger Lab Museum, Dübendorf, Schweiz		
In der Ausstellung, nur linker Flügel montiert		

Ju52, W.Nr. 6610, HB-HOP im Flieger Flab Museum Dübendorf im Mai 2022 (Alan Wilson)

Im Flieger Lab Museum im schweizerischen Dübendorf ist die Ju52, W.Nr. 6610, HB-HOP ausgestellt. Hierbei handelt es sich um eine der drei Ju52, die 1939 an die Schweizer Fliegertruppe ausgeliefert wurde und seit den 80er Jahren durch den Verein der Freunde der Schweizer Luftwaffe VFL bzw. dessen Vorgänger VFMF bei der Ju-Air im Traditionsflug betrieben wurde[24]. Das Flugzeug wurde in Folge des Absturzes der Schwestermaschine Ju52, W.Nr. 6595, HB-HOT im Sommer 2020 stillgelegt und der Museumsausstellung in Dübendorf zugeführt.

---

[24] Informationen über den Ju52-Einsatz bei der Schweizer Fliegertruppe und Ju-Air, siehe W.Nr.6580

Die Ju52/3mg4e, W.Nr. 6610 absolvierte Anfang Oktober 1939 ihren Erstflug in Dessau und wurde am 4. Oktober 1939 mit dem Überführungskennzeichen D-AYWY in die Schweiz geflogen, wo sie am 10. Oktober 1939 als A-703 für die Schweizer Fliegertruppe registriert wurde. Gemeinsam mit den beiden anderen Ju52 der Fliegertruppe wurde das Flugzeug in den 40er Jahren als Hörsaalflugzeug zur Funker- und Navigatorausbildung genutzt. Seit Mitte der 40er Jahre übernahmen die Ju52 auch Transportaufgaben. Zur Durchführung von Flügen ins Ausland erhielt die W.Nr. 6610 im Mai 1947 das zivile Kennzeichen HB-HOP.

Ju52, W.Nr. 6610, A-703 im Kriegs-Tarnfarbenanstrich 1940-1945 (Ju-Air)

Ju52, W.Nr. 6610, HB-HOP im Tarnfarbenanstrich ab Mai 1947 (Ju-Air)

A-703 der Fliegertruppe bei AMEF Flugmeisterschaft Dübendorf Aug. 1981 (Paul Seymour)

Ju52, W.Nr. 6610, HB-HOP des VFMF in Bern im September 1983 (Kurt Kolb)

Ju52, W.Nr. 6610, HB-HOP mit Ju-Air Schriftzug in Duxford im Juli 1989 (R.A. Scholefield)

Nach dem Ende der Transporteinsätze wurde die W.Nr. 6610 ab September 1959 wieder mit ihrer früheren militärischen Registrierung A-703 nun jedoch ohne Tarnanstrich in den 60/70er Jahren geflogen.

Nach der Stilllegung durch die Schweizer Fliegertruppe im Dezember 1981 blieb die W.Nr. 6610 im Besitz der Schweizer Fliegertruppe und wurde ab Oktober 1982 an den Verein der Freunde des Museums der schweizerischen Fliegertruppen (VFMF) zur Durchführung von Traditionsflügen vermietet. Das Flugzeug befindet sich bis heute im Besitz der Eidgenossenschaft. Für die zivilen Rundflüge wurde die Maschine wieder als HB-HOP zugelassen. Das militärische Kennzeichen A-703 wurde als Sonderlackierung ebenfalls beibehalten. Im März 1986 übernahm die Ju-Air den Traditionsflug-Betrieb des Flugzeugs.

Nachdem die HB-HOS im Februar 1998 durch einen Rollschaden in Samedan ausgefallen war, übernahm die HB-HOP ab 1998 die Milka-Werbelackierung von der HB-HOS. Nach dem Ende des Werbevertrags erhielt die HB-HOP wieder die frühere Fliegertruppen-Lackierung.

W.Nr. 6610, HB-HOP im Milka-Erscheinungsbild in Bern Sept. 1999 (Fabian Zimmerli)

Auf der Aero 2001 erschien die HB-HOP in der Grundlackierung der Fliegertruppe, allerdings war am Leitwerk die Internetadresse „www.juair.com" in grossen Buchstaben zu sehen und die Sonderlackierung mit der alten militärischen Registrierung „A-703" fehlte in der neuen Lackierung.

Ju52, W.Nr. 6610, HB-HOP mit „juair.com" Schriftzug Aero 2001 (Reinhard Jost)

Im Juli 2007 wurde das Flugzeug neben der HB-HOT in dem amerikanischen Spielfilm „Walküre" verwendet. Dazu erhielt die Maschine ein grünes Luftwaffen-Erscheinungsbild mit der Zulassung DT+AY, in dem sie in einer Szene als Begleitflugzeug zu Hitler's Reisemaschine zu sehen ist und in einer weiteren Szene als Verbindungsflugzeug Stauffenbergs zwischen Rastenburg und Tempelhof. Das Luftwaffen-Erscheinungsbild wurde mit einer ablösbaren Folienbeschichtung auf die Maschine aufgebracht und nach Ende der Filmarbeiten wieder abgelöst.

W.Nr. 6610 in Luftwaffen-Erscheinungsbild DT+AY für den Film „Walküre", 2007 (MGM)

Im Jahr 2009 erhielt die HB-HOP die Bemalung der Falken-Bier Brauerei, deren Logo bis 2015 auch am Leitwerk angebracht war. Seit 2015 wurde das „Falken"-

Logo wieder durch das Schweizer Kreuz ersetzt. Die Falken-Werbung auf dem Rumpf blieb erhalten. Im Winter 2017/18 erhielt die W.Nr. 6610, HB-HOP nochmals eine neue Werbelackierung. Während die W.Nr. 6595, HB-HOT eine neue Werbung der Falken-Brauerei für das Hülse-Bier übernahm, wurde die HB-HOP mit der früheren Rimowa-Lackierung der HB-HOT versehen.

W.Nr. 6610 in Falken Bier Bemalung ab 2009, Hahnweide, Sept. 2013 (Julian Herzog, GNU 1.2)

W.Nr. 6610 mit Falken-Brauerei Bemalung und Schweizer Kreuz ab 2015

HB-HOP mit Rimowa-Werbelackierung im Sommer 2018

Nach dem fatalen Unfall der Schwestermaschine W.Nr. 6595, HB-HOT am 4. August 2018 und dem kurzzeitigen Aussetzen der Ju-Air Operations nahm die HB-HOP mit ihrer verbliebenen Schwestermaschine W.Nr. 6580, HB-HOS am 17. August 2018 den Flugbetrieb wieder auf. Mit Wirkung vom 20. November 2018 wurden beide Flugzeuge auf Grund festgestellter, aber nicht für den Absturz ursächlicher Korrosionsschäden am Wrack des Unglücksflugzeugs durch die Schweizer Luftfahrtbehörde BAZL bis zur Durchführung einer Grundüberholung gegroundet. Ursprünglich war die Grundüberholung beider Flugzeuge bei der Junkers Flugzeugwerke AG vorgesehen. Da der VFL allerdings nicht über ausreichende finanzielle Mittel zur Deckung eines zweistelligen Millionenbetrags für die Grundüberholung zur Verfügung hatte, übereignete man die dem Verein gehörende W.Nr. 6580, HB-HOS an die Junkers Flugzeugwerke AG und gab diese 2020 nach Altenrhein zur Instandsetzung ab. Die Eidgenossenschaft als Eigentümer der W.Nr. 6610, HB-HOP verzichtete auf eine Instandsetzung des Flugzeugs und übergab dieses in die Ausstellung des Flieger Flab Museum in Dübendorf. Im Mai 2021 wurde die Zulassung „HB-HOP" offiziell gelöscht, als das Flugzeug auf eine annähernd 81-jährige Einsatzgeschichte zurückblicken konnte.

Die HB-HOP blieb einige Zeit ohne Motore im Freien geparkt, bevor sie im Frühjahr 2022 in Halle 8 im Rahmen einer Sonderausstellung „Ju-Air 1982-2018" untergebracht wurde. Statt der Rimowa-Werbelackierung erhielt die Maschine zuvor die Ju-Air Standardlackierung aus den 80er Jahren, allerdings ohne die seinerzeit übliche Sondermarkierung „A-703". Aus Platzgründen konnte für die Ausstellung nur der linke Flügel des Flugzeugs montiert werden. Der nicht montierte rechte Flügel befindet sich in seinem Aufnahmegestell ebenfalls in der Halle. Die Kabine ist begehbar. Die Sitze können belegt werden. Mit Virtual Reality Brillen können Besucher im Flugzeug einen Alpenrundflug am Boden erleben.

Nachdem die Instandsetzung der W.Nr. 6580, HB-HOS durch die Junkers Flugzeugwerke AG 2022 abgebrochen und das Flugzeug nach Wernigerode abgegeben wurde, überprüfte der Verein der Freunde der Schweizer Luftwaffe die Möglichkeiten einer flugtauglichen Wiederherstellung der HB-HOP. Diese Überlegungen wurden im August 2024 aus wirtschaftlichen Gründen aufgegeben.

Eingelagerte W.Nr. 6610, HB-HOP ohne Motore in Dübendorf im Januar 2020 (Dan Raistrick)

Rechte Tragfläche der W.Nr. 6610 mit Falken-Emblem in Halle 8 im Mai 2022 (Alan Wilson)

Typ / Ort / Status	W.Nr.	Zulassung
Junkers Ju52/3mg4e, Gardermoen, Norwegen		
Junkers Ju52 in Luftwaffen-Erscheinungsbild	6657	CA+JY
Forsvarets Flysamling, Oslo-Gardermoen, Norwegen		
Ständiger Bestandteil der Ausstellung		

W.Nr. 6657 in der Luftfahrtsammlung in Gardermoen, Oslo, 2004 (PZL)

Die W.Nr. 6657 gehört zu den zehn Junkers Ju52 der Luftwaffe, die im April 1940 auf dem Hartvikvatnet-See bei Narvik in Norwegen verloren gegangen waren [25]. Sie wurde 1983 als erstes Flugzeug aus dem See geborgen und vom Forsvarets Flysamling in Gardermoen instandgesetzt. Das Flugzeug wird heute in seinem Erscheinungsbild vom April 1940 als CA+JY im Museum ausgestellt.

Das Flugzeug wurde am 22. September 1939 an die Luftwaffe ausgeliefert und als CA+JY registriert. Seit Februar 1940 kam die Maschine bei der Flugzeugführerschule FFS C1 in Sorau zum Einsatz. Im Vorfeld der Operation Weserübung

---

[25] Zur Luftlandeoperation der Ju52 auf dem Hartvikvatnet-See, siehe W.Nr. 6054

wurde das Flugzeug dem Reserververband KG zbV 102 in Neumünster zugeteilt. Sie gehörte im April 1940 zu den 13 Ju52 des KG zbV 102, die mit Feldwebel Kern als Kommandant bei einem Versorgungsflug in das eingeschlossene Narvik auf dem Hartvikvatnet-See nördlich von Narvik gelandet waren und bei Tauwetter im Mai 1940 im See versanken.

Das Flugzeug wurde im Juni 1983 als erstes Flugzeug durch die Kongelige Norsk Luftforssvaret aus dem Hartvikvatnet-See geboren und in die Luftfahrtsammlung nach Gardermoen gebracht. Das Flugzeug befand sich trotz des mehr als vierzig Jahre dauernden Aufenthalts unter Wasser in einem guten Zustand. Lediglich das Motorgerüst des Mittelmotors war aus seinem Träger herausgebrochen bzw. vor dem Versinken des Flugzeugs 1940 geborgen worden.

W.Nr. 6657 bei seiner Bergung aus dem Hartvikvatnet-See im Juni 1983 (Norsk Luftfartsmuseum)

Seit 1984 stand das nicht restaurierte Flugzeug in der Ausstellung in Gardermoen bevor es in den neunziger Jahren in die Werkstatt kam. Die Restaurierungsarbeiten fanden unter Beteiligung von Mitarbeitern statt, die bereits 1985 an der Restaurierung der D-AQUI bei Lufthansa beteiligt waren. Seit 1999 steht die restaurierte Maschine in der Ausstellung in Gardermoen.

Ankunft in Gardermoen im Oktober 1983 (Norsk Luftfartsmuseum)

Reinigungsarbeiten an W.Nr. 6657 in Gardermoen vor Halle 11 (Forsvarets museer)

Interessanterweise trägt auch die in Speyer ausgestellte W.Nr. 6821 die Luftwaffen-Kennung „CA+JY". Bei der W.Nr. 6821 handelt es sich allerdings um die „VB+UP". Eine weitere Besonderheit des Ausstellungsobjekts ist das fehlerhafte Staffelemblem. Es zeigt das Emblem der 4. KG zbV 103, das eigentlich nicht am Narvik-Einsatz beteiligt war.

Typ / Ort / Status	W.Nr.	Zulassung
Junkers Ju52/3mg4e, Wunstorf, Deutschland		
Junkers Ju52 in Luftwaffen-Erscheinungsbild	6693	DB+RD
Traditionsgemeinschaft Lufttransport Wunstorf e.V.		
Ständiger Bestandteil der Ausstellung		

W.Nr. 6693, DB+RD in Wunstorf, 2014, (Malcom Nason)

Am Fliegerhorst in Wunstorf befindet sich eine weitere Junkers Ju52, W.Nr. 6693, DB+RD, die während eines Versorgungsflugs nach Narvik 1940 auf dem Hart-vikvatnet-See verloren gegangen war[26]. Das Flugzeug wurde 1986 durch die Interessengemeinschaft Ju52 aus Hannover geborgen und in der Ausbildungswerkstatt des LTG 62 in Wunstorf instandgesetzt.

---

[26] Zur Luftlandeoperation der Ju52 auf dem Hartvikvatnet-See, siehe W.Nr. 6054

Die W.Nr. 6693 war am 22. September 1939 als DB+RD an die Luftwaffe ausgeliefert worden und kam Anfang 1940 bei der Flugzeugführerschule FFS C4 in Sprottau zum Einsatz. Während der Operation „Weserübung" wurde die Maschine im April 1940 einem Reserveverband 3. KG zbV 102 in Neumünster zugeteilt, der am 13. April 1940 mit Versorgungsgütern nach Narvik entsandt wurde und mit 11 Flugzeugen auf dem zugefrorenen Hatvikvann-See landen musste. Auf Grund fehlenden Treibstoffs für den Rückflug blieben die Flugzeuge auf dem See stehen, der wenige Tage später von norwegischen Truppen eingenommen wurde. Der norwegische Versuch einer Rettung des Flugzeugs vor der einsetzenden Eisschmelze scheiterte allerdings und das Flugzeug versank mit allen Motoren und Fahrwerk im Mai 1940 im Hartvikvatnet-See.

Von den Norwegern auf dem Hartvikvatnet-See erbeutete W.Nr. 6693 (Sör-Troms Museum)

Nachdem die erste von zehn Ju52/3m 1983 aus dem Hartvikvatnet-See geborgen worden war, verfolgte der Leiter des Luftfahrtmuseum Laatzen, Günter Leonhardt die Bergung einer weiteren Maschine für sein Museum. Unterstützung für das Vorhaben fand Leonhardt beim benachbarten Lufttransportgeschwader LTG 62 in Wunstorf. Auch der ehemalige Leiter des Luftfahrtbundesamts Karl Kössler beteiligte sich an dem Vorhaben. Zur Bergung und nachfolgenden Instandsetzung gründeten die Beteiligten die Interessengemeinschaft Ju52 e.V. Im November 1985 reisten Leonhardt und der Kommodore des LTG 62 Oberst Walter Holinka zum Hartvikvatnet-See, um die Bergung abzustimmen. Die IG Ju52 verpflichtete sich zur Bergung von vier Ju52 aus dem Hartvikvatnet-See, von denen zwei Flugzeuge für die IG Ju52 in Deutschland bestimmt waren, während zwei weitere Ju52 in Norwegen verbleiben sollten.

Bergung der W.Nr. 6693 im Juli 1986 (Förderverein Technikmuseum Hugo Junkers)

Im Juli 1986 führte die IG Ju52 die Bergung von insgesamt vier Flugzeugen durch, von denen die Ju52, W.Nr. 6693 und die Ju52, W.Nr. 6821 für die IG Ju52 bestimmt waren. Während die W.Nr. 6821 nach Sinsheim kam, wurde das zerlegte Wrack der W.Nr. 6693 im August 1986 per LKW nach Wunstorf transportiert, wo es am 4. September 1986 eintraf. Die Instandsetzung erfolgte in einer der Ausbildungshalle auf dem Fliegerhorst und war am 15. August 1987 abgeschlossen.

W.Nr. 6693 während der Instandsetzung in Wunstorf (Peter Schröder)

Bis Ende 1989 errichtete die IG Ju52 e.V. am ehemaligen Haupteingang des Fliegerhorsts eine geeignete Ausstellungshalle, in der das Flugzeug seit 1990 der Öffentlichkeit gezeigt wird. Neben der Ju52 werden in der Halle auch Exponate der Traditionsgemeinschaft des in Wunstorf beheimateten LTG 62 gezeigt.

Nach der Auflösung der IG Ju 52 e.V. übernahm 2003 die Traditionsgemeinschaft Lufttransport Wunstorf e.V. (TGLW) den Betrieb der Halle und entwickelte die Ausstellung zu einer allgemeinen Ausstellung über die Geschichte des militärischen Lufttransports weiter.

Die Werksnummer 6693 ist in dieser Ausstellung in ihren originalen Farben aus dem Jahr 1940 und ihrem damaligen Kennzeichen DB+RD aber weiterhin zentraler Mittelpunkt. Die Ausstellung am Flugplatz Wunstorf ist nur in den Sommermonaten an Wochenenden für die Öffentlichkeit zugänglich.

Typ / Ort / Status	W.Nr.	Zulassung
Junkers Ju52/3mge, Hartvikvatnet-See, Wrack		
Unterwasserwrack der Luftwaffe	6694	DB+RB
Hartvikvatnet See, Norwegen		Herz-As
Im See in einer Wassertiefe von 70 Metern		

Wrack der W.Nr. 6694 im Hartvikvatnet-See, 2008 (Simon Kenttä[27])

Neben der in Ufernähe liegenden W.Nr. 6054 befindet sich heute noch mindestens eine weitere Ju52 im Hartvikvatnet-See[28]. Hierbei handelt es sich um die Ju52, W.Nr. 6694, die im Februar 1940 als DB+RB bei der Flugzeugführerschule FFS C4 in Sprottau in Dienst gestellt wurde und im Vorfeld der Operation „Weserübung" Anfang April 1940 an die 3. KG zbV 102 als Reserve überstellt wurde.

Fw Kathmann und Fw Härtel flogen die Maschine beim Einsatz nach Narvik am 13. April 1940, wo sie auf dem Hartvikvatnet-See landete. Von den Kämpfen um den Hartvikvatnet-See scheint die Maschine unbeschadet geblieben zu sein.

---

[27] Weitere Bilder vom Tauchgang findet man auf der Facebook-Seite von Simon Kenttä
[28] Zur Luftlandeoperation der Ju52 auf dem Hartvikvatnet-See, siehe W.Nr. 6054

W.Nr. 6694 bei Tauwetter auf dem Hatvikvatnet-See im Mai 1940 (Nordisk Teknisk Museum)

Bei Tauwetter befand sich das Flugzeug noch weitgehend vollständig auf dem Eis in Ufernähe. Das Flugzeug brach im tauenden Eis ein und versank.

Heute befindet sich das Flugzeug in einer Wassertiefe von 60-70 Metern auf dem Grund des Sees. Während sich Rumpf und Flügel noch in einigermaßen gutem Zustand zeigen, fehlen der Heckbereich des Rumpfs und das komplette Leitwrek. Vermutlich sind diese beim Einbrechen in das Oberflächeneis des Sees 1940 abgerissen worden und liegen an einer anderen Stelle im See.

Auf eine Bergung des Wracks wurde in den 80er Jahren verzichtet. Es ist heute neben dem einfach zu betauchenden Wrack der W.Nr. 6054 ein Tauchziel für erfahrene Tauchergruppen im Hartvikvatnet-See.

Typ / Ort / Status	W.Nr.	Zulassung
Junkers Ju52/3mg4e, Salangen, Norwegen		
Junkers Ju52 Wrack Krigsminnemuseet, Gratangen, Norwegen In Restaurierung	6791	CO+EI

Ankunft der W.Nr. 6791 in Gratangen im November 2013, (Harold Jenssen)

Eine weitere durch die Interessengemeinschaft Ju52 e.V. 1986 aus dem Hartvikvatnet-See geborgene Ju52/3m ist die Werksnummer 6791. Bei diesem Flugzeug handelte es sich um die Maschine des Staffelkapitäns der Kampfgruppe Oberleutnant Bradel und Fw Böhnert. Dieses Flugzeug war am 13. April 1940 bei der Landung durch einen Kopfstand beschädigt worden, wobei der Mittelmotor herausgerissen wurde[29]. Weitere Schäden entstanden, nachdem das Flugzeug im Frühjahr 1940 im aufgetauten See für mehr als 40 Jahre versank.

---

[29] Zur Luftlandeoperation der Ju52 auf dem Hartvikvatnet-See, siehe W.Nr. 6054

183

W.Nr. 6791 im Kopfstand auf dem Hartvikvatnet-See, April 1940

Geborgen wurde das Flugzeug durch die Interessengemeinschaft Ju52 e.V. im August 1986. Es wurde in Bjerkvik in der Nähe des Hartvikvatnet-Sees eingelagert und diente als Ersatzteilspender für die Instandsetzung der W.Nr. 6657 in Gardermoen, sowie der nach Dessau abgegebenen W.Nr. 6134, die eine Flügelhälfte aus der W.Nr. 6791 erhielt. Beim Einsturz eines Hallendachs wurde die eingelagerte Maschine erheblich im gesamten Bereich der Rumpfoberseite beschädigt.

Zur Instandsetzung kam das Flugzeug 1989 nach Narvik, wo eine spätere Ausstellung im Krigsminnemuseet erwogen wurde. Nachdem eine Ausstellung in Narvik aus Platzgründen aufgegeben wurde, übernahm im Juli 2003 eine private Stiftung in Bjerkvik unter Leitung von Anne Lene Lie das Flugzeug, die das Flugzeug auf privater Basis instandsetzen und im Rahmen einer Nebenstelle des Krigsminnemuseet in Bjerkvik ausstellen lassen wollte. Zur Instandsetzung kam das Flugzeug im Dezember 2006 wieder nach Bjerkvik.

Bergung der W.Nr. 6791, CO+El aus dem Hartvikvatnet-See 1986 (Forsvarets museer)

Teilinstandgesetzte und eingelagerte W.Nr. 6791 in Bjerkvik 2012 (Birger Larsen)

Finn Magne Simonsen und Roald Kristensen übernahmen in einer Garage der Rustad Transport die Instandsetzungsarbeiten, die vom Luftfahrtmuseum in Bodö und vom War Remnants Museum in Narvik unterstützt wurden. Nachdem im Sommer 2012 die Pläne zum Bau einer Glashalle für die künftige Ausstellung des Flugzeugs in Bjerkvik neben dem Hotel von Jan Johnsen bekannt wurden, sprachen sich große Teile der Ortsbevölkerung gegen eine solche Kriegsausstellung in Bjerkvik aus. Die Pläne für eine solche Ausstellung wurden im Februar 2013 aufgegeben und die Instandsetzung abgebrochen. Das Flugzeug wurde daraufhin von der Stiftung an die Kreisverwaltung des Troms- und Nord-Hålogaland Kreises abgegeben. Nachdem die Kommunalverwaltung von Gratangen Interesse an einer künftigen Ausstellung des Flugzeugs gezeigt hatte, wurde die Maschine am 25. November 2013 von Bjerkvik nach Gratangen überführt. Für mehrere Jahre blieb das Flugzeug im Hafengebiet von Gratangen im Freien gelagert.

Abgelegte W.Nr. 6791 im Hafen von Gratangen ab 2013 (Jon Larsen)

Ende 2018 kam das Flugzeug nach Salangen/Elvenes bei Arstein, wo die Maschine wieder in einer Garage gelagert ist. Die Gemeinde Gratangen bemühte sich zu diesem Zeitpunkt weiterhin um eine Finanzierung der Instandsetzung und des Aufbaus einer Erinnerungsstätte an dem Ort, wo die deutschen Angreifer auf ihren ersten erheblichen Widerstand stießen. Möglicherweise entsteht künftig in Gratangen eine Außenstelle des Krigsminnemuseet Narvik oder des Midt-Troms Museet, in dem das instandgesetzte Flugzeug ausgestellt wird.

Typ / Ort / Status	W.Nr.	Zulassung
Junkers Ju52/3mg4e, Speyer (I), Deutschland		
Junkers Ju52	6821	VB+UP
Technikmuseum Speyer, Deutschland		(CA+JY)
Permanente Ausstellung, fiktives Luftwaffen-Layout		(VB+JA)

W.Nr. 6821 im Technikmuseum Speyer, 2001

Die Werksnummer 6821 ist die fünfte geborgene Ju52/3m aus dem Hart-vikvatnet-See[30]. Dieses Flugzeug absolvierte am 25. Januar 1940 mit Junkers-Werkspilot Steckhan seinen Erstflug und wurde als VB+UP an die Flugzeugfüh-rerschule FFS C3 in Lönnewitz übergeben. Die Maschine wurde im Vorfeld der Operation „Weserübung" im April 1940 an die 3./KG zbV 102 als Reserveeinheit überstellt und dort für den Versorgungsflug nach Narvik unter Führung von Uffz. Seip eingesetzt. Das Flugzeug wurde nach der Landung auf dem zugefrorenen See von Swordfish-Flugzeugen der Royal Navy beschossen und durch einen Brand am rechten Flügel im Bereich der Flügelwurzel schwer beschädigt.

---

[30] Zur Luftlandeoperation der Ju52 auf dem Hartvikvatnet-See, siehe W.Nr. 6054

Junkers Ju52, W.Nr. 6821, VB+UP nach Landung auf dem Hartvikvatnet-See, Mai 1940

Nach dem Ende der Kampfhandlungen wurde versucht, das in Ufernähe befindliche Flugzeug mit leeren Ölfässern gegen ein Versinken bei Einsetzen der Eisschmelze zu sichern. Dabei scheint das Flugzeug vom Ufer abgetrieben zu sein. Später wurde es von Tauchern an anderer Stelle in großer Tiefe wieder entdeckt.

Die Interessengemeinschaft Ju52 e.V. hob das Flugzeug im Juli 1986 mit drei weiteren Maschinen. Bei der Hebung riss der beschädigte rechte Flügel des Flugzeugs ab und versank wieder im Hartvikvatnet-See. Der Flügel wurde nicht mehr gehoben. Obwohl das Flugzeug eins der beiden für Deutschland bestimmten Ju52 war, kam die W.Nr. 6821 zunächst nach Gardermoen.

Bergung der W.Nr. 6821 aus dem Hartvikvatnet-See 1986 (FV Technikmuseum Hugo Junkers)

188

1987 übernahm das Technikmuseum in Sinsheim das Flugzeug. Während des Transports nach Deutschland war das Flugzeug für einige Tage auch in Wunstorf auf Tiefladern zu sehen. In Sinsheim wurde das nicht restaurierte Wrack einige Jahre im Außenbereich gelagert. Zur Instandsetzung des Flugzeugs war bereits 1988 das Rumpfsegment einer weiteren Ju52 und ein Flügel beschafft worden, die im Freigelände in Sinsheim zu sehen waren. Über die Herkunft dieser Baugruppen liegen keine Informationen vor.

W.Nr. 6821 eingelagert in Sinsheim in den 80er Jahren (Slg. Peter Cohausz)

Erst 1993 begann man in Sinsheim mit einer Restaurierung des Flugzeugs, bei der der Brandschaden auf der rechten Flugzeugseite mit Hilfe eines weiteren Ju52-Rumpfsegments behoben wurde. Das Flugzeug wurde wieder auf ein eigenes tragfähiges Fahrwerk gestellt und mit Mittelmotor und Motor an der linken Tragflächenseite komplettiert. Der bei der Bergung verloren gegangene rechte Tragflügel wurde nicht ersetzt. Das äußere Erscheinungsbild wurde dabei nicht mehr im Originalzustand hergestellt. Der entlackte Rumpf und die noch vorhandene linke Tragflächen tragen heute Balkenkreuze der Luftwaffe und statt der korrekten Kennung „VB+UP" fiktive Verbandskennzeichen „CA+JY" (rechte Rumpfseite) und „VB+JA" (linke Rumpfseite). Kleinere Beschussschäden mit Gewehrmunition wurden bei der Restaurierung nicht beseitigt.

Die instandgesetzte W.Nr. 6821 war seit 1988 in Sinsheim zu sehen. Auch die nicht benötigten Teile des Rumpfsegments und ein Flügel befanden sich im Außengelände. Ihr Verbleib ist ungeklärt. Die W.Nr. 6821 kam 1993 in das benachbarte Museum in Speyer, wo sie seither in der Pfalzhalle ausgestellt wird.

Ju52-Rumpfsegment und Flügel als Ersatzteilspender (oben)
und instandgesetzte W.Nr. 6821 in Sinsheim 1988 unten (Slg. Peter Cohausz)

Typ / Ort / Status	W.Nr.	Zulassung
Junkers Ju52/3m te, Berlin, Deutschland		
Junkers Ju52	7220	D-AZAW
Technikmuseum Berlin, Deutschland		
Ausgestellt im Lufthansa-Erscheinungsbild		

W.Nr. 7220 in der neuen Luftfahrthalle des Technikmuseums Berlin, 2006

Im Technikmuseum in Berlin befindet sich eine Junkers Ju52 im Erscheinungsbild der Lufthansa von 1941 als D-AZAW „Hans Kirschstein". Dieses Flugzeug kam in den 60er Jahren aus Beständen der spanischen Luftwaffe zurück nach Deutschland. Wegen des fehlenden Werknummernschildes war die Zuordnung einer Werknummer für dieses Flugzeug lange Zeit schwierig.

Zur Klärung der Historie der Maschine beauftragte das Technikmuseum in Berlin bereits in den 80er Jahren den Luftfahrthistoriker Günther Ott mit entsprechenden Untersuchungen. Günther Ott kam nach jahrelangen Untersuchungen zu dem Ergebnis, dass es sich bei diesem Flugzeug um die Junkers Ju52, W.Nr. 7220 handelt. Die Ergebnisse sind in den folgenden Abschnitten zusammengefasst.

Recherche und Dokumentation zur W.Nr. 7220
von Günther Ott (ADL)

Als eine der ersten Ju52/3m kam die WNr 7220 nach dem zweiten Weltkrieg zurück nach Deutschland. Bei ihrer Ankunft in Deutschland war das Flugzeug als T.2B-108 der spanischen Luftwaffe registriert. Obwohl das in Berlin ausgestellte Flugzeug zahlreiche CASA-Baugruppen enthält, handelt es sich definitiv nicht um ein in Spanien gebautes CASA-Flugzeug, da diese erst mit dem T.2B Nummernkreis ab „110" beginnen. Immerhin liefert u.a. das noch vorhandene Typenschild für das Rumpfmittelstück (RM) den Nachweis, dass es im Juli 1941 von Junkers hergestellt worden war. Aufgrund fehlerhafter Informationen spanischer Behörden wies zunächst alles auf die W.Nr. 7196 hin. Tatsächlich handelte es sich allerdings um die W.Nr. 7220. Dieses Flugzeug war im Jahr 1941 bei Junkers in Bernburg aus der Transporterserie Ju 52/3mg7e abgezweigt, um als Passagierflugzeug Ju 52/3m te in Dessau fertiggestellt zu werden. Die W.Nr. 7220 flog vom 27. September bis 7. Oktober 1941 mit Junkers-Flugkapitän Rupprecht Wendel fünf Werkflüge mit insgesamt 214 Flugminuten, bis sie als D-AZAW mit dem Beinamen „Hans Kirschstein" von der Lufthansa übernommen wurde.

Inzwischen war entschieden worden, drei Ju52 der Lufthansa im Rahmen der Lufthansa-Beteiligung in Höhe von 49% am Aktienkapital der spanischen Iberia einzubringen. Hierfür wurde die W.Nr. 7053, D-AQIJ „Erich Albrecht" (in Spanien EC-CAJ), die W.Nr. 7196, D-AXFL „Friedrich Ludwig" (in Spanien EC-CAK) und die W.Nr. 7220, D-AZAW „Hans Kirschstein" (in Spanien EC-CAN) vorgesehen. Bereits am 11. Oktober 1941 wurde die D-AZAW unter Führung von Lufthansa-Flugkapitän Werner Stoltz als Verdichtungsflug auf der Strecke K 22 (Berlin-Stuttgart-Marseille-Barcelona-Madrid) eingesetzt und landete um 17:54 Uhr Ortszeit auf dem Zielflughafen Barajas. Wahrscheinlich blieb dies der einzige kommerzielle Flug bei der Lufthansa, denn am 14. Oktober 1941 erfolgte die Übergabe an die Iberia zum Einbringungswert von 317.820 RM.

Alsbald erhielt das Flugzeug die spanische Erstzulassung als EC-CAN, und mit diesem Kennzeichen ist es mindestens ab 20. November 1941 auf der Inlandsstrecke

1204 Madrid-Barcelona nachweisbar. Obwohl am 2. Januar 1942 ein neuer Zulassungs- und Lufttüchtigkeitsschein als EC-ABF ausgestellt worden war, flog die W.Nr. 7220 weiterhin als EC-CAN bei der Iberia, so auch noch am 24. Dezember 1942 auf dem Inlandsdienst 1202 Barcelona-Palma de Mallorca.

W.Nr. 7220 als EC-CAN bei Iberia in Barajas 1942 (via Petrel Juan Arráez Cerdá)

Mit Datum 12. Mai 1943 wurde der zivile Zulassungsschein Nr. 31 mit dem Vermerk der Abgabe dieses Flugzeuges an das spanische Luftfahrtministerium gelöscht. Ein internes Fernschreiben der spanischen Luftwaffe vom 8. August 1944 zeigt an, dass die ehemalige EC-CAN dann mit der militärischen Kennung 22-108 bei der Escuela de Vuelo Sin Visibilidad - also zur Blindflugschulung – verwendet wurde.

Das Flugzeug verblieb bei der spanischen Luftwaffe. Aber nach Einführung einer neuen Typenkennung „T.2" für alle Ju 52/3m am 1. Dezember 1945 flog sie fortan als „T.2-108". Anlässlich einer Grundüberholung bei der Firma C.A.S.A. in Getafe wurden die BMW 132 Motoren 1955 durch spanische E.N.M.A. Elizalde 9-C.29-750 (Beta-1) ersetzt, wodurch sich die Bezeichnung des Flugzeuges in „T.2B-108" änderte. Stationiert auf dem Flugplatz Gando von Las Palmas, wurde es in den folgenden Jahren mit der zusätzlichen Verbandskennung 97-1 von der Escuadrilla del Quartel de la Zona Aerea de Canarias y África Occidental eingesetzt. Bei einer Notlandung auf der Insel La Palma im September 1958 brach das Hauptfahrgestell weg und musste ersetzt werden. Nach erfolgter Reparatur flog die T.2B-108/97-1 bei diesem Geschwader noch bis zum 26. Juni 1962 im Saharadienst.

Vom Senat von Berlin war schon im Herbst 1960 die „Gesellschaft für die Wiedererrichtung eines Verkehrsmuseums in Berlin e.V." gegründet worden. Auf Betreiben des früheren Lufthansa-Flugkapitäns Otto Brauer, der im Verein die Belange der Luftfahrt vertrat, stand eine Ju 52/3m an erster Stelle auf der Wunschliste zu beschaffender Originale. Mit Schreiben vom 10. August 1962 richtete der Verein eine entsprechende Bitte an den spanischen Botschafter in Bonn, die von den Ministerien in Madrid schnell positiv entschieden wurde – Berlin sollte eine Ju 52/3m als Schenkung der spanischen Regierung erhalten. Mit bedacht ausgewählt wurde dafür die gerade erst in Gando abgestellte T.2B-108 als letzte in Spanien noch vorhandene Maschine aus deutscher Fertigung. Nach Werkstattflügen vom 18. bis 28. Februar 1963 erfolgte von dort, mit Zwischenlandungen in Ifni (Spanisch Marokko) und Sevilla-Tablada, am 11. und 12. März die Überführung zum Madrider Flughafen Cuatro Vientos. Insgesamt 4.142:55 Flugstunden hatte das Flugzeug bis dahin absolviert.

Unklar blieb für gut zwei Jahre, wie es weitergehen sollte, um die vorgesehene Schenkung an die Berliner zu vollziehen. Ein Überführungsflug nach Deutschland war hierfür naheliegend. Somit blieb die T.2B-108 im Inventar der spanischen Luftwaffe und wurde weiter flugfähig gehalten. Bis zum 5. Mai 1965 erhöhte sich die Gesamtflugleistung durch Wartungsflüge noch auf 4.146:30 Stunden. Da war bereits entschieden, dass die Maschine anlässlich der Internationalen Verkehrs-Ausstellung IVA in München vom 25. Juni bis 3. Oktober 1965 auf dem Gelände des ehemaligen Flughafens Oberwiesenfeld ausgestellt werden sollte. Am 18. Mai 1965 war es dann soweit. Mit einer spanischen Besatzung, an Bord auch Otto Brauer und der RIAS-Reporter Helmut Fleischer, verließ die T.2B-108 Madrid und kam nach vier Zwischenlandungen beim LTG 61 der Bundesluftwaffe auf dem Flugplatz Neubiberg bei München an.

Ankunft der T.2B-108 in Neubiberg am 18. Mai 1965 (SDASM Archives)

Die Lufthansa besorgte den neuen Anstrich der W.Nr. 7220 mit dem Kennzeichen „D-2201" (ehem. W.Nr. 4013) der ersten dreimotorigen Lufthansa Ju52, aber mit dem Beinamen „Carl August von Gablenz". Im Beisein ihres Konstrukteurs Ernst Zindel wurde sie so der Öffentlichkeit vorgestellt.

W.Nr. 7220 auf der Intern. Verkehrsausstellung München im Juli 1965 (R.A. Scholefield, CC30)

Nach der IVA blieb das Flugzeug noch einige Zeit in Obhut der Technischen Gruppe des LTG 61 in Neubiberg, bis zwischen allen beteiligten Stellen geklärt war, wie die Maschine ihr Endziel West-Berlin erreichen konnte. Ein Überführungsflug durch einen der drei Luftkorridore schied von vornherein aus, und auch ein Landtransport durch die damalige DDR kam nicht in Betracht. Das Flugzeug wurde schließlich in Neubiberg demontiert, so dass am 25. Juli 1966 zunächst die beiden Tragflächen mit einer Douglas C-124 C Globemaster II der U.S. Air Force nach Berlin-Tempelhof geflogen wurden. In weiteren Globemaster-Transporten folgten am 6. August 1966 der Rumpf und die übrigen Komponenten der Ju 52.

Entladung des Rumpfs der Ju52, W.Nr. 7220 aus C-124 in Tempelhof 1966 (Slg. Günther Ott, ADL)

Der Berliner Verein hatte seinen Namen inzwischen in „Verkehrsmuseum Berlin e.V." geändert. Mittel und vor allem Räumlichkeiten für eine Ausstellung der W.Nr. 7220 standen dem Verein aber nicht zur Verfügung. Eine zunächst geplante Aufstellung auf dem Freigelände am Berliner Funkturm wurde verworfen. Die Berliner Verkehrs-Betriebe (BVG) ermöglichten die vorübergehende Unterbringung des zerlegten Flugzeuges in ihrem Straßenbahnhof Charlottenburg und ab 8. April 1968 im Straßenbahnhof Tempelhof in der Kaiserin-Augusta-Strasse. Am 24. und 26 Januar 1972 erfolgte der Transport zur Royal Air Force Station Gatow, wo die Maschine im nicht genutzten Hangar 8 am Westrand des Flugplatzes eingelagert wurde. Lediglich zu bestimmten Anlässen, erstmals beim „Tag der offenen Tür" im Jahr 1974, wurde sie mit RAF-Flugzeugen in West-Berlin zugänglich gemacht.

W.Nr. 7220 als D-2201 (W.Nr. 4013) in Gatow 1974 (Ralf Manteufel)

Zu ihrer Ausstellung „Lilienthal und seine Erben – Traum und Trauma der deutschen Luftfahrt" im ehemaligen Hamburger Bahnhof in Berlin vom 24. August bis 1. Dezember 1991 präsentierte das inzwischen in Museum für Verkehr und Technik umbenannte Haus auch ihre Ju 52/3m. Nachdem inzwischen die Identiät des Flugzeugs als W.Nr. 7220 zweifelsfrei geklärt war, erhielt die Maschine für diese Ausstellung 1991 einen neuen Anstrich, mit dem sie wieder in ihr Erscheinungsbild aus dem Jahr 1941 bei der Lufthansa als D-AZAW „Hans Kirchstein" zurück versetzt wurde. Diese Lackierarbeiten wurden vom seinerzeitigen Überholungsbetrieb der Deutschen Lufthansa AG in Diepensee am Flughafen Berlin-Schönefeld durchgeführt.

W.Nr. 7220, D-AZAW in der Ausstellung „Lilienthal und seine Erben" im Hamburger Bahnhof 1991
(Freunde des Technikmuseums Berlin)

Nach dem Ende dieser Ausstellung wurde die Maschine wieder am Flugplatz Gatow eingelagert, der mit Abzug der RAF 1994 auf die deutsche Luftwaffe über-
ging. Danach dauerte es allerdings nochmals 11 Jahre bis das Flugzeug 2005, mit
Eröffnung der Dauerausstellung Luft- und Raumfahrt, endgültig in das neu errichtete Ausstellungsgebäude des Deutschen Technikmuseums Berlin an der Trebbiner Straße 9 in Kreuzberg wechseln konnte, wo es nun permanent für die Öffentlichkeit zugänglich ist.

198

Typ / Ort / Status	W.Nr.	Zulassung
Junkers Ju52/3mg7e, Novosibirsk, Russland		
Junkers Ju52 Wrack Aircraft Restoration Group, Novosibirsk, Russland Eingelagert bei SibNIA in Yeltsovka	7335 [31]	CCCP-L54

W.Nr. 7335 auf Flughafen Yevsino, Novosibirsk, 2005, (Gleb Osokin via Wikimedia.org)

Auf dem Flugplatz Yevsino bei Novosibirsk befindet sich das Wrack einer Junkers Ju52, die von der Aircraft Restoration Group in Novosibirsk wieder instandgesetzt werden soll. Heimo Stadlbauer hat mehrere Schilder am Flugzeug dokumentiert. Ein Schild mit der Seriennummer 35202.52/36 bezieht sich auf das im April 1939 hergestellte Leitwerk (ZNr. 800698). Die Seriennummer 30521.93/30 gehört zur Zeichnungsnummer 809066 und wurde im Juli 1942 hergestellt. Ein

---

[31] Die W.Nr. 7335 ist nicht verbindlich gesichert für das in Novosibirsk befindliche Flugzeug. Sie ergibt sich lediglich aus der verbindlichen Absturzmeldung dieser W.Nr. in der Nähe der Fundstelle des Wracks in Novosibirsks.

weiteres Schild wurde bei Weserflug mit den Angaben 'Instands.Art: R, Bef.Ber.: 7033/41, Abnahme: 11.41[32]' ausgestellt und dürfte eine Instandhaltungsmaßnahme bei WFG in Nordenham am Flugzeug oder an einer Baugruppe des Flugzeugs dokumentieren, die im November 1941 abgeschlossen wurde. Ein W.Nr.-Schild des Rumpfs mit dem eine eindeutige Zuordnung erfolgen könnte, wurde bislang nicht gefunden. Vermutlich wurde die Maschine aber aus mehreren zerstörten Ju52 beim AFM501 zusammengesetzt.

Das Flugzeug wurde von Sergej Muhin und Sergej Jakunin im Frühjahr 2002 auf einem Bergkamm in der Nähe der sibirischen Stadt Chita entdeckt. Nach Recherchen in Russland soll es dort um 1948 während eines Einsatzes für die sowjetische Luftwaffe auf Grund von Tragflächenvereisung notgelandet und aufgegeben worden sein. Diese Angabe deckt sich weitgehend mit der Absturzstelle der W.Nr. 7335, die am 3. Februar 1949 während eines Einsatzes für Aeroflot bei Chita auf einem Berghang notgelandet war. Beide Besatzungsmitglieder überlebten den Unfall.

Ju52 aus Novosibirsk an seiner Absturzstelle um 2003, (Heimo Stadlbauer)

---

[32] Statt 7033, könnte die Angabe auch 7056, 7055 sein

Geschichte der W.Nr. 7335

Die W.Nr. 7335 war eine Ju52/3mg6e, die im Oktober 1941 in Bernburg fertigge-stellt wurde und am 20. Oktober 1941 ihren Erstflug absolvierte. Sie kam im Juli 1942 als BV+OJ zur 1./KüFkGr. 706, die im Norden Norwegens im Einsatz war. Im November 1942 kam das Flugzeug kurzzeitig zur Transportstaffel des Oberbe-fehlshabers der Marine bevor es an das KG zbV 500 in Tazinskaja zur Versorgung des Kessels von Stalingrad abgestellt wurde. Am 5. Dezember 1942 gehörte die W.Nr. 7335 zu einer Gruppe von 37 Ju52, die Pitomnik trotz schwieriger Witte-rungsverhältnisse anflogen. 8 Flugzeuge brachen die Mission vor Erreichen Sta-lingrads ab. Unter den 29 Flugzeugen, die nach mehreren Anflügen auf den in einer Nebelbank liegenden Flugplatz endlich landeten, befand sich auch die W.Nr. 7335. Da sich die Verhältnisse an den beiden Flugplätze Tazinskaja und Morosowskaja außerhalb des Kessels verschlechtert hatten, war ein sofortiger Rückflug nicht möglich. Während der Wartezeit auf bessere Witterung in Pitom-nik wurden die dort wartenden Ju52 durch einen sowjetischen Luftangriff über-rascht. Zwei Ju52 (W.Nr. 7335, W.Nr. 5485) wurden dabei erheblich beschädigt. Sie blieben auf dem Flugplatz Pitomnik zurück. Ihre Wracks fielen am 15. Januar 1943 sowjetischen Truppen in die Hände.

Nach dem Ende der Kämpfe um Stalingrad wurden die erbeuteten Flugzeug-wracks durch Techniker der sowjetischen Flugzeugreparaturbasis ARB 405 aus Alma Ata auf ihre Reparaturfähigkeit hin untersucht. Bereits am 1. April 1943 meldete der ARB 405 die Übergabe von 14 Ju52 aus dem Raum Stalingrad an die zivile Luftflotte. Die W.Nr. 7335 scheint erst später wieder aus mehreren zerstör-ten Ju52 aufgebaut worden zu sein. Dabei ist möglicherweise auch das Leitwerk einer 1939 gebauten Ju52 übernommen worden. Erst ein Jahr nach dem Ende der Kämpfe um Stalingrad wurde die W.Nr. 7335 am 16. Februar 1944 als CCCP-L54 für die Aeroflot in Sibirien wieder zugelassen. Möglicherweise war das in-standgesetzte Flugzeug zuvor bereits für die sowjetische Luftwaffe im Einsatz. Bei der Aeroflot kam das Flugzeug auf Frachtstrecken zum Einsatz. Bei einem die-ser Frachtflüge von Chita nach Krasnoyarsk geriet die Maschine am 3. Februar 1949 in einen Schneesturm, der zur Tragflächenvereisung führte. Der Pilot A.F.

Bazanov führte daraufhin mitten in der Taiga eine Notlandung auf einem Bergkamm durch, die er und sein Copilot unverletzt überstanden. Bei der Notlandung riss das Fahrwerk und das Leitwerk des Flugzeugs ab. Das Flugzeug blieb in der einsamen, schwer zugänglichen Gegend liegen.

Vermutlich handelt es sich bei dieser Maschine um die 2002 von Muhin und Jakunin entdeckte Ju52. Nachdem Aeroflot die meisten Ju52 bereits 1947 außer Betrieb stellte und 1948 nur noch zwei Ju52 bei Aeroflot im Einsatz waren, könnte es sich bei diesem Flugzeug, um die letzte noch bei Aeroflot verwendete Ju52 handeln. Erst im Herbst 2003 barg die in Moskau ansässige Aircraft Restoration Company das Wrack und brachte es per Helikopter nach Yevsino bei Novosibirsk. Neben den Schäden am Fahrwerk und Leitwerk war inzwischen ein großer Teil der linken Tragfläche durch einen Waldbrand zerstört worden. Das Flugzeug war in den Jahren 2004 bis 2009 in Yevsino abgelegt. Es gab Pläne für eine flugfähige Wiederherstellung des Wracks mit Ash-61R Motore. Im Dezember 2015 befand sich das Wrack bei SibNIA in Novosibirsk-Yeltsovka auf dem Severny Airport. Über Pläne zur Instandsetzung ist zur Zeit nichts bekannt.

Typ / Ort / Status	W.Nr.	Zulassung
Junkers Ju52/3mg8e, Athen, Griechenland		
Junkers Ju52 Wrack Hellenic Air Force Museum, Tatoi, Griechenland Zugängliches Restaurierungsprojekt	7607	4V+BT [33]

W.Nr. 7607 während der Restaurierung im HAF-Museum, Dekelia AFB, 2009
(Georgios Pazios, CC-BY-2.0)

Auf der griechischen Luftwaffenbasis Dekelia befindet sich seit mehr als zehn Jahren eine Junkers Ju52 mit der W.Nr. 7607 in zerlegtem Zustand, das im griechischen Luftwaffenmuseum wieder hergestellt wird. Die Maschine gehörte zu einer Gruppe von Flugzeugen, die im November 1943 bei der Rückeroberung der ägäischen Inseln vor Leros verloren gegangen war.

---

[33] Stammkennzeichen: DI+KG

Leros-Einsatz im November 1943 (Operation Taifun)

Die ostägische Insel Leros war bereits während des italienisch-türkischen Kriegs 1912 von italienischen Truppen besetzt worden und blieb bis zum Ausbruch des zweiten Weltkriegs unter italienischer Kontrolle. Mit der Absetzung der Mussolini-Regierung und der Kapitulation der italienischen Streitkräfte am 8. September 1943 stellten die italienischen Verbände die Kampfhandlungen gegen alliierte Truppen auch auf der Insel Leros ein. Am 15. September 1943 landeten englische Truppen auf Leros und begannen gemeinsam mit den italienischen Einheiten den Ausbau der Stellungen. Nach mehrwöchigen deutschen Bombenangriffen auf die Insel begann die deutsche Landeoperation auf Leros am 12. November 1943. Während drei Regimenter der 22. Infantriedivision in den frühen Morgenstunden mit Seestreitkräften auf Leros angelandet wurden, trafen in den Mittagstunden 36 Ju52 des I. und II. TG4 mit etwa 400 Fallschirmjäger des I. Fallschirmjäger-Regiments 2 über Leros ein, die zwischen Alinta und Goyrna abgesetzt wurden. Am Morgen des 13. November erfolgte eine zweite Fallschirmjäger-Landung mit 9 Ju52 des II. TG4 bei dem zwei Flugzeuge verloren gingen. Am 14. November erfolgte ein weiterer Versorgungseinsatz durch das II. TG2, der mit dem Verlust von zwei Flugzeugen endete. Am 16. November 1943 endeten die Kämpfe um Leros mit der Kapitulation der englischen und italienischen Verbände.

Ju52 Verluste über Leros, November 1943 [34]

6763 oder 6723	G6+CH	12.11.1943	2./TG4, Abschuss durch Flak bei Leros zerschellt am Ufer der Alinda-Bucht FF Lt. H. Günther, BF Uffz. Fritz Näpflein
6799	G6+FP	13.11.1943	6./TG4, Notwasserung Leros nach Flaktreffer FF Uffz Günther Voigt, Uffz. Max Ehring an Bord Fallschirmjäger FJR 12
640187	G6+??	14.11.1943	6./TG4, Notw. nach Flaktreffer bei Pano Zymi BM Fw. Georg Mehren
4046	8T+CP	14.11.1943	II./TG2, Notlandung auf Leros, 1 Toter
7607	4V+BT	14.11.1943	5./TG2, Notwasserung in Alinda-Bucht BF Uffz. H. Mandelkow, BM Kurt Hanuscheck

---

[34] Siehe auch Top2Bottom Divingteam (https://top2bottom.tech/ju52-leros/)

W.Nr. 7607 im Hellenic Air Force Museum

Bei der vor Leros geborgenen Junkers Ju52/3mg8e handelt es sich um die W.Nr. 7607, die am 25. September 1942 mit Werkspilot Harder in Bernburg ihren Erst-flug absolviert hatte. Mit dem Verbandskennzeichen 4V+BT (Stammkennzeichen DI+KG) kam die Maschine 1942 zum KG zbV 1. Seit 1943 war sie beim Transport-geschwader TG 2 im Mittelmeer stationiert.

Im November 1943 kam das Flugzeug bei der Luftlande-Operation auf der grie-chischen Insel Leros zum Einsatz bei der 5. TG 2. Am 14. November 1943 war die Maschine an einem Versorgungsflug mit neun weiteren Ju52 von Athen-Tatoi nach Leros im Einsatz. Über Leros erhielt das Flugzeug einen Flaktreffer, der den rechten Motor in Brand setzte und den Piloten zur Notwasserung in der Alinda-Bucht zwang. Bei der Berührung der Wasseroberfläche überschlug sich die Ma-schine, wodurch der Mittelmotor aus seiner Rumpfverankerung gerissen und das Cockpit weitgehend zerstört wurde. Bis auf den verwundeten Bordfunker Her-warth Mandelkow und den verwundeten Bordmechaniker Kurt Hanuschek konnte alle anderen Insassen das auf dem Kopf schwimmende Flugzeug vor dem Untergang verlassen. Das Flugzeug versank in der Bucht von Alinda, wo es fast 60 Jahre in einer Tiefe von 41 Metern auf der Rumpfoberseite liegend verblieb.

Am 3. Oktober 2003 bargen Taucher des KOSYTHE Teams der griechischen Luft-waffe unter Leitung von Hauptmann Giannis Karadanis die vor Leros im Novem-ber 1943 abgeschossene Ju52. Während des Hebevorgangs musste der noch mit dem Rumpf verbundene Mittelmotor abgeschnitten werden. Er verblieb am Grund und wurde später geborgen. Nachdem das Wrack bereits die Wasserober-fläche erreicht hatte und auf einem Schwimmpoton abgelegt werden sollte, brach das Leitwerk vom Rumpf ab. Es konnte allerdings vor einem erneuten Ver-sinken gesichert werden. Im hinteren Teil des Rumpfs wurden die sterblichen Überreste der beiden an Bord verbliebenen Besatzungsmitglieder entdeckt, die der deutschen Botschaft in Athen übergeben wurden. Das Flugzeug wurde zur Reparaturwerft der griechischen Marine auf Leros gebracht, wo eine Vorinspek-tion und erste Reinigung des Wracks durch ein Instandsetzungsteam der griechi-schen Luftwaffe und der staatlichen Flugzeugfabriken stattfand.

Bergung der W.Nr. 7607 vor Leros im Oktober 2003, (George Beldecos, Hellenic Air Force)

Eingelagertes Wrack der W.Nr. 7607 in Elefsina 2004 (Antonis Angelopolus)

Ende 2003 wurde das Wrack zerlegt und für den LKW-Transport vorbereitet. Das Flugzeug gelangte mit der Linienfähre von Leros nach Piräus und von dort in die 30 km nordwestlich von Athen gelegene Luftwaffenbasis Elefsina/Ellinkikon, wo die Maschine zunächst eingelagert wurde. Seit 2005 wurde das Flugzeug im griechischen Luftwaffenmuseum auf der Dekelia Air Force Base in Tatoi bei Athen aufgearbeitet. Seit 2006 ist die Maschine auch für die Öffentlichkeit zu sehen. Seit 2008 wird die Maschine im HAF-Museum auf der Dekelia AFB ausgestellt.

W.Nr. 7607 beim Hellenic Air Force Museum in Athen während Instandsetzung 2006 (Burlador)

W.Nr. 7607 mit Motoren, Flügeln und Leitwerk in Tatoi seit 2008 (Jerry Gunner / Wikimedia)

Typ / Ort / Status	W.Nr.	Zulassung
Junkers Ju52/3mg8e, Rhodos, Griechenland		
Luftwaffen-Flugzeug Gadura, Griechenland Weitgehend vollständiges Unterwasserwrack	501111	DR+UA IZ+DX

Ju52 vor Gadura, Rhodos 2018 (Marinos Giourgas via FB)

Vor der Insel Rhodos befindet sich bei Gadura das Wrack einer weitgehend vollständigen Junkers Ju52 in einer Wassertiefe von 75-80 Metern. Bei diesem Wrack handelt es sich, vorbehaltlich der Anerkennung durch offizielle griechische Stellen, um die Ju52, W.Nr. 501111, 1Z+DX bzw. DR+UA.

Dieses Flugzeug wurde vermutlich im September 1943 fertiggestellt und war ab 1944 bei der IV./TG1 als 1Z+DX im Einsatz. Am 31. März 1944 war das Flugzeug für die 13./TG1 über Rhodos im Einsatz. Das Flugzeug stürzte vor dem Flugplatz Gadura etwa einen Kilometer vor der Küste ins Meer. Von den vier Besatzungsmitgliedern wurden drei gerettet. OFw Hans Beck wurde vermisst. Laut Zeugenaussagen wurde kurz vor dem Absturz ein Schlauchboot abgeworfen. Vermutlich bereitete sich das Flugzeug auf eine Notwasserung vor.

Im Juli 2018 entdeckte ein Taucherteam von Aegeantec [35] unter Marinos Giourgas das Wrack in einer Wassertiefe von 75-80 Metern. Das Wrack zeigt keine Beschussschäden und weist im vorderen Flugzeugbereich die Hauptschäden auf. Der Mittelnotor und die Cockpitkabinenhaube sind herausgerissen. Der Mittelmmtor liegt in wenigen Metern Abstand vom Wrack und scheint erst bei der Notwasserung herausgerissen worden zu sein. Der linke Propeller zeigt keine Beschädigung und stand bei der Notwasserung vermutlich still, während der rechte Propeller Deformationen zeigt, die auf einen laufenden Motor hinweisen. Die Einstellungen im Cockpit deuten auf einen abgestellten Mittelmotor, während die beiden Außenmotore auf hohen Leistungsbereich gestellt waren. Dies deutet auf Motorprobleme hin. Die Notwasserung scheint bei geringer Geschwindigkeit erfolgt zu sein, da Fahrwerk und Räder erhalten blieben.

---

[35] Siehe aegeantec.gr

Typ / Ort / Status	W.Nr.	Zulassung
Junkers Ju52/3mge, Alverca (II), Portugal		
Forca Aerea Portuguese FAP Museo do Ar, Portugal	501196	6301
Beschädigt, eingelagert in FAP-Bemalung		

Ju52, W.Nr. 501196, „6301" in Alverca im September 2022 (Alan Wilson, CC 2.0)

Nach der Auflösung des Abstellplatzes des Museu do Ar im portugiesischen Alverca konnte der Verbleib der „6301", W.Nr. 501196 lange Zeit nicht geklärt werden. Inzwischen wurde vom Museum bestätigt, dass diese Maschine noch existiert und im Museum mit schweren Beschädigungen eingelagert ist.

Die „6301" war eine von 27 Ju52/AAC.1, die von der Force Aerea Portuguese (FAP) bis in die 70er Jahre genutzt wurden [36]. Bei ihr handelt es sich um eine originale Junkers Ju52, die als W.Nr. 501196 im November 1943 bei der ATG in Leipzig mit dem Stammkennzeichen PN+BN fertiggestellt. Sie kam beim 2./KG

---

[36] Zur Nutzung der Ju52/AAC.1 bei der FAP siehe W.Nr. 5661

zbV 108 als 7U+HK (oder +IK) zum Einsatz. Die Maschine wurde am 20. Februar 1945 dem Luftwaffenkommando Norwegen in Bardufoss zugeteilt. Sie verblieb bei Kriegsende in Norwegen und wurde am 6. Juni 1945 der Transport Group TG20 der norwegischen Luftwaffe in Fornebu überstellt. Vorübergehend flog die Maschine mit der Kennung N-10 für die norwegische Luftwaffe bevor sie die endgültige Kennung Y-AC am 7. September 1946 erhielt. Technische Probleme führten bereits Ende 1946 zur Außerdienststellung des Flugzeugs.

Junkers Ju52, W.Nr. 501196 bei der norwegischen Luftwaffe 1945 (Slg. Dybvig)

Die Aeronautica Militar übernahm das Flugzeug im September 1950, um zwei eigene Verluste ihrer Ju52-Flotte auszugleichen. Bei der portugiesischen Luftwaffe erhielt das Flugzeug die Kennung „201" von der im Februar 1941 bei einem Halleneinsturz zerstörten W.Nr. 5653. Diese Doppelverwendung führt heute häufig zu Verwechselungen der beiden Flugzeuge.

Von 1951 bis 1961 war das Flugzeug bei der B.A. 1 in Sintra stationiert. Im Juli 1952 wurde das Flugzeug von der neu formierten Forca Aerea Portuguese übernommen und als „6301" registriert. Im Oktober 1956 wurde die Maschine von BMW- auf Pratt-Motore umgerüstet. Ab 1961 befand sich die Maschine auf der B.A. 3 in Tancos bei der Esquadra 32.

Am 2. August 1971 wurde die Maschine in Alverca abgestellt[37]. In Alverca wurde die Maschine durch einen Kranunfall erheblich beschädigt. Der gesamte vordere Flugzeugbereich bis in die Kabine wurde eingedrückt und zerstört. Auch die hintere rechte Höhenflosse des Flugzeugs ist vollständig zerstört.

Letzte bekannte Aufnahme der FAP „6301" auf der Abstellfläche in Alverca um 1995, (Stuart Carr)

Das Flugzeug war zunächst mit anderen Ju52/AAC.1 auf der Abstellfläche in Alverca geparkt. Nach mehr als 50 Jahren befindet sich die Maschine heute als letzte eingelagerte Ju52/AAC.1 in Alverca.

---

[37] Lt. Ju52-Archiv soll die „6301" nach ihrer Stillegung nach Evora abgegeben worden sein (siehe W.Nr. 5655).

Typ / Ort / Status	W.Nr.	Zulassung
Junkers Ju52/3mg8e, Alcochete, Portugal		
Forca Aerea Portuguese FAP	501219	6300
Museo do Ar, Portugal		
Eingelagert in einer Lagerhalle in Alcochete		

Junkers Ju52, W.Nr. 501219, FAP-6300 in Alcochete (Bernd Pirkl, Ju52Archiv.de)

Am Militärübungsplatz Campo de Tiro de Alcochete in der Nähe von Lissabon hat das Museo do Ar seit 2014 die Junkers Ju52/3mg3e, W.Nr. 501219 eingelagert. Dieses Flugzeug kam in den 50er Jahren aus Norwegen zur portugiesischen Luftwaffe und war nach seiner Stillegung in den 70er Jahren auf dem Flugplatz Alverca im Freien abgestellt[38].

---

[38] Weitere Informationen zu den Ju52 der FAP, siehe W.Nr. 5655

Das Flugzeug wurde 1943 bei der Allgemeinen Transportanlagen Gesellschaft ATG in Leipzig gebaut und absolvierte mit Pilot Batabol am 30. Januar 1944 seinen Erstflug. Mit dem Stammkennzeichen PR+WK kam die Maschine als 7U+IK bei der Luftwaffe zur 2./TG20 nach Norwegen.

Das Flugzeug fiel den norwegischen Streitkräften im Mai 1945 in die Hände. Seit dem 12. Juli 1945 wurde die Maschine von der norwegischen Luftwaffe Luftforsvaret, die das Flugzeug offiziell am 11. September 1945 in ihr Eigentum übernahm. Das Flugzeug kam im September 1945 zum 22. Transportgeschwader in Bardufoss. Nachdem das Geschwader im November 1945 aufgelöst wurde, erfolgte in Bardufoss und später in Fornebu die Einlagerung des Flugzeugs. Ab 12. Februar 1946 erfolgte in Kjeller eine Grundüberholung. Am 7. September 1946 erfolgte die erneute Indienststellung als Y-AB mit dem Beinamen „Jampa" bei der norwegischen Luftwaffe. Auf der Bugnase befand sich eine Zeichnung des Samen Jampa aus dem Roman Lajia.

W.Nr. 501219, Y-AB mit Jampa-Logo auf der Bugnase (Jon Skaale, Norsk Luftfartmuseum)

W.Nr. 501219, Y-AB der norwegischen Luftwaffe um 1950 (Luftforsvarsmuseum)

Das Flugzeug blieb mit einer Schwestermaschine (W.Nr. 501196) bis Ende der 40er Jahre bei der norwegischen Luftwaffe für den Personen- und Frachtverkehr im Einsatz. Nach ihrer Stillegung übernahm die portugiesische Luftwaffe FAP die beiden Flugzeuge im September 1950, um zwei in den 40er Jahren verloren ge-gangene Ju52 zu ersetzen. Die beiden Flugzeuge vom Typ –g8e stellten mit ihren größeren Frachtraumtüren und den glatten Flügelvorderkanten Sonderfälle der übrigen –g3e Flugzeuge der FAP dar.

Die W.Nr. 501219 erhielt am 21. September 1950 die bislang nicht verwendete FAP-Nummer „200". Seit 1952 war die Maschine mit dem neuen vierstelligen Code „6300" bei der Base Aerea B.A. 3 in Tancos hauptsächlich zum Transport von Fallschirmjägern im Einsatz. Im Februar 1961 erfolgte die Umrüstung auf Pratt-Motore. Am 31. August 1969 kam es zu einer Luftkollision der „6300" mit der „6310" während eines Formationsflugs. Beide Flugzeuge konnten mit gerin-gen Schäden zu ihrer Einsatzbasis zurückkehren.

Die W.Nr. 501219 und ihre ebenfalls aus Norwegen stammende Schwesterma-schine W.Nr. 501196 wurden am 2. August 1971 außer Dienst gestellt.

Abgestellte W.Nr. 501219 in Alverca in den 80er Jahren (Paul Seymour)

Das norwegische Luftfahrtmuseum in Bodö war 1993 am Rückkauf der beiden aus Norwegen stammenden Maschinen interessiert. Auf Grund des Erhaltungs- zustands und der zahlreichen inzwischen im Flugzeug verbauten AAC.1-Baugrup- pen, u.a. AAC.1-Tragflächen übernahmen die Norweger aber die W.Nr. 5464, 6306 aus Portugal. Die beiden ehemals norwegischen Ju52 verblieben in Alverca.

Auf Grund der eingeschränkten Räumlichkeiten in Alverca entstand 2009 in Sin- tra eine neue Ausstellungsanlage des Museo do Ar. In Alverca verblieb nur ein kleiner Teil der Museumsexponate. Auch die in Alverca auf den Abstellflächen geparkten Flugzeuge wurden im Vorfeld des Umzugs geräumt. Einige der Ju52 und AAC.1 wurden an Museen in Frankreich und Südamerika abgegeben.

Nachdem im Mai 2008 die Errichtung eines neuen internationalen Flugplatzes für Lissabon auf dem südlich des Tejo gelegenen Luftwaffengelände Campo de Tiro bei Alcochete beschlossen wurde, sollte die W.Nr. 501219 als künftiges Ausstel- lungsobjekt auf dem neuen Flughafen zurückgehalten werden. Die Maschine wurde 2011 von Alverca nach Campo de Tiro verlagert und befindet sich seither dort in einem nicht zugänglichen Lagerbereich. Im Mai 2024 wurde nun eine ver- bindliche Planung für den Flughafenbau vorgelegt, der 2034 den jetzigen Flugha- fen Humberto Delgado ersetzen soll.

Ateliers Aeronautiques de Colombes AAC.1 „Toucan"

Die Firma Amiot war im französischen Colombes schon seit 1941 in die Serien-produktion der Junkers Ju52/3m eingebunden. Am 23. Juli 1941 vereinbarte die deutsche Reichsregierung und die Vichy-Regierung des freien Frankreichs in Wiesbaden vertraglich die Fertigung von 2000 Flugzeugen, unter anderem auch Junkers Ju52 in französischen Flugzeugwerken. Als verantwortlicher Auftragneh-mer für diese Lizenzfertigung trat das Flugzeugwerk Amiot auf. Die Fertigung wurde aber nach dem Vorbild der deutschen Junkers-Werke auf verschiedene weitere Hersteller verteilt:

Betrieb	Fertigungsort	Baugruppe
Amiot	Colombes	Rumpf und Flügelmittelstück
SNCASO	Suresnes	Flügel
SNASCO	Courbevoie	Leitwerk und Fahrwerk
Breguet	Velizy-Villacoublay	Montage und Test
Gnome & Rhone	Colombes	BMW 132T

Die benötigten Unterbaugruppen wurden aus Deutschland geliefert. Gebaut wurde die Baureihe Ju52/3mg10e, später die –g14e. Die einzelnen Baugruppen wurden per Bahntransport nach Villacoublay gebracht und dort bei Breguet end-montiert. Auch die benötigten Motore wurden in Frankreich gefertigt. Die Werk-stätten von Gnome & Rhone in Colombes wurden dazu auf die Fertigung des BMW 132T Motors umgestellt.

Die Produktion der Ju52/3m in Frankreich lief im Frühjahr 1942 an. Das erste Flugzeug wurde im Juni 1942 an die Luftwaffe abgegeben. Bis zur Befreiung im Sommer 1944 wurden insgesamt 538 Ju52/3m im Werknummerkreis der Jun-kerswerke in Frankreich ausgeliefert. Weitere 60-70 Flugzeuge befanden sich bei der alliierten Besetzung des Werks im August 1944 noch im Bau:

W.Nr.	Anz.	Hersteller	von	bis
10001-10538	163	Amiot	1942	02.1944
180341-180552	72	Amiot	05.1943	05.1944
640041-641410	303+67	Amiot	1943	06.1944

AAC.1 Endmontage bei Breguet in Villacoublay, ca. 1948 (Gallica.)

Nach der Befreiung Frankreichs wurde Amiot verstaatlicht und in Ateliers Aeronautiques de Colombes AAC umbenannt. Da Frankreich weder über ehemalige Militärtransporter, die man nach Ende des Kriegs für zivile Zwecke nutzen konnte, noch über geeignete, moderne Flugzeugentwicklungen verfügte, wurde die Ju52-Fertigung bei AAC in Colombes zunächst fortgesetzt, um den Bedarf an Transportflugzeugen zur Wiederaufnahme des französischen Luftverkehrs und des Militärs zu decken. Für die noch an den Fronten kämpfenden Verbände der Armee de l'Air und die Aeronautique Naval wurden in Colombes zunächst 38 Junkers Ju52 fertiggestellt bzw. Beutemaschine wieder einsatzfähig gemacht. Sie erhielten die Werknummern 1001-1038.

Parallel dazu begann die Aufnahme der Baugruppenfertigung für neue Serienflugzeuge, die bei AAC unter der Bezeichnung AAC.1 „Toucan" gefertigt wurden. Als Antrieb kam statt des BMW 132T der bei Gnome & Rhone weiterentwickelte 830 PS starke BMW 132Z-3 Motor zum Einsatz. Bereits Anfang Dezember 1944 standen die ersten AAC.1 zum Erstflug bereit. Die AAC.1, W.Nr. 1 absolvierte am

218

8. Dezember 1944 den Erstflug. Die Musterzulassung erfolgte am 6. Februar 1945. Die ersten Abgaben erfolgten im Februar 1945.

AAC.1 Rumpffertigung bei Amiot in Colombes im Mai 1945

Die Fertigung der AAC.1 erfolgte zunächst ausschließlich für staatliche Stellen. Über das Verteidigungsministerium erfolgten die Bestellungen für die Armee de l'Air und die Aeronautique Naval, während das Luftfahrtministerium mit der Direction des Transports Aeriens (DTA) die Bestellungen für den zivilen Bedarf in Frankreich tätigte. Erst nachdem der militärische Grundbedarf und der Bedarf der Air France für den zivilen Flugverkehr gedeckt war, erfolgten ab Sommer 1946 auch Auslieferungen an unabhängige Drittkunden in Frankreich.

Der größte zivile Betreiber der AAC.1 war mit 87 ausgelieferten Einheiten die französische Fluggesellschaft Air France. Sie war damit neben Lufthansa und Aeroflot einer der größten Betreiber von Ju52-Maschinen. Viele Flugzeuge waren nur kurz bei der Air France im Einsatz und wurden danach an andere zivile Betreiber im In- und Ausland weitergegeben. Bei Air France kamen sie ab 1945 in innerfranzösischen und europäischen Verkehr zum Einsatz, wurden hier allerdings schnell von DC-3 ersetzt.

AAC.1, W.Nr. 99, F-BALN der Air France

Zivile Betreiber der AAC.1 (Erstbetreiber):

Betreiber	Anzahl	Auslieferung	Betrieb
Air France	87	12.1944-06.1946	-1948
Transports Aeriens Intercontinentaux (TAI)	9	1945-	-1948
Air Atlas	9	06.1946-	-1952
Societe Cooperative de Tramping Aerien (SOCOTRA)	8	10.1945-	-1950
Societe Auxiliaire de Navigation Aerienne (SANA)	8	06.1946-	-1949
Societe Transatlantique Aerienne (STA)	5	08-1946-	-1957
Air Bleus / Avions Bleus	5	10.1946-	-1949
Compagnie Generale de Transports (CGT), Libanon	5	07.1946-	-1948
Aigle Azur	4	1946-	-1948
Air Ocean	3	06.1946-	-1949
Aero Cargo	3	10.1946-	-1947
Air Nous	2	06.1946-	
CTA	2	07.1946-	-1948
GECAT	2	08.1947-	-1950
LASO France	2	06.1946-	-1950

Die letzte AAC.1 wurde mit W.Nr. 152 am 17. Januar 1946 an Air France ausgeliefert. Danach setzte Air France die Flugzeuge hauptsächlich in Afrika im Liniendienst ein. Ab 1947 wurde der überwiegende Teil der in Europa befindlichen AAC.1 von Air France an die Armee de l'Air abgegeben. Seit 1948 befanden sich die AAC.1 der Air France ausschließlich in Madgascar bis Mitte der 50er Jahre noch im Einsatz.

Neben den knapp 90 zivilen Flugzeugen, die an Air France ausgeliefert wurden, kamen etwa 70 weitere zivile Maschinen ab Sommer 1946 an kleinere Fluggesellschaften vorranigg in den nordafrikanischen Kolonien zur Auslieferung. Transports Aeriens Intercontinetaux (TAI), Air Atlas in Marokko, SOCOTRA und die Societe Auxiliaire de Navigation Aerienne (SANA) gehörten mit jeweils knapp 10 AAC.1 zu den größten Betreibern neben Air France. In Frankreich wurden die zivilen AAC.1 bereits 1947 aus dem Verkehr genommen. Die letzten AAC.1 wurden 1949 auf den europäischen Strecken durch modernere DC-3 ersetzt. In Nordafrika blieben die AAC.1 noch bis Anfang der 50er Jahre z.B. bei Air Atlas im Einsatz. Die letzten zivilen AAC.1 wurden 1957 von Societe Transatlantique Aerienne (STA) in Madgaskar stillgelegt.

Militärische Betreiber der AAC.1

Der größte Betreiber der AAC.1 war allerdings die französische Luftwaffe „Armee de l'Air", die ab 1945 insgesamt 216 AAC.1 erhielt. Ab 1948 übernahm die Armee de l'Air auch die zivilen AAC.1 der Air France und anderer Betreiber. Weitere 50 AAC.1 gingen schließlich an die französische Marine und standen bei der L'Aeronautique Navale Française im Einsatz. Die militärischen AAC.1 erhielten die Bezeichnung „Toucan". Sie waren ab 1945 als Transportflugzeuge in Frankreich bei folgenden Groupe de Transport (GT) bzw. ab Mitte der 50er Jahre in Aufklärungseinheiten im Einsatz:

- GT Algerie (GT1/62)
- GT Bearn Indochina ab 1946 (GT1/64) bis ca. 1952
- GT Maine Le Bourget ab 1945 (GT3/15, GT2/61)
- GT Poitou ab 1946 (GT4/15, GT3/61, ET3/61) bis 1954
- GT Tonkin (GT3/64)
- GT Franche-Comte ab 1946 (GT2/52, GT2/62, ET4/61, GT2/61)
- Group Saharien de Reconaissance ab 1956 (GSRA 78 Tindouf) bis 1958
- Group Saharien de Reconaissance (GSRA 76 Oasis)
- AEF Bangui ab 1957 (ESRA77)

Bis auf wenige Ausnahmen waren sämtliche noch existierenden AAC.1 ab Anfang der 50er Jahre im Besitz der Armee d'Air und der der Navale Francaise. Als Transport- und Fallschirmspringer-Flugzeuge kamen die AAC.1 an fast allen französischen Kriegsschauplätzen der 50er Jahre in Vietnam und Nordafrika zum Einsatz. Anfang der 60er Jahre wurden auch die militärischen AAC.1 in Frankreich stillgelegt und weitgehend verschrottet. Einige wenige Exemplare wurden noch nach Portugal weiterverkauft und dort von der portugiesischen Luftwaffe bis Anfang der 70er Jahre als letzte AAC.1 weltweit weiterbetrieben. Drei der acht heute noch existierenden AAC.1 stammen aus diesen portugiesischen Beständen. Die erste Ju52, die 1958 in München in eine deutsche museale Sammlung aufgenommen wurde, war eine ehemalige AAC.1 der Armee de l'Air (siehe W.Nr. 363).

AAC.1, W.Nr. 128, „J" der Armee de l'Air im Fallschirmspringer-Einsatz (Campidron)

AAC.1, W.Nr. 32, 5.S.7 der Aeronautique Naval

Insgesamt wurden bei Ateliers Aeronautiques de Colombes ab Herbst 1944 bis zum Ende der Produktion im Dezember 1948 etwa 415 AAC.1 gebaut. Die AAC.1 war das einzige Flugzeugmuster, das in dem verstaatlichten Amiot-Betrieb gebaut wurde. Nach Ende AAC.1 Produktion wurde der Betrieb durch die Aerocentre-SNCA du Centre übernommen.

Typ / Ort / Status	W.Nr.	Zulassung
AAC.1, Curitiba, Brasilien		
AAC.1 der portugiesischen Luftwaffe Museu Aeroespacial, Curitiba, Brasilien Eingelagert zur Restaurierung	005	6315

AAC.1, W.Nr. 005 Transport von Rio de Janeiro nach Curitiba 2018 (Julio Cesar)

Auf dem Flugplatz Bacacheri bei Curitiba ist die AAC.1, W.Nr. 005 des Museu Aeroespacial in Rio de Janeiro eingelagert. Bei dem Flugzeug handelt es sich um eine portugiesische Ju52, die 2009 an das Museal verschenkt wurde[39].

Die AAC.1 W.Nr. 005 absolvierte am 3. Januar 1945 ihren Erstflug. Nach Übernahme des Flugzeugs durch die Direction des Transports Aeriens des französischen Luftfahrtministeriums stellte das Ministerium die Maschine zunächst der französischen Transportstaffel Transporte Aerien Militaire (TAM) III zur Verfügung. Am 21. März 1945 erfolgte die zivile Zulassung des Flugzeugs als F-BAJE für

---

[39] Zu den portugiesischen AAC.1 siehe W.Nr. 5655

Air France. Ab 1947 wurden die AAC.1 bei Air France im europäischen Streckennetz durch DC-3 und DC-4 ersetzt. Die AAC.1 blieben nur noch auf einigen wenigen Air France Strecken in Afrika erhalten. Auf Madagascar waren sie offiziell als „Junker 52" von Tananarive und auf Nebenstrecken von Marseilles nach Dakar im Frühjahr 1947 unterwegs. Im September 1947 übergab Air France nach 2811 Flugstunden das Flugzeug an das Atelier Industriel de l'Aeronautique (AIA), das es für Einsätze beim französischen Militär vorbereitete. Am 31. Mai 1948 übernahm die Armee de l'Air das Flugzeug als „005". Die zivile Zulassung wurde im Januar 1949 gelöscht. Bei der Armee de l'Air war die Maschine zunächst beim BA-701 in Salon de Provence stationiert. Bei einem Unfall am 24. November 1948 wurde das Flugzeug in Salon de Provence schwer beschädigt. Erst im Dezember 1950 erfolgte die erneute Indienststellung bei der BA-701 mit der Sonderzulassung F-TEBK. Nur wenige Tage nach der Wiederindienststellung wurde das Flugzeug am 11. Dezember 1950 erneut bei der Kollision mit einem Hangargebäude schwer beschädigt. Im November 1951 übernahm die BE724 das Flugzeug mit der neuen Sonderzulassung F-TEGT und dem Code „T". Im März 1957 übernahm ERN das Flugzeug innerhalb der Armee de l'Air. Im August 1958 wurde das Flugzeug bei der Atelier Air et Magasin Regional AMR 11/141 in d'Oran abgestellt. Nach mehr als zwei Jahren verkaufte das Atelier Industriel de l'Aeronautique (AIA) die Maschine am 19. Dezmber 1960 an die portugiesische Luftwaffe.

In Portugal flog das Flugzeug mit dem Kennzeichen „6315" im Fallschirm-Einsatzdienst. Das Flugzeug wurde bei der FAP vermutlich bereits im Juni 1967 in Alverca abgestellt. Gelegentlich wurde das Flugzeug noch auf Veranstaltungen präsentiert, wie etwa beim Festival Aerien in Sintra 1976. In den 90er Jahren stand die Maschine in zerlegtem Zustand auf der Abstellfläche des Museo do Ar in Alverca. Als die Stellfläche 2009 aufgelöst werden musste, verkaufte man die „6315" im März 2009 zum symbolischen Preis von 1 Euro an das Museu Aerospacial in Rio de Janeiro. Das zerlegte Flugzeug traf im Container per Seefracht im April 2009 in Rio de Janeiro ein und wurde eingelagert. Seit 2018 ist das Flugzeug auf dem Flugplatz Bacacheri bei Curitiba mit anderen Teilen des MUSEAL eingelagert. Angedacht ist eine Instandsetzung vor Ort durch die Firma Helisul von Eloy Biesuz.

W.Nr. 005, „6315" der portugiesischen FAP beim Festival Aerien in Sintra 1976 (Luis Tavares)

AAC W.Nr. 005, FAP 6315, abgestellt in Alverca, 1994 (Stuart Carr / SWAG Team)

Typ / Ort / Status	W.Nr.	Zulassung
AAC.1, Krakau, Polen		
AAC.1 der deutschen Luftwaffe	048	6316
Muzeum Lotnictwa Polskiego, Krakau, Polen		
Ausgestellt im Hallenbereich in Winterlackierung		(4V+GH)

„4V+GH" im Muzeum Lotnictwa Polskiego, Krakau, im Winter-Camo seit 2021 (WalAndPL)

Die im Muzeum Lotnictwa Polskiego in Krakau ausgestellte Ju52 gehört zur Gruppe von französischen AAC.1, die zuletzt bei der portugiesischen Luftwaffe im Einsatz standen[40]. Bei diesem Flugzeug handelt es sich um die ehemalige „6316" der portugiesischen Luftwaffe, die mit hoher Wahrscheinlichkeit die AAC.1 W.Nr. 048 war [41].

Das Flugzeug wurde im April 1945 an die Armee de l'Air in Frankreich ausgeliefert. Sie kam als „48" mit dem Sonderkennzeichen F-RAOB bei der GT III/15 Maine zum Einsatz. Zeitweise war das Flugzeug bis 1947 in Madgascar bei

---

[40] Weitere Informationen zu den bei FAP betriebenen Ju52/AAC1 siehe W.Nr. 5661
[41] Bei diesem Flugzeug handelt es sich definitiv um die „6316" der portugiesischen Luftwaffe. Verschiedene Quellen geben für die „6316" die AAC.1 W.Nr. 048 oder W.Nr. 255 an.

der Det 61'ET stationiert. Auch in der GT 1/63 wurde die Maschine als F-RBAB eingesetzt. Am 26. November 1960 erfolgte die Außerdienststellung bei der Armee de l'Air. Die portugiesische Forca Aerea Portuguese (FAP) erwarb das Flugzeug. In Portugal wurde die Maschine als „6316" bei der B.A.1 betrieben.

Das Flugzeug wurde am 29. Mai 1967 in Alverca abgestellt. Die portugiesische Luftwaffe verschenkte das Flugzeug 1973 an das Imperial War Museum im englischen Duxford, wo die Maschine am 6. September 1973 eintraf.

AAC.1 W.Nr. 048, „6316" bei Ankunft in Duxford, September 1973 (Tony Clarke Collection)

AAC Werksnummer 048, Duxford Air Show, Okt. 1973 (Tony Clarke Collection)

In nur fünf Wochen montierten Mitglieder der East Anglian Aviation Society das Flugzeug wieder. Teile des portugiesischen Erscheinungsbild wurden überweisst und mit Hoheitszeichen der deutschen Luftwaffe versehen. Bereits am 14. Oktober 1973 wurde das Flugzeug auf der ersten IWM Duxford Air Show der Öffentlichkeit vorgestellt.

Nachdem das Flugzeug mehr als zwei Jahre in portugiesischem Erscheinungsbild auf den Außenflächen des Museums gelagert war, begann im Mai 1976 eine erste Grundüberholung. Nach Abschluss der Instandsetzung war das Flugzeug ab April 1977 mit der Luftwaffen-Kennung „1Z+NK" des 2./KG zbV 1 aus der Zeit der Kreta-Einsätze von 1941 in grüner Luftwaffen-Lackierung mit markanten orangenen Triebwerksverkleidungen und Seitenruder im Museum zu sehen.

AAC.1 W.Nr. 048 , 1Z+NK in Duxford April 1977 (David Whirhworth)

Originalflugzeug 1Z+NK in Demjansk 1942 (Wikimedia Slg. Lücke-Hesse)

In den neunziger Jahren wurde die Maschine einer intensiven Überholung unterzogen. Erst im April 2001 war das Flugzeug wieder in der Ausstellung in Duxford in einer vollständig neuen Bemalung mit dem Luftwaffen-Kennzeichen „4V+GH" der 1./KG zbV 9 aus der Zeit nach Juni 1941 bzw. ab Mai 1943 als TG3 an der Ostfront zu sehen.

AAC W.Nr. 048 als „4V+GH" in Duxford, 2012 (David Whitworth)

Die Flugzeugsammlung in Duxford hatte sich bis 2010 so stark erweitert, dass das Platzangebot auf dem ehemaligen RAF-Fliegerhorst nicht mehr ausreichte und ausgewählte Exponate abgegeben werden mussten. Obwohl die AAC.1, W.Nr. 048 zu den ersten frühen Objekten der Sammlung mit einer fast 40-jährigen IWM-Historie gehörte, entschied man sich für eine Abgabe der Maschine, da es sich hierbei um einen Nachkriegs-Nachbau handelte und keine originale Ju52 repräsentierte.

Das Luftfahrtmuseum in Krakau erwarb das Flugzeug 2012. Das Flugzeug wurde im Mai 2013 von Duxford per LKW nach Krakau transportiert. Wahrscheinlich wurde nach der Montage des Flugzeugs in Krakau auch das Erscheinungsbild noch einmal aufgefrischt. Seit Juni 2013 befand sich das Flugzeug in der öffentlichen Freiluftausstellung des Luftfahrtmuseums Krakau.

Ankunft der AAC.1, W.Nr. 048 in Krakau am 23. Mai 2013 (Archivum Plaste)

„4V+GH" in der Freiluftausstellung des Muzeum Lotnictwa Polskiego, 2013 (Gagorski, CC-BY-3.0)

Im Rahmen der Grundrenovierung des Museums fand die Maschine 2020 einen Hallenplatz. Dabei erhielt auch die Lackierung des Flugzeugs einen Touchup. Die ursprüngliche Sommerlackierung wurde dabei durch eine weiße Winterlackierung übermalt.

Typ / Ort / Status	W.Nr.	Zulassung
AAC.1, Essen-Mülheim, Deutschland		
AAC.1 in neutralem Erscheinungsbild WDL Oltimer Freunde e.V., Essen, Deutschland Ausgestellt vor der WDL-Luftschiffhalle	053	6320

AAC.1, W.Nr. 053 der WDL Oldtimer Gruppe in Essen-Mühlheim (WDL)

Auf dem Flugplatz Essen-Mülheim befindet sich in unmittelbarer Nachbarschaft zur WDL-Luftschiffhalle die AAC.1, W.Nr. 053, welche mehrere Jahrzehnte in der Hugo-Junkers-Kaserne in Alt-Duvenstedt als Tradtionsflugzeug stand. Das Flugzeug ist eine Leihgabe der Luftwaffe an die WDL Oldtimer Freunde.

Das Flugzeug wurde vermutlich im März 1945 im französischen Colombes an die Armee de l'Air ausgeliefert und mit der Kennnummer „53" registriert. Am 27. August 1947 wurde das Flugzeug von der französischen Flugversuchsstelle

Centre d'Essais en Vol (CEV) übernommen. Hier flog die Maschine mit verschiedenen zivilen Versuchskennzeichen (F-ZACP, F-ZIDA). Seit Januar 1957 flog die Maschine beim Centre Inter-armees d'Essais d'Engins Speciaux CIEES 343 als „IA" Transporteinsätze für das Raketenversuchszentrum Colomb-Bechar in Algerien. Ab 1960 war das Flugzeug noch kurzzeitig im Aufklärereinsatz bei der GSRA78 Tindouf in Algerien im Einsatz und wurde Ende 1960 stillgelegt[42].

AAC.1, W.Nr. 053 im Einsatz bei der Armee de l'Air (Archivum Defensas)

Nach der Ausmusterung bei der französischen Luftwaffe wurde die Maschine Ende 1960 nach Portugal verkauft und am 26. November 1960 als „6320" für die FAP registriert[43]. Seit 1964 war sie bei der B.A. 2 in Ota im Einsatz. Bereits 1967 wurde das Flugzeug bei der FAP in Alverca abgestellt und 1971 ausgemustert.

Auf der Suche nach einem Traditionsflugzeug als Ausstellungsobjekt auf der 1967 eingerichteten Basis in Alt-Duvenstedt erhielt das Lufttransportgeschwader LTG 63 1975 die abgestellte W.Nr. 053. Das Flugzeug wurde von deutschen und portugiesischen Soldaten in Alverca zerlegt und in einer Transall am 7. Mai 1975 zur Heimatbasis des LTG 63 am Flugplatz Hohn bei Alt-Duvenstedt gebracht.

---

[42] Weitere Informationen zum Einsatz der AAC.1 in Frankreich, siehe einleitenden AAC.1 Abschnitt
[43] Zum Einsatz der Ju52 bei der portugiesischen FAP, siehe W.Nr. 5655

AAC.1, W.Nr. 053, „6320" der FAP abgestellt in Alverca nach 1967 (via WDL)

Anlieferung der „6320" in Hohn, 1975 (LTG63 via Brummel)

Die Maschine wurde in einem der Hangar der Luftwaffenbasis instandgesetzt und erhielt einen Luftwaffenanstrich „1Z+IK" des KG zbV 1 aus dem Jahr 1940. Die originale „1Z+IK" ging 1940 während des Holland-Feldzugs bei Den Haag verloren. Neben der AAC1 in Hohn trägt auch die in Lelystad ausgestellte CASA 352 das Erscheinungsbild dieses Flugzeugs (siehe CASA W.Nr. 166). Nach Abschluss der Instandsetzung wurde das Flugzeug im Dezember 1975 vom Flugplatz Hohn in das zwei Kilometer entfernte Kasernengelände „Krummenort" gebracht und dort auf dem Vorplatz eines Kasinogebäudes aufgestellt. Das Flugzeug war auch für zivile Besucher auf dem Kasernengelände nach Anmeldung zu besichtigen.

AAC W.Nr. 053 in der Hugo Junkers Kaserne, Krummenort, Hohn, 2009, (Catrin Bonse)

Seit dem 9. Mai 1989 trägt die bis dahin als „Krummenort" bezeichnete Kaserne den Namen „Hugo Junkers Kaserne" und unterstreicht damit nicht nur mit der Ju52 auf dem Kasernengelände, sondern auch durch seinen Namen die enge Beziehung des Standorts zum deutschen Luftfahrtpionier Hugo Junkers.

Im Rahmen der Restaurierung der HB-HOY durch die JU-AIR stellte das LTG 63 im Jahr 1993 verschiedene Originalbauteile wie Triebwerksaufhängung, Anbauteile und Verkleidungen zur Verfügung. Im Gegenzug erhielt die seit fast 20 Jahren im Freien stehende AAC.1 eine neue Lackierung und Korrosionsbehandlung. Die entnommenen Teile wurden durch Nachbauten ersetzt. Anfang 2002 wurde das Flugzeug für einige Zeit erneut in einem Hangar instandgesetzt. Erst im Mai 2005 wurde das Flugzeug wieder auf dem Kasernengelände aufgestellt.

Im Jahr 2018 bemühte sich der Verein der Freunde historischer Luftfahrzeuge e.V. (VFL) in Mönchengladbach darum, den Flugbetrieb mit seiner seit 2016 gegroundete CASA 352, HB-HOY wieder aufzunehmen. Dazu sollte das Flugzeug beim operativen Betrieb Ju-Air in der Schweiz stationiert werden. Um seiner Verpflichtung gegenüber dem Hugo-Junkers-Hangar Eventzentrum in Mönchengladbach zur dortigen Ausstellung einer Ju52 nachzukommen, war der Verein an der Ersatzbeschaffung eines entsprechenden Flugzeugs interessiert. Der Luftwaffenstandort in Duvenstedt erklärte sich bereit, seine AAC.1, W.Nr. 53 dem VFL als Dauerleihgabe für die Ausstellungshalle in Mönchengladbach zur Verfügung zu stellen. Am 6. Mai 2019 erfolgte der Abtransport der zerlegten Maschine von Duvenstedt nach Mönchengladbach, wo die Maschine für eine statische Ausstellung im Hugo-Junkers-Hangar aufbereitet werden sollte.

Ankunft der AAC.1, W.Nr. 053 als Ersatz für HB-HOY in Mönchengladbach im Mai 2019 (VFL/WDL)

Infolge des Unglücks mit HB-HOT in der Schweiz im August 2018 und der nachfolgenden Auflösung des Ju-Air Flugbetriebs gab der VFL die Pläne für eine Reaktivierung der HB-HOY auf. Die Verwendung der AAC.1, W.Nr. 053 als Ausstellungsobjekt im Hugo-Junkers-Hangar wurde 2020 aufgegeben. Die Instandsetzung, in deren Rahmen Kabinenboden, Fahrwerk und Reifen erneuert und eine Grundierung aufgebracht wurden, wurde abgebrochen. Das Flugzeug verblieb in zerlegtem Zustand auf dem Freigelände des Flugplatzes Mönchengladbach.

Die Westdeutsche Luftwerbung Theodor Wüllenkemper (WDL) in Mülheim zeigte Interesse an einer Übernahme und Ausstellung des Flugzeugs im Rahmen seines Event-Centers in der WDL-Luftschiffhalle am Flugplatz Essen-Mülheim. Der VFL in Mönchengladbach gab daraufhin die Dauerleihgabe im März 2021 an die Luftwaffe formal zurück, die wiederum das Flugzeug im April 2021 an den in Essen neu gegründeten Verein „WDL Oldtimer Freunde e.V." als Dauerleihgabe übergab. Am 23. April 2021 erfolgte der Abtransport der AAC.1, W.Nr. 053 aus Mönchengladbach nach Mülheim.

Ankunft der AAC.1, W.Nr. 053 in der WDL-Luftschiffhalle in Essen-Mülheim im April 2021 (WDL)

In Mülheim wurden die in Mönchengladbach begonnenen Instandsetzungsarbeiten abgeschlossen. Im August 2021 wurde die wieder zusammengebaute Maschine auf dem WDL-Gelände neben der Luftschiffhalle am Flugplatz Essen-Mülheim aufgestellt. Derzeit ist das Flugzeug in einer neutralen Grundlackierung gehalten. Die gelben Cowlings wurden bislang nicht bearbeitet.

Im Februar 2022 erlitt das Flugzeug einen schweren Sturmschaden, bei dem Flügel und Fahrwerk beschädigt wurden.

Typ / Ort / Status	W.Nr.	Zulassung
AAC.1, Villaroche, Frankreich		
AAC.1 der portugiesischen Luftwaffe Musee de l'Aviation de Melun, Villaroche, Frankreich	205	6311
Restaurierungsprojekt in Ausstellungshalle		

AAC W.Nr. 205 in Villaroche um 2015, (Musee de l'Aviation de Melun-Villaroche)

Eine weitere AAC.1 der portugiesischen Luftwaffe aus Alverca[44] befindet sich seit 2011 im Musee de l'Aviation de Melun bei Villaroche in Frankreich. Wie bei allen Objekten des Museums erfolgt zur Zeit die Instandsetzung des Flugzeugs im Rahmen der Ausstellung. Das Flugzeug trägt noch die Reste seines früheren FAP-Erscheinungsbildes. Leitwerk und Fahrwerk sind bereits montiert.

---

[44] Weitere Informationen über die Ju52/AAC.1 der portugiesischen FAP, siehe W.Nr. 5655

Bei diesem Flugzeug handelt es sich um die AAC.1, W.Nr. 205. Vermutlich war dieses Flugzeug bereits im Mai/Juni 1946 fertiggestellt. Allerdings erfolgte die Übergabe an die Armee de l'Air erst im Februar 1947. Das Flugzeug kam beim Verbindungsgeschwader ELA 51 in Djibouti am Horn von Afrika zum Einsatz, kurzzeitig Ende der 50er Jahre auch bei der EAA 601. Nach ihrer Ausmusterung bei der französischen Luftwaffe wurde das Flugzeug am 2. Dezember 1960 an die portugiesische Luftwaffe abgegeben und mit der Kennung „6311" weiterbetrieben. Seit 1964 war die Maschine bei der B.A. 5 in Monte Real als einzelne Ju52 im Einsatz. Die Maschine wurde im Juli 1968 in Alverca abgestellt.

AAC.1, W.Nr. 205 der portugiesischen Luftwaffe in Alverca, ca. 1990 (Herve da Silva)

Das Flugzeug blieb mehr als vierzig Jahre in Alverca stehen. Erst als die Abstellfläche in Alverca geräumt werden musste, verkaufte das Museo do Ar die Maschine im Jahr 2011 an das Musee de l'Aviation de Melun im französischen Villaroche. Bis 2020 war der Rumpf mit Leitwerk und Mittelmotor montiert. Die Flächen sind noch seitwärts des Flugzeugs abgelegt.

Typ / Ort / Status	W.Nr.	Zulassung
AAC.1, Le Bourget, Frankreich		
AAC.1 der Armee de l'Air	216	216
Musee de l'Air, Paris Le Bourget, Frankreich		
Eingelagert, nur eingeschränkt zugänglich	(334)	(DK-2)

AAC W.Nr. 216 im Lager Dugny des Musee de l'Air, September 2002

Im Lager Dugny des Musee de l'Air in Paris Le Bourget befindet sich eine AAC.1 mit der W.Nr. 216. Dieses Flugzeug wurde am 19. April 1946 an die französische Marine Aeronavale Nationale ausgeliefert. Sie war eine von 55 AAC.1, die bei der französischen Marine im Laufe der Jahre zum Einsatz kamen. Das Flugzeug kam zur Marinetransportstaffel in Tunis. Ab 1951 war das Flugzeug mit ziviler Zulassung F-YCLI in Algerien bei einer Fernmeldestaffel stationiert.

AAC.1, W.Nr. 216 bei der französischen Aeronavale Anfang der 50er Jahre (Arch. Defensas)

Seit 1955 war das Flugzeug wieder in Europa als Transporter bei der Ausbildungsstaffel 54S als „54.S.32" und ab 1957 bei der 56S in Hyeres. Nach einer Grundüberholung kam das Flugzeug 1958 als Fernmeldeflugzeug nach Dakar und wurde dort als „DK-2" registriert. Ab 1961 war das Flugzeug noch einmal in Tunis bei der 5S im Einsatz. Seit 1962 trug das Flugzeug die Codierung „216". Das Flugzeug wurde aber bereits im August 1962 stillgelegt und von Karuba zum Musee de l'Air in Paris Le Bourget überführt.

Eingelagerte AAC.1, W.Nr. 216 der Aeronavale in Le Bourget 1962 (Collection Pyperote)

In Le Bourget wurde das Flugzeug einige Jahre im Museumslager abgestellt. In den 70er Jahren erhielt das Flugzeug einen neuen Anstrich in den Farben der Armee de l'Air, obwohl das Flugzeug nie in deren Einsatz stand. Dabei wurde sie auch mit der „falschen" W.Nr. 334 und dem Kennzeichen „DG" versehen.

Vorbild: AAC.1, W.Nr. 334, DG

Die AAC.1, W.Nr. 334 kam bei der Armee de l'Air zum Einsatz. Sie war eine von 20 AAC.1, die bei der Groupe de Transport GT I/34 „Bearn" in Indochina zum Einsatz kam. Die GT I/34 war seit 1946 in Indochina stationiert und kehrte als eine der letzten Transportstaffeln im Juli 1956 nach Europa zurück. Die Gruppe war 1948 in Bach Mai, in Tourane und ab 1951 in Nha Trang stationiert. Im April 1952 wurden die AAC.1 durch Douglas DC3 ersetzt.

Die AAC.1 W.Nr. 334 war als „DG" bei der Groupe de Transport GT I/34 „Bearn" in Bach Mai stationiert. Sie war das Reiseflugzeug von General Lissarague. Das Flugzeug wurde bei einer Bruchlandung in Indochina beschädigt. Über den weiteren Verbleib der Maschine liegen keine Informationen vor.

Vorbildflugzeug AAC.1 W.Nr. 334, „DG" nach Bruchlandung in Indochina (ECPA via Jacques Moulin)

Nachdem General Lissargue die Leitung des Musee de l'Air übernommen hatte, ließ er die im Besitz des Museums befindliche AAC.1, W.Nr. 216 im

Erscheinungsbild seiner früheren Reisemaschine W.Nr. 334 aufarbeiten. Seit 1978 befand sich das Flugzeug in der öffentlichen Ausstellung des Museums.

AAC W.Nr. 216 in der Ausstellung des Musee de l'Air in den achtziger Jahren (Christian Agnes)

Obwohl die AAC.1 für die Armee de l'Air eine bedeutende Rolle in der französischen Nachkriegsgeschichte gespielt hat und auf fast allen französischen Kolonialkriegsschauplätzen nach 1945 in verschiedensten Rollen vertreten war, wurde das Ausstellungsflugzeug Ende der 80er Jahre aus der öffentlichen Ausstellung zurückgezogen. Seit 40 Jahren befindet sich das Flugzeug in der falschen Bemalung der W.Nr. 334 im Museumslager in Dugny. Es ist einmal im Jahr am Journee de Patrimone in Dugny für die Öffentlichkeit zugänglich.

Typ / Ort / Status	W.Nr.	Zulassung
AAC.1, Belgrad, Serbien		
AAC.1 der jugoslawischen Luftwaffe	222	208
Muzej Vazduhoplovstva, Belgrad, Serbien		
Ausgestellt im Außenbereich		

AAC W.Nr. 222, „208" im Muzej Vazduhoplovstva-Beograd, 2014, (David Russell)

Im Luftfahrtmuseum Muzej Vazduhoplovstva in Belgrad befindet sich die AAC.1 mit der W.Nr. 222. Dieses Flugzeug wurde im August 1946 in Colombes fertiggestellt und am 14. August 1946 auf die Societe Transatlantique Aeriens (STA) als F-BBYB zugelassen. STA betrieb mit den Ju52 Bedarfsluftverkehr zwischen Madagascar, Zentralafrika und Frankreich. Teilweise wurden die Maschinen auch zu Bedarfsflügen innerhalb Europas eingesetzt.

Stationiert war das Flugzeug in Lyon-Bron. STA ersetzte die Ju52 schnell durch moderne DC3. Zwei Ju52 gab STA nach Indochina ab. Die übrigen Flugzeuge übernahm Ende 1948 die Armee de l'Air von der STA. Die Societe Transatlantique Aeriens wurde 1952 aufgelöst.

AAC W.Nr. 222, F-BBYB Societe Transatlantique Aeriens, Manchester, 1948
(RuthAS – R.A. Scholefield, CC-BY-3.0)

Die Armee de L'Air betrieb das Flugzeug kurzzeitig als „222". Bereits 1950[45] wurde die Maschine mit einer zweiten AAC.1, W.Nr. 316 an die jugoslawische Luftwaffe Jugoslovensko Ratno Vazduhoplovstvo (JRV) abgegeben.

Ju52 in Jugoslawien nach 1945

In Jugoslawien sind insgesamt acht Ju52 nach Ende des Krieges betrieben worden. Die ersten vier Maschinen waren originale Ju52 aus Luftwaffenbeständen, die die Partisanenarmee Titos bereits während des Kriegs erbeutet hatte. Eine Ju52 war den Partisanen bereits im Oktober 1944 in Niksic in Montenegro in die Hände gefallen. Am 2. April 1945 landete eine Ju52 mit vier deutschen und vier amerikanischen Insassen in Nin bei Zadar und ergaben sich dort der Partisanenarmee Titos. Sie hatten die Ju52 für ihre Flucht in Langenlebarn gestohlen. In Jugoslawien wurde diese Ju52 später als „7202" betrieben. Eine weitere ehemalige

---

[45] In Frankreich wurde das Flugzeug am 07.01.1952 gestrichen

Luftwaffen-Ju52 wurde nach einer Notlandung in Hercegovac erbeutet, während die letzte Ju52, W.Nr. 6565 mit dem Stammkennzeichen RP+AU in Cerkje nach dem Abzug der deutschen Truppen beschädigt stehengeblieben war.

Nach dem Ende der Kampfhandlungen wurden die vier erbeuteten Ju52 zur Instandsetzung zu Letov in die CSSR gebracht. Um den Lufttransport in dieser Zeit aufrecht zu erhalten, erwarb die jugoslawische Luftwaffe von der französischen Air France im August 1945 zwei neue AAC.1 mit den W.Nr. 77 und W.Nr. 78. Zwei weitere AAC.1 W.Nr. 139 und 140 waren ebenfalls für die jugoslawische Luftwaffe bestimmt, wurden dann aber vermutlich in Verbindung mit den in Wartung in der CSSR befindlichen Ju52 an die Tschechei abgegeben. Erst 1950 erhielt Jugoslawien zwei weitere AAC.1 aus Frankreich mit der W.Nr. 222 und der W.Nr. 316. Auf Grund der fehlenden Ersatzteilversorgung für die BMW 132 Motore wurden die Flugzeuge auf Pratt & Whitney R1340-AN umgerüstet.

„7207" in den Farben der jugoslawischen Luftwaffe aus den 50er Jahren (Archiv JRV)

Bei der jugoslawischen Luftwaffe erhielten die Flugzeuge die Kennung „7201" bis „7208". Die AAC.1, W.Nr. 222 erhielt die Kennung „7208". Eingesetzt wurden die Maschinen in der 119. Transport Squadron. Neben militärischen Transportaufgaben übernahmen die Ju52 auch die Abwicklung des frühen zivilen Nachkriegs-Lufttransports in Jugoslawien bis im April 1947 die Jugoslovenski Aerotransport

(JAT) für diese Zwecke gegründet wurde. Zur Aufnahme des Luftverkehrs bei JAT kamen einige Ju52 der jugoslawischen Luftwaffe 1947 bei JAT zum Einsatz und erhielten dafür zivile Kennungen. Bereits 1948 wurden die Ju52 der JRV bei JAT durch DC3 bzw. russische Li2 ersetzt. Bis Mitte der 50er Jahre kamen bei JAT Ju52 der JRV noch kurzzeitig zum Einsatz, um Engpässe bei den DC-3 auszugleichen. Auch die W.Nr. 222 erhielt für den Einsatz bei JAT die zivile Kennung YU-ACF.

Neben militärischen Transportaufgaben übernahmen die Ju52 bei der jugoslawischen Luftwaffe auch Fallschirmjägermissionen. Während des internationalen Fallschirmwettbewerbs 1957 in Jugoslawien war unter anderem die „7204" als Springermaschine im Einsatz.

AAC.1, W.Nr. 222, „208" bei der Fallschirmspringer-Ausbildung in Malibor 1960 (AK Malibor)

Die jugoslawische Luftwaffe stellte die Ju52 im Jahr 1964 außer Dienst. Einzelne Exemplare, zu denen auch die W.Nr. 222 gehörte, kamen zur Aeronautischen Union Jugoslawien (Vazduhoplovni Savez Jugoslavije), wo die Maschinen als Fallschirmspringer-Flugzeuge eingesetzt wurden. Den letzten Flug einer Ju52 bei der jugoslawischen Luftwaffe absolvierte die „7208" im Jahr 1965 nach Belgrad-Surcin, wo das Flugzeug für eine spätere Luftfahrtsammlung eingelagert wurde.

AAC W.Nr. 222, „7208" der JRV in Belgrad-Surcin Mitte 80er Jahre (Archiv JRV)

Im Juli 1969 übernahm das Yugoslav Aviation Museum in Belgrad die Maschine. Das Flugzeug blieb bis 1980 in Belgrad-Surcin im Erscheinungsbild der JRV mit der Kennzeichnung „208" stehen. Seit 1980 befindet sich die AAC Werksnummer 222 in der Außenausstellung des Museums am internationalen Flughafen von Belgrad in den früheren JRV Farben als „7208".

AAC.1, W.Nr. 222 vor dem Museumsneubau am Flughafen Belgrad 1989 (Muzej Vazduhoplovstva)

Typ / Ort / Status	W.Nr.	Zulassung
AAC.1, Sao Carlos, Brasilien		
AAC.1 der portugiesischen Luftwaffe Museu Asas de um Sonho, Sao Carlos, Brasilien Restaurierung in der geschlossenen Ausstellung	291	6310

AAC1, W.Nr. 291 im Museu Asas de um Sonho in Sao Carlos um 2016 (Caisas Master)

Das TAM-Museum im brasilianischen Sao Carlos besitzt eine AAC.1 mit der W.Nr. 291. Auch diese AAC.1 stammt aus den ehemaligen Beständen der Fuerza Aerea Portuguesa (FAP) in Alverca[46]. Das Flugzeug wurde im September 1946 an die Armee de l'Air ausgeliefert und blieb bis Ende 1960 im Einsatz. Im Dezember 1960 ging das Flugzeug an die FAP in Portugal. Sie wurde der EICPNAP als „6310" zugeteilt und als Fallschirmspringerflugzeug eingesetzt. Ab 1963 war die 6310

---

[46] Weitere Informationen zu den portugiesischen Ju52/AAC1, siehe W.Nr. 5655

mit den übrigen Ju52 der ETTTP zugeteilt, die die Fallschirmspringer-Ausbildung übernahm. Die W.Nr. 291 blieb bis zur Auflösung der ETTTP im Jahr 1971 im Dienst und wurde danach in Alverca abgestellt. Sie war in den folgenden Jahren Ersatzteilspender für andere abgegebene Flugzeuge, u.a. wurde das Seitenleitwerk für die Ju52 W.Nr. 5670 in Brüssel übernommen.

AAC.1, W.Nr. 291 der Fuerza Aerea Portuguesa in den 60er Jahren (FAP)

AAC.1 W.Nr. 291 der FAP abgestellt in Alverca in 90er Jahren (Stuart Carr)

Am 8. Oktober 2009 wurde die „6310" im Tausch gegen einen Flugzeugnachbau 14bis an das TAM Museum (Museu Asas de um Sonho) in Brasilien abgegeben, wo sie am 23. Oktober 2011 eintraf.

Ankunft der AAC W.Nr. 291 in Brasilien im Oktober 2011 (Rodrigo Zanette)

Der Flugzeugrumpf wurde teilrestauriert und stand um 2016 auf eigenem Fahrwerk in der Ausstellung des Museums. Nach dem Zusammenschluss der TAM und der LAN Chile zog sich die Familie Amaro aus der LATAM zurück. Das der Familie Amaro weiterhin gehörende TAM-Museum wurde 2016 geschlossen. Im Sommer 2024 wurden Teile der Sammlung nach Itu ins Sao Pedro Cultural Center überführt. Größere Objekte, wie die AAC.1, befinden sich weiterhin in Sao Carlos.

Über den weiteren Verbleib der W.Nr. 291 bestehen Unklarheiten. Unbestätigte Informationen melden, dass das Flugzeug an Eloy Biesuz, dem Eigentümer des Helikopter-Flugdienstes Helisul, abgegeben wurde. Biesuz unterhält auf seinem Privatanwesen Barra Grande bei Itapejara d'Oeste bereits eine Flugzeugsammlung und beabsichtigt den Aufbau einer Flugzeugausstellung in Curitiba. Für diese Ausstellung scheint allerdings die AAC.1, W.Nr. 005 des Museal vorgesehen zu sein. Ob Biesuz tatsächlich die AAC.1, W.Nr. 291 erworben hat, ist zweifelhaft.

Typ / Ort / Status	W.Nr.	Zulassung
AAC.1, München (I), Deutschland		
AAC.1 der französischen Luftwaffe	363	363
Deutsches Museum, München, Deutschland		„H"
Öffentliche Ausstellung auf der Museumsinsel		

AAC W.Nr. 363 im Deutschen Museum auf der Museumsinsel, 2007 (Paul Seymour)

Die weltweit erste Ju52, die in ein Museum kam, war die AAC.1, W.Nr. 363 im Deutschen Museum in München. Sie war gleichzeitig das erste Junkers-Flugzeug, das nach dem Ende des zweiten Weltkriegs wieder in einer deutschen Luftfahrtsammlung zu sehen war. Sie befindet sich seit 1958 im Besitz des Museums.

Die AAC.1, W.Nr. 363 absolvierte Ende Februar 1947 ihren Erstflug und wurde im April 1947 an die Armee de l'Air abgegeben. Sie gehörte zu den letzten im Ateliers Aeronautique Colombes gebauten AAC.1 und wurde mit Snecma-Motoren ausgerüstet. Bei der Armee de l'Air war das Flugzeug zunächst in Frankreich und danach hauptsächlich in Tunesien bei der 21. Escadre GB I/25 und Nordafrika im

Einsatz. Im Frühjahr 1952 kam das Flugzeug zu einer Grundüberholung und Modifikation zum Ateliers industriels de l'Air ins algerische Blida. Nach Abschluss der einjährigen Arbeiten kam die Maschine im Juni 1953 zur GLA 45. Seit Februar 1956 war das Flugzeug zuerst der Groupes Sahariens de Reconnaissance et d'Appui GSRA 76.

Im Herbst 1956 erhielt die Maschine in Blida eine erneute Grundüberholung, in deren Rahmen offensichtlich auch eine größere Instandsetzung im Bereich des Rumpfmittelstücks des Tragflügels erfolgte, das durch das Rumpfmittelstück der bereits als Ersatzteilspender stillgelegten AAC.1, W.Nr. 364 ersetzt wurde. Auch verschiedene Ruderflächen, die im Open-Loop-Verfahren bei der Armee de l'Air instandgehalten wurden, tragen heute nicht mehr die W.Nr. 363.

Nach der Instandsetzung kam das Flugzeug im Dezember 1956 zur GSRA 78 Tindouf in Tunis. Bereits im Juli 1957 wurde die Maschine im Lager der Armee de l'Air in Bilda bei der EAA 1/615 eingelagert und am 9. September 1957 bei der EAA 601 ausgemustert [47].

Zwölf Jahre nach Ende des zweiten Weltkriegs war das Deutsche Museum in München an einem Wiederaufbau seiner im Krieg verloren gegangenen luftfahrthistorischen Sammlung und dem Erwerb einer Ju52 interessiert. Die Armee de l'Air verkaufte daraufhin die W.Nr. 363 zum symbolischen Preis von einem französischen Francs an das Deutsche Museum.

Am 11. September 1957 startete die W.Nr. 363 in Frankreich zum letzten Flug nach München-Riem. Begleitet wurde sie dabei von einer zweiten AAC.1, W.Nr. 294, die für den Rücktransport der Überführungscrew nach Frankreich mitgeflogen war. Nach der Zerlegung für den Strassentransport traf das Flugzeug am 28. März 1958 auf der Museumsinsel ein.

---

[47] Franz. Historie lt. Analyse von Bernd Pirkl vom Mai 2021, ju52archiv.de

Letzter Flug der AAC.1, W.Nr. 363 beim Anflug auf München am 11.09.1957

Entladung der W.Nr. 363 im Museumshof des Deutschen Museums, 1958 (Deutsches Museum)

Für die Ausstellung wurde das Flugzeug von den ehemals französischen Hoheitszeichen befreit und entlackt. Um den Besuchern einen Einblick in die innere Flügelstruktur zu geben, wurde die Beplankung an der linken Flügelunter- und –oberseite großflächig entfernt. Auch im hinteren Rumpfbereich wurden Teile der

Ausbeplankung entfernt, um die dahinterliegende Rumpfstruktur für das Publikum freizugeben. Auch die innenliegende Motorhaube des Flügelmotors blieb demontiert, um den Blick auf den Sternmotor und das Traggerüst des Motors freizugeben. Da die Aufstellung des Flugzeugs damals in der einzigen verfügbaren „Historischen Luftfahrthalle" mit begrenztem Raumangebot erfolgen musste, verzichtete man auf die Montage des rechten Flügels, um den Rumpf unmittelbar an der Hallenwand positionieren zu können. Der rechte Flügel wurde bis zur Eröffnung der neuen Luftfahrthalle auf der Museumsinsel als Leihgabe an das seinerzeit in Uetersen ansässige Luftwaffenmuseum bis 1983 abgegeben.

Die W.Nr. 363 blieb so in neutralem Erscheinungsbild fast 25 Jahre das größte Exponat und der Mittelpunkt der Luftfahrtausstellung des Deutschen Museums in der alten Luftfahrthalle.

AAC.1 W.Nr. 363 in der „Historischen Luftfahrthalle" vor 1984 (Canary Collection via SDASM)

Anfang der 80er Jahre wurde die Luftfahrtabteilung auf der Museumsinsel in der Münchener Innenstadt erheblich erweitert. Mit der Eröffnung der neuen großen Luftfahrthalle 1984 wurde die W.Nr. 363 wieder mit beiden Flügeln ausgestattet. Gleichzeitig stellte man das ursprüngliche Erscheinungsbild der Armee de l'Air wieder her. Das Flugzeug wurde auf eigenem Fahrwerk im Zentrum der neuen Halle aufgestellt und ist auch von innen für Besucher begehbar.

Nach mehr als 30 Jahren erfolgte ab 2016 eine fünfjährige Sanierung der Luftfahrthalle. Am 26. Juni 2016 wurde die AAC.1 zerlegt und per LKW an einen geschlossenen Einlagerungsort in Steinhausen transportiert. Mehr als fünf Jahre war das Flugzeug für die Öffentlichkeit nicht mehr zugänglich, bevor sie am 29. August 2021 zur Museumsinsel zurückkehrte. Nach der Montage kam die Maschine wieder an ihren angestammten Platz in der großen Luftfahrthalle, wo sie seit der Wiedereröffnung der Luftfahrtausstellung auf der Museumsinsel des Deutschen Museums an 9. Juli 2022 wieder für die Öffentlichkeit zugänglich ist.

Rücktransport zur Museumsinsel durch München am 29.08.2021 (Deutsches Museum)

In Spanien kamen Junkers Ju52 erstmals während des spanischen Bürgerkriegs zum Einsatz. Insgesamt 60 Flugzeuge wurden mit den Zulassungen 22-47 bis 22-106 in Spanien registriert, von denen noch 24 Flugzeuge im März 1940 im Einsatz standen. Drei weitere Flugzeuge 22-107 bis 22-109 wurden bis 1942 durch die spanische Luftwaffe von Iberia erworben.

Da die spanische Luftwaffe Anfang der 40er Jahre an einer Modernisierung und Erweiterung ihrer Ju52-Flotte interessiert war, die deutsche Luftfahrtindustrie allerdings durch die Kriegsrüstung vollständig ausgelastet war, schlossen die Junkers Flugzeug- und Motorenwerke AG und die Construcciones Aeronáuticas SA (CASA) in Getafe bei Madrid Ende 1942 ein Lizenzabkommen, das CASA den Bau von bis zu 170 Junkers Ju52 in Spanien ermöglichen sollte.

CASA Produktionsanlagen 1948 in Getafe (CASA via Airbus)

Die spanische CASA war im März 1923 von Jose Ortiz Echagüe in Sevilla gegründet worden. Bereits 1924 nahm CASA in Getafe die Lizenzfertigung von Breguet-Flugzeugen auf. In Cadiz entstand 1928 ein weiteres CASA Flugzeugwerk, in dem die Lizenzfertigung von Dornier Do J Wal Flugbooten stattfand. Auch die Breguet

XIX und die Vickers Vildebeest gehörten zu den in Lizenz bei CASA gefertigten Flugzeugmustern. Mit der CASA I entstand 1929 der erste eigene CASA-Flugzeugentwurf, dem später der leichte Bomber CASA III folgte. Die Eigenentwicklungen konnten sich allerdings nicht durchsetzen. CASA konzentrierte sich daher weiter auf den Lizenzbau ausländischer Flugzeugmuster, sowie die Instandsetzung von Flugzeugen hauptsächlich im Bürgerkrieg für die Flotte der Nationalisten unter Franco und später für die spanische Luftwaffe. In diesem Zusammenhang gelangte CASA 1942 auch an die Lizenzfertigung der Junkers Ju52. Seit 1940 war CASA bereits an der Lizenzfertigung des Bombers Heinkel He111 in Spanien beteiligt. Später wurden auch Bücker-Flugzeuge für die spanische Luftwaffe als Schulungsmaschinen bei CASA gebaut.

CASA 352 Produktion in Spanien

In Spanien wurden die Ju52 zunächst mit dem Mustercode „22" versehen. Ab 1945 wurden die Ju52 dann als „T.2" und ab 1954 als „T.2B" bezeichnet. Die CASA 352 entsprach der Junkers Ju52/3mg10e. Vor allem in der Anfangsphase sollten Bauteile für die spanische Ju52-Produktion aus Deutschland zugeliefert werden. Bis zum Ende des Krieges sollen Teile für bis zu 30 Flugzeuge in Spanien eingetroffen sein. Es dauerte allerdings bis zum 5. Juni 1944 bevor die erste als CASA 352 bezeichnete Maschine mit dem Chef des Luftwaffenstabs Eduardo Gonzalez Gallarza und und Luftfahrtminister Juna Vigon abhob. Die eigentliche Serienproduktion lief erst kurz vor Kriegsende im Januar 1945 in Getafe an. Bei der anlaufenden Serienfertigung kamen die aus Deutschland gelieferten Baugruppen zum Einsatz. Daher findet man auch an CASA-Flugzeugen häufig Junkers-Werkummernschilder. Als Transport- und Fallschirmspringer-Version erhielt die Maschine die Bezeichnung CASA 352A-1 mit einer Schiebetüre auf der rechten Seite, von der 125 Stück gebaut wurden. Die CASA 352A-3 war eine reine Reisemaschine für 14 bis 18 Passagiere ohne Seitentüre. Von dieser Reisemaschine wurden nur 14 Stück gebaut. Die CASA 352C war eine Schulungsversion für Navigatoren und Funker, von der 31 Stück gebaut wurden.

CASA 352 Fertigung in Getafe (CASA via Museo Getafe)

Durch das Kriegsende wurde Spanien von der Teileversorgung aus Deutschland abgeschnitten. Insbesondere das Fehlen von Ersatzteilen für die BMW 132 Motore führte 1950 dazu, dass ein eigener spanischer Motor in der CASA zum Einbau kam. Der Elizalde (später ENMASA) Beta R3/E wurde ab 1950 in der CASA 352L verbaut. Später wurden auch Maschinen mit BMW-Motoren auf diesen Standard umgerüstet. Da die deutsche Aluminiumlegierung nach dem Krieg nicht mehr zur Verfügung stand, griffen die Spanier bei der CASA 352 auf eine zwar vergleichbare, aber schwerere Legierung zurück. Gegenüber der deutschen Ju52 war die spanische CASA 352 daher deutlich schwerer.

Es wurden 106 CASA 352 mit BMW-Motoren und weitere 64 CASA 352L mit dem spanischen Elizalde Motor gebaut. Die letzten CASAs verließen im Februar 1955 die Produktion. Sämtliche Maschinen wurden an die spanische Luftwaffe Ejercito del Aire bzw. später Fuerzas Aerea Espanola ausgeliefert. Die Maschinen blieben 20 Jahre im Einsatz bei der Luftwaffe. Sie wurden ab Mitte der sechziger Jahre ausgemustert. Die letzten Flugzeuge wurden 1975/76 abgestellt. Den letzten Einsatzflug der spanischen Luftwaffe absolvierte die T.2B-181 am 6. Juli 1978.

Zweitverwendung der CASA 352

Eine wirkliche Zweitverwendung fanden die Flugzeuge nicht mehr. Die meisten Flugzeuge wurden abgewrackt, einige wurden in Museen abgestellt oder für Airshows verwendet. Zwei Großabnehmer waren Doug Arnold und Günter Kurfiss.

Kurfiss Aviation GmbH
Air Classic GmbH

Mitte der 70er Jahre befanden sich in Deutschland lediglich zwei Exemplare aus der, insbesondere bei WKII-Teilnehmern beliebten Ju52-Familie. Zu besichtigen war davon nur die AAC.1, W.Nr. 363 im Deutschen Museum in München. Sie gehörte zu den Raritäten der deutschen Luftfahrtsammlungen.

Als Anfang der 70er Jahre die spanische Luftwaffe größere Bestände ihrer CASA352 stilllegte, erkannte der ehemalige LTU-Pilot Günther Kurfiss das Potential dieser noch flugfähigen Maschinen für den deutschen Markt. Kurfiss war mit seinem Unternehmen Kurfiss Aviation bereits seit Anfang der 70er Jahre als Händler für Geschäftsreiseflugzeuge aktiv. Neben einigen Learjet 23/24 und einer Citation I für Nikki Lauda hatte Kurfiss 1973 bereits eine Convair CV340 der Flugbereitschaft „12+01" und eine HFB 320 der LTU Intercity Flug verkauft. Kurfiss hatte auch einige flugfähige Oldtimer-Flugzeuge erworben, die er auf Flugtagen präsentierte und in denen gelegentlich Fluggäste mitgenommen wurden. Mit den spanischen CASA352 beabsichtigte Kurfiss den Einstieg in das gewerbliche Rundfluggeschäft mit Oldtimer-Flugzeugen, das vor allen Dingen auf die Personengruppe abzielte, die bereits im Krieg Erfahrungen mit der Ju52 gemacht hatten.

Die erste CASA 352 der spanischen Luftwaffe erwarb Kurfiss 1971/72, die in Deutschland als D-CIAL (W.Nr. 148) zugelassen wurde. Über den frühen Einsatz dieses Flugzeugs bei Kurfiss ist wenig bekannt. Vermutlich wurde es nur zur Überführung an neue Ausstellungsorte geflogen. Kurfiss erwarb 1974 zwei weitere CASA 352 (W.Nr. 035, 056) aus Spanien, die als D-CIAS und D-CIAK in Deutschland zugelassen wurden. Mit diesen Flugzeugen beabsichtigte Kurfiss 1974 die Aufnahme von Passagier-Rundflugdiensten. Insbesondere D-CIAS, W.Nr. 035 war in der Folgezeit häufig auf Flugtagen und Ausstellungen in Deutschland zu sehen, unter anderem auf der Internationalen Luftfahrtausstellung ILA 1978 in Hannover.

CASA 352 der Kurfiss Aviation im Rundflugprogramm 1974 (DTMB, Slg. Loose)

Allerdings gelang es Kurfiss 1974 nicht, eine Zulassung für den gewerblichen Rundflugbetrieb mit Passagieren zu erhalten. Zwar war die Mitnahme von privaten Fluggästen gestattet, aber der Transport von zahlenden Fluggästen für Rundflüge wurde nicht genehmigt. Kurfiss gab die Idee eines gewerblichen Rundflugdienstes mit den vier CASA 352 Ende 1974 auf.

Er gründete daraufhin die Air Classic GmbH Collection, deren Geschäftszweck im Erwerb und in der Ausstellung klassischer Flugzeuge bestand. Die drei CASA 352 wurden als erste Flugzeuge von Air Classic 1974 übernommen und im Rahmen von Flugzeugausstellungen auf den größeren deutschen Flughäfen auf Zuschauerterrassen oder in flughafennahen Ausstellungsbereichen der Öffentlichkeit zugänglich gemacht. Kurfiss erwarb in den folgenden Jahren eine Vielzahl historischer Flugzeuge, die gemeinsam mit den CASA 352 an verschiedenen Stellen in Deutschland ausgestellt wurden. Hierzu gehörten neben vielen kleineren Ausstellungsobjekten auch eine Lockheed L1049, eine DC-3, eine De Havilland Comet, aber auch Pflumm-Nachbauten einer Junkers Ju87 oder einer Messerschmitt Me 109. Eine letzte CASA 352, W.Nr. 018 erwarb Kurfiss 1979.

Nachdem Kurfiss Ende der 70er Jahre mit Wilhelm Stiber die Fluggesellschaft Special Air Transport (SAT) gegründet hatte, gab er Anfang der 80er Jahre die Air Classic Sammlung auf. Die Flugzeugbestände der Air Classic einschließlich der vier CASA 352 standen noch einige Jahre an deutschen Flughäfen und wurden bis Anfang der 90er Jahre an Museen und öffentliche Träger abgegeben.

Kurfiss Aviation CASA 352 Flotte (1971 – 1985)

CASA-A3 018	T2B-127	05.1948	Spanische Luftwaffe
	D-CIAD	1979	Kurfiss Aviation
	D-CIAD	13.08.82	letzter Flug nach Saarbrücken
	„D-CIAD"	08.1982	**Luftfahrtausstellung Hermeskeil**
CASA 148	T2B-257	08.1954	Spanische Luftwaffe
	D-CIAL	1972	Kurfiss Aviation
	„D-CIAL"	1985	Technikmuseum Sinsheim
	„D-AQUI"	2008	**Technikmuseum Speyer**
CASA 035	T2B-144	03.1949	Spanische Luftwaffe
	N88927	1973	B&S
	D-CIAS	04.1974	Kurfiss Aviation
	D-CIAS	14.09.74	Air Classic, Frankfurt Airport Besucherterasse
	„D-CIAS"	um 1980	Flughafen Stuttgart
			Augsburg
	„D-CIAS"	1996	**München Airport Besucherpark**
	„D.ANOY"	2004	Instandgesetzt als Rudolf von Thüna
CASA 056	T2B-165	1949	Spanische Luftwaffe
	D-CIAK	12.1974	Kurfiss Aviation
	„D-CIAK"	26.04.75	Air Classic, Köln-Wahn
	„D-CIAK"	05.1976	Air Classic, Düsseldorf Airp. Besucherterasse
		1991	**VFL Mönchengladbach**
		1992	Instandsetzung in Manching und der Schweiz
	HB-HOY	30.08.97	Stationiert in Mönchengladbach
	HB-HOY	22.10.16	Abgestellt in Mönchengladbach

Warbirds of Great Britain, Doug Arnold

Mitte der 70er Jahre erwarb der englische Luftfahrtsammler Doug Arnold insgesamt fünf CASA 352 von der spanischen Luftwaffe. Das erste von fünf Flugzeugen erwarb Arnold im Sommer 1976 und überführte dieses auf die Heimatbasis seiner Warbirds of Great Britain Sammlung nach Blackbushe in England, wo Arnold bereits eine Reihe weiterer Oldtimer-Flugzeuge unterhielt. Weitere vier CASAs erwarb Arnold von der spanischen Luftwaffe im November 1977.

Drei CASA 352 von Doug Arnold in Blackbushe (Slg. Peter Miller)

Einige der Maschinen erhielten ein Luftwaffen-Erscheinungsbild und fiktive Zulassungen „N7+AA", „N8+AA", „N9+AA", die teilweise zwischen den Flugzeugen auch ausgetauscht wurden. Nachdem Arnold eine CASA bereits 1981 an South African Airways abgegeben hatte, wurden die restlichen vier Flugzeuge nach seinem Tod bis 1985 an die Ju52 Flight Ltd. und an Aces High verkauft.

Zwei ehemalige CASA 352 von Doug Arnold sind auch heute noch in Südafrika und Frankreich flugfähig. Zwei weitere CASAs gingen in die USA, wo beide heute in Ohio und Florida eingelagert sind. Eine CASA 352 von Doug Arnold wird heute in Leylstad in Holland ausgestellt.

Doug Arnold CASA 352 Flotte (1976 – 1985)
Warbirds of Great Britain, Blackbushe

CASA-A3	T2B-212	07.1951	Spanische Luftwaffe
103	406-2	28.11.1975	CXX, 2808 Fhrs.
	G-BECL	27.07.1976	Doug Arnold, „N9+AA"
	G-BECL	1981	wfu
	G-BECL	24.05.1985	Ju52 Flight Ltd.
	G-BECL	19.06.1990	CXX
	F-AZJU	heute	**Amicale de Jean Baptiste, La Ferte Alais**
CASA-A1	T2B-255	08.1954	Spanische Luftwaffe
146	721-8	02.12.1972	CXX
	G-BFHD	23.11.1977	Doug Arnold, „N8+AA"
	G-BFHD	07.03.1985	Wessex Aviation Ltd.
	G-BFHD	25.06.1987	Aces High Ltd.
	G-BFHD	21.01.1988	CXX
	D-ADLH	heute	**National Air & Space Museum, Washington**
CASA-A1	T2B-262	08.1954	Spanische Luftwaffe
153	721-5	01.06.1973	CXX
	G-BFHG	23.11.1977	Doug Arnold, „N9+AA"
	G-BFHG	18.10.1984	Aces High Ltd.
	G-BFHG	12.05.1986	Ipswich Airport Ltd.
	G-BFHG	21.04.1987	Aces High Ltd.
			Filme„D2+600, D-2600, D-TABX, VK+AZ"
	G-BFHG	27.09.1994	CXX, 2805 Fhrs (31.12.89)
		seit 1994	**Fantasy of Flight Museum, Polk City, Florida**
CASA-A1	T2B-273	12.1954	Spanische Luftwaffe
164		21.10.1972	CXX
	G-BFHE	23.11.1972	Doug Arnold
	G-BFHE	28.08.1981	CXX
	ZS-UYU	seit 1981	**South African Airways Historic Flight**
	ZS-AFA	16.01.1984	Erstflug in Südafrika
CASA-A1	T2B-275	12.1954	Spanische Luftwaffe
166	721-16	01.06.1973	CXX
	G-BFHF	23.11.1977	Doug Arnold, „N7+AA"
	G-BFHF	24.05.1985	Ju52 Flight Ltd.
	G-BFHF	30.04.1990	CXX
	D-ADAM	05.1990	Sternwarte Bochum, danach Degendorf
		2002	Paul Allen Collection
	„IZ+HK"	Seit 2007	**Aviodrome Lelystad**

Weitere CASA 352 Zweitverwendungen

Während Kurfiss und Arnold fast die Hälfte der heute noch existierenden CASA 352 erwarben, wurden die übrigen zehn Maschinen zum Teil als Gate Guards an spanische Luftwaffen-Standorte, zum Teil aber auch an Gemeinden und Städte in Spanien als Ausstellungsobjekte abgegeben. Drei Maschinen verkaufte die spanische Luftwaffe an Sammler in den USA, eine Maschine ging ins International War Museum nach Cosford in England. Insgesamt existieren heute noch 19 CASA 352 eingelagert, in Ausstellungen oder flugfähig.

Übersicht der noch existierenden CASA 352

Die Werknummern der CASA 352 werden zum Teil widersprüchlich angegeben. Der Grund hierfür sind die am CASA-Rumpf vorhandenen zwei Werknummern-Schilder für die Rumpfbaugruppe mit dem Wert „1" im Feld „Elemento", sowie für das Flugzeug mit der Bezeichnung „C-352" im Feld „Elemento". Letzteres Schild gibt die Werknummer des Flugzeugs wieder.

Flz-W.Nr	Rumpf-W.Nr.	T.2-Nr.	Übernahme ex span. Lw.	Bekannte Kennungen
018	016?	T.2B-127	Kurfiss	461-4, 721-12, D-CIAD
031	050?	T.2B-140	Tallichet	721-12, N9012P, 1Z+EK
033	052?	T.2B-142	Tallichet	515-1, N9012N, N9+A7, DP+FJ
035	066	T.2B-144	Kurfiss	D-CIAS
056	096/121?	T.2B-165	Kurfiss	D-CIAK, HB-HOY
067	077?	T.2B-176	CAF	721-8, N99059, 1Z+BV, N352JU, 1Z+AR
072		T.2B-181	Span. Lw.	721-10
100	148?	T.2B-209	Sonstige	792-1, D-2527
102		T.2B-211	Span. Lw.	EdA 911-16
103	024?	T.2B-212	Arnold	406-2, G-BECL, N9+AA, N7+AA?, F-AZJU
135		T.2B-244	USAFM	901-20
137		T.2B-246	Span. Lw.	35-131, 792-20
145		T.2B-254	Span. Lw.	721-14
146		T.2B-255	Arnold	97-7, 721-8, G-BFHD, N8+AA, D-ADLH
148	100	T.2B-257	Kurfiss	D-CIAL, D-AQUI
153		T.2B-262	Arnold	721-5, G-BFHG, N9+AA, VK+AZ
163		T.2B-272	IWM	76-8, 721-3, G-AFAP
164		T.2B-273	Arnold	461-?, G-BFHE, ZS-AFA
166		T.2B-275	Arnold	721-16, G-BFHF, N7+AA, D-ADAM, 1Z+IK

Typ / Ort / Status	W.Nr.	Zulassung
CASA 352-A3, Hermeskeil, Deutschland		
CASA 352 in neutralem Erscheinungsbild Flugausstellung Junior, Hermeskeil, Deutschland Öffentliche Ausstellung	018 [48]	D-CIAD

CASA W.Nr. 018 in der Flugausstellung Peter Junior, Hermeskeil, 2003

In der Flugausstellung Leo Junior in Hermeskeil befindet sich eine CASA 352 mit der W.Nr. 18, die aus der ursprünglichen Sammlung Kurfiss stammt. Hierbei handelt es sich um eine der in 14 Exemplaren gebauten A3-Passagiervariante. Der Rumpf der W.Nr. 18 gehörte zu den von Junkers noch während des Kriegs nach

---

[48] Die Ausstellung in Hermeskeil ordnet dem Flugzeug fälschlicherweise die W.Nr. 016 zu, für die ein Baugruppenschild am Rumpf existiert. Hierbei handelt es sich nicht um das WNr-Schild des Flugzeugs, sondern um ein Baugruppen-Schild des Rumpfs. Auch T2B-237 W.Nr. 128 ist falsch.

Spanien gelieferten Ju52-Baugruppen für die ersten 30 Serienmaschinen. Das Baugruppenschild des Rumpfs mit der W.Nr. 16 befindet sich noch heute am Rumpf und hat in der Vergangenheit mehrfach zur fehlerhaften Zuordnung der W.Nr. 16 für dieses Flugzeug geführt. Bei CASA wurde der aus Deutschland gelieferte Rumpf Nr. 16 zum Aufbau des Flugzeugs mit der CASA W.Nr. 18 verwendet.

Die CASA-W.Nr. 18 wurde im Mai 1948 als T2B-127 an die Ejercito del Aire ausgeliefert. Sie war als 461-4 und zuletzt 721-12[49] bei der technischen Schule in Logrono im Einsatz bevor sie 1977 nach mehr als 3035 Flugstunden auf der spanischen Luftwaffenbasis Cuatro Vientos bei Madrid abgestellt wurde.

CASA W.Nr. 018, „721-12" vor Auslieferung an Kurfiss Aviation, April 1980 (Angel Oses)

Im Juli 1979 erwarb Kurfiss Aviation in Deutschland das Flugzeug als letzte von vier CASA 352 mit drei DC3 der spanischen Luftwaffe. Die Überführung sollte am 1. Oktober 1980 von Madrid über Montpellier und Strassburg nach Düsseldorf mit der deutschen Zulassung D-CIAD erfolgen, endete aber vorzeitig im spanischen Sabadell. Erst am 18. Februar 1981 erfolgte der Weiterflug nach Frankfurt, wo der Flug wegen fehlender IFR-Ausrüstung nach Egelsbach umgeleitet wurde.

---

[49] „721-12" wurde in kurzer Zeit mehreren W.Nr. zugeteilt, u.a. der W.Nr. 018 und W.Nr. 031.

CASA W.Nr. 018, Kurfiss Aviation, D-CIAD, Mönchengladbach, 1982 (Paul Seymour)

Die D-CIAD war Anfang der achtziger Jahre die letzte noch zugelassene Ju52 in Deutschland. Kurfiss führte das Flugzeug auf deutschen Flugplätzen vor und setzte es auch für private Passagier-Rundflüge ein. Nachdem sich ein dauerhafter Betrieb der CASA-Maschinen nicht realisieren ließ, verkaufte Günter Kurfiss die CASA W.Nr. 018 im August 1982 an die Flugausstellung Leo Junior in Hermeskeil. Ihren letzten Flug führte die Maschine am 13. August 1982 von Mönchengladbach nach Saarbrücken durch, wo das Flugzeug von der Flugausstellung Leo Junior übernommen wurde. Am 23. August 1982 erfolgte die vorerst letzte Reise der CASA W.Nr. 018 per LKW von Saarbrücken nach Hermeskeil.

Seit Mitte der achtziger Jahre befindet sich das Flugzeug in der Eingangshalle des Museums, das von Leo Junior's Sohn Peter heute weitergeführt wird.

Typ / Ort / Status	W.Nr.	Zulassung
CASA 352-A3, Sinsheim (I), Deutschland		
CASA 352 in Luftwaffen-Erscheinungsbild	031 [50]	T2B-140
Technikmuseum Sinsheim, Deutschland		
Öffentliche Ausstellung		RJ+NP

CASA W.Nr. 031, RJ+NP im Technikmuseum Sinsheim, 2001

Die CASA W.Nr. 031 wurde im Dezember 1948 als T2B-140 für die spanische Luftwaffe zugelassen. Sie wurde am 26. Juni 1976 nach 3036 Flugstunden bei der spanischen Luftwaffe als „721-12"[51] in Alcantarilla außer Dienst gestellt und in Cuatro Vientos abgestellt. Im Oktober 1978 erwarb David Tallichet das Flugzeug

[50] Gelegentlich wird auch W.Nr. 050 angegeben. Hierbei handelt es sich allerdings um die T2B-159, die 1969 verschrottet wurde. Vermutl. wurde die Rumpf- und Flugzeugbaunummer verwechselt. Photo-Aufnahmen des Überführungsflugs belegen, dass die N9012P in Spani-en als 721-12 registriert war und am Leitwerk T2B-140 trägt.

[51] „721-12" wurde definitiv auf zwei Flugzeugen verwendet, u.a. auch für W.Nr. 018.

zusammen mit der CASA W.Nr. 33 für die Military Aircraft Restoration Corp. (MARC) im kalifornischen Chino.

CASA W.Nr. 031, „721-12" / N9012P in Cuatro Vientos, März 1980 (Francisco Andreu)

Das Flugzeug wurde in den USA als N9012P registriert, blieb allerdings in den folgenden Jahren in Cuatro Vientos bei Madrid geparkt. Erst am 27. August 1983 wurde sie von Jeff Hawke über Frankreich und Egelsbach in Deutschland nach Stansted in England überführt. In England erhielt das Flugzeug ein Luftwaffen-Erscheinungsbild mit der taktischen Zulassung „1Z+EK" des I. KG zbV 1. Der hintere, obere MG-Stand wurde mit einer Puppe besetzt. Ein Jahr später kamen gelb lackierten Triebwerksverkleidungen und Seitenruder hinzu, die dem Erscheinungsbild des Einsatzes in Süd-Griechenland im Mai 1941 entsprechen sollte. Die Instandsetzungsarbeiten waren im Frühjahr 1984 abgeschlossen. Am 26. April 1984 erfolgte die erneute Wiederzulassung des Flugzeugs als N9012P durch die FAA im amerikanischen Register.

Statt einer Überführung in die USA stationierte Tallichet die Maschine in England, wo Keith May die Maschine im Rahmen der Ju52 Flight Ltd. in Rochester betrieb. Das Flugzeug wurde im Sommer 1984 auf zahlreichen Flugtagen in England, u.a. am 19. Mai 1984 in Biggin Hill, in North Weald, Cosford, Brize Norton oder im Juni 1985 im englischen Bierset. Am 3. Juni 1984 war das Flugzeug auch im belgischen Lüttich zu sehen. Für Flüge auf den Kontinent wurde das am Leitwerk befindliche Hakenkreuz übermalt.

CASA W.Nr. 031, „1Z+EK" in Cosford, Juni 1984 (Mike Freer)

Originale Ju52 „1Z+EK" des 2. KG zbV 1 während des 2. Weltkriegs

Neben der Teilnahme an Schautagen unterstützte Keith May 1985 auch die flugfähige Reaktivierung der Traditionsflugzeuge in Südafrika und bei der Lufthansa. Dabei diente die N9012P auch der Ausbildung künftiger Piloten für diese Flugzeuge in Deutschland. Vermutlich wurde für diese Zwecke die militärische Bemalung des Flugzeugs entfernt.

Am 29. September 1985 ereignete sich in Großostheim bei Aschaffenburg ein Unfall, bei dem die Maschine erheblich beschädigt wurde. Beim Start fiel einer der Motoren aus. Beim anschließenden Startabbruch durchbrach das Flugzeug den Zaun des Flughafengeländes und rollte in ein angrenzendes Rapsfeld. Eine Reparatur vor Ort wurde Ende 1985 aufgegeben. Im Januar 1986 überließ die MARC die nicht mehr flugfähige Maschine dem Auto- und Technikmuseum Sinsheim als Dauerleihgabe für die dortige Ausstellung. Die amerikanische Zulassung N9012P wurde erst am 11. August 1992 gelöscht.

Abtransport Großostheim am 6. April 1987 nach Sinsheim (SFC Aschaffenburg, Reichart)

Am 6. April 1987 wurde das zerlegte Flugzeug per LKW von Großostheim nach Sinsheim gebracht. In Sinsheim erfolgte die Instandsetzung im Erscheinungsbild einer Ju52 der Fliegerschule Thorn „RJ+NP" in Wintertarnung für Russlandeinsätze 1941, das einer französischen Veröffentlichung „Avions Militaires 1919-1939" aus dem Jahr 1979 entnommen wurde. Seit 1988 befindet sich das Flugzeug in der Ausstellung, zunächst am Boden, heute aufgehängt an der Decke.

CASA 352, W.Nr. 31in Sinsheim 1987 (Slg. Peter Cohausz)

Typ / Ort / Status	W.Nr.	Zulassung
CASA 352-A3, Ugglarp, Schweden		
CASA 352 in Luftwaffen-Erscheinungsbild	033[52]	T2B-142
Svedinos Bil- och Flyg Museum, Ugglarp, Schweden		
Öffentliche Ausstellung	(640416)	(DP+FJ)

CASA W.Nr. 033, DP+FJ im Svedinos Bil- och Flyg Museum, Juni 2014 (Johnny Comstedt)

Die CASA W.Nr. 033 wurde im März 1949 als T2B-142 an die spanische Luftwaffe ausgeliefert. Wie die meisten CASA 352 war die Maschine mit einer Ladeluke auf der rechten Seite ausgerüstet. Im Jahr 1969 war sie als 515-1 in Malaga stationiert. Sie wird erst am 27. Juni 1975 ausgemustert und in Cuatro Vientos bei Madrid abgestellt.

---

[52] Stellenweise auch als W.Nr. 052 angegeben. Dies ist die W.Nr. des Rumpfs.

CASA W.Nr. 033, 515-1 abgestellt in Malaga um 1970 (Juan M. Gonzales)

Im Oktober 1978 erwarb David Tallichet die Maschine zusammen mit der W.Nr. 031 für die Military Aircraft Restoration Corp. (MARC) in Chino. Während Tallichet die W.Nr. 031 zunächst in Spanien beließ, wurde die T2B-142 schon am 12. September 1979 über Rennes und Bournemouth nach Biggin Hill überführt.

CASA W.Nr. 033, N9012N, Military Aircraft Restoratio in Biggin Hill 1982 (Paul Seymour)

276

Obwohl das Flugzeug die amerikanische Zulassung N9012N erhielt, verblieb es in Europa und wurde in Biggin Hill von John Hawke geflogen. Im November 1982 wurde das Flugzeug für Dreharbeiten zum Agenten-Film „Caught in a Free State" der irischen Channel 4 TV Corporation nach Dublin überführt. Für den Film erhielt die Maschine einen grün-grauen Luftwaffenanstrich mit der Kennung „+AC". Im Film wurde das Flugzeug für die Absprungszenen der deutschen Agenten über Irland genutzt. Die Flug- und Fallschirmsprung-Aufnahmen wurden über dem irischen Flugplatz Baldonnell in der Nähe von Dublin gedreht.

CASA 352, W.Nr. 033, N9012N im Luftwaffen-Erscheinungsbild 1982 in Dublin (Malcom Nason)

Bereits während der Filmaufnahmen fiel das Flugzeug 1982 häufiger durch technische Störungen, insbesondere der Motore aus. Auch nach Abschluss der Dreharbeiten blieb das Flugzeug wegen eines irreparablen Motorschadens in Dublin stehen. Tallichet beabsichtigte 1983 daher die Reaktivierung der zweiten von ihm erworbenen CASA 352, W.Nr. 31, die sich noch in Cuatro Vientos befand. Um diese wieder flugfähig zu machen, ließ Tallichet aus der CASA 352, W.Nr. 33 in Dublin das Leitwerk und einen Motor entnehmen, um diese an W.Nr. 31 in Madrid zu montieren.

Die zerlegte CASA 352, W.Nr. 33 verblieb weiterhin in Dublin. Während eines Orkans, der am 12. Dezember 1983 über Dublin zog, wurde das Flugzeug stark beschädigt. Tallichet verzichtete auf eine Instandsetzung des Flugzeugs.

CASA W.Nr. 033, N9012N in Dublin 1986 ohne Leitwerk und Motore (Paul Seymour)

Das Auto- und Technikmuseum in Sinsheim war 1986 an einer Übernahme des Flugzeugs in seine Ausstellung interessiert, übernahm dann allerdings die inzwischen in Großostheim abgestellte zweite Maschine W.Nr. 31 von Tallichet. Die W.Nr. 33 tauschte Tallichet 1987 mit dem Flygvapenmuseum im schwedischen Malmö gegen eine Mosquito. Bereits 1988 gab das Flygvapenmuseum das Flugzeug allerdings im Austausch gegen eine Heinkel HD35 / Sk5, W.Nr. 235 an das Svedinos Bil och Flyg Museum in Ugglarp weiter. Die fikitve Luftwaffenbemalung, die das Flugzeug bereits in Dublin hatte, wurde in Ugglarp weitgehend beibehalten und mit einem helleren Grün noch weiter verfälscht. Seit 2001 befand sich die Maschine im Außenbereich des Svedino Automobilmuseums in der falschen Lackierung und zeitweise mit der Luftwaffen-Kennung N9+A7. Um 2004 wurde das Flugzeug vorübergehend aus der Ausstellung genommen, um ihm einen authentischeren Luftwaffen-Anstrich zu geben. Seit 2011 befindet sich das Flugzeug nun in einer neuen Ausstellungshalle mit einer weitgehend korrekten Luftwaffenbemalung und der taktischen Zulassung DP+FJ, die ursprünglich von der Junkers W.Nr. 640416 verwendet wurde, die bei Kriegsende mit deutschen Flüchtlingen in Bonarshed landete. Die W.Nr. 33 wird in einem Diorama der Verhandlungen zwischen Deutschen und Schweden nach der Landung gezeigt.

CASA W.Nr. 033 in Svedino's Automobile Museum in den 90ern (Björn Bellander)

CASA W.Nr. 033 im Erscheinungsbild Ju52, W.Nr. 640416 seit 2004 (Svedino Flymuseum)

Vorbild: Junkers Ju52, W.Nr. 640416, DP+FJ

Bei der DP+FJ handelt es sich um ein authentisches Flugzeug mit der W.Nr. 640416. Die Ju52/3mg14e U1 gehörte gegen Ende des Kriegs zur Kurierstaffel des Oberkommandos der Kriegsmarine OKM. Sie wurde als Reise- und Kuriermaschine für ranghohe Marine-Angehörige verwendet und verfügte über eine für damalige Verhältnisse besondere VIP-Kabinenausstattung.

Am 2. Mai 1945 befand sich das Flugzeug beim OKM in Schleswig. Die beiden Luftwaffen-Offiziere Hans-Joachim und Carl Schneider, zwei Lufthansa-Mitarbeiter als Funker und Mechaniker, sowie vier Angehörige der beiden Piloten starteten mit der DP+FJ an diesem Tag von Schleswig Richtung neutralem Schweden. Das Flugzeug landete in Bonarpshed, wo sich die Offiziere den schwedischen Behörden ergaben. Das Flugzeug wurde auf die schwedische Luftwaffenbasis Ljungbyhed gebracht und von den Schweden technisch instandgehalten.

)

Ju52, W.Nr. 640416, DP+FJ in Bonarpshed, Schweden, 2. Mai 1945 (Slg. Bo Widfelt)

Später wurde das Flugzeug am Rande des Flugplatz Ljungbyhed abgestellt. Im Jahr 1950 wurde das Flugzeug von einem Schrotthändler erworben und zur Verschrottung abtransportiert. Einige Teile des Flugzeugs existieren heute noch im Samtidsmuseum in Morup.

Typ / Ort / Status	W.Nr.	Zulassung
CASA 352-C, München (II) Flughafen, Deutschl.		
CASA 352 in Lufthansa-Erscheinungsbild D-ANOY	035[53]	T2B-144
Besucherpark, Flughafen München, Deutschland		
Öffentliche Ausstellung als „Rudolf von Thüna"	(5663)	(D-ANOY)

CASA W.Nr. 035 im Besucherpark Flughafen München, 2011 (Johnny Comstedt)

Die heute im Besucherpark des Flughafen München zu sehende „D-ANOY" gehört als D-CIAS zur Gruppe der vier CASA 352, die Günter Kurfiss Anfang der 70er Jahre von der spanischen Luftwaffe erworben hatte. Das Flugzeug wurde im Juni 1949 als T2B-144 an die spanische Luftwaffe übergeben. Eingesetzt wurde das Flugzeug als 403-1, 2-1, 761-16 und 36-102. Sie scheint u.a. bei der 401. Esquadrilla in Äquatorial-Guinea im Einsatz gewesen zu sein. Sie blieb bis 1971 im Einsatz und wurde danach in Cuatro Vientos abgestellt.

---

[53] Auch als W.Nr. 54 teilweise in den Medien zugeordnet, was vermutlich die Werknummer der Rumpf-Baugruppe ist

CASA 352, W.Nr. 35 bei der 401. Escuadrilla um 1960 (Francisco Andreu)

Nach der Stilllegung wurde das Flugzeug kurze Zeit im amerikanischen Register als N88927 geführt. Zugelassen war das Flugzeug in den USA auf Joseph Masin aus Rodenkirchen. Im November 1973 befand sich das Flugzeug mit amerikanischer Zulassung im französischen Lognes und trug am Rumpf die Beschriftung „B&S". Kurze Zeit später übernahm Günter Kurfiss die Maschine zur Kurfiss Aviation, für die sie im Juni 1974 als D-CIAS zugelassen wurde.

CASA 352, W.Nr. 35, D-CIAS der Kurfiss Aviation auf der ILA 1974

Kurfiss stationierte das Flugzeug für künftige Rundflüge in Stuttgart. Tatsächlich geflogen wurde das Flugzeug allerdings in Deutschland wohl nur bei Positionierungsflügen zu auswärtigen Veranstaltungen, wie etwa zur Internationalen Luftfahrtausstellung ILA 1974 in Hannover. Nachdem Kurfiss die Idee von kommerziellen Rundflügen aufgegeben hatte, absolvierte die D-CIAS am 14. September 1974 ihren letzten Flug von Stuttgart nach Frankfurt, wo sie in der Air Classic Ausstellung auf der Besucherterasse des Flughafens bis 1994 ausgestellt wurde.

CASA W.Nr. 035 auf der Besucherterrasse Frankfurt, 1985

Die D-CIAS ging 1994 an das Fliegende Museum von Josef Koch in Augsburg. Nachdem sich die Ansiedlung eines Museums auf dem Flugplatz Tannheim 1995 zerschlug, verlagerte Koch seine fliegende Sammlung vorübergehend auf die englische Isle of Wight.

Die fluguntaugliche D-CIAS gab Koch 1996 an den Flughafen München ab, der das Flugzeug im neuen Besucherpark des Flughafens im Erdinger Moos aufstellte. Im Besucherpark war das Flugzeug seit 1996 zunächst im gleichen Erscheinungsbild als D-CIAS zu sehen, wie in den 80er und 90er Jahren auf der Besucherterrasse des Frankfurter Flughafens.

CASA W.Nr. 035, D-CIAS im Besucherpark Flughafen München 1997 (Rainer Spoddig)

Im Jahr 2002 wurde das Flugzeug für die statische Ausstellung nochmals instandgesetzt. Dabei erhielt die Maschine das historische Erscheinungsbild einer Lufthansa-Passagiermaschine aus der Vorkriegszeit. Seit 2004 ist die CASA 352, W.Nr. 35 als D-ANOY, „Rudolf von Thüna" im Besucherpark ausgestellt, deren Vorbild 1937 erstmals das Pamir-Gebirge überfolgen hatte.

Vorbild: Junkers Ju52, W.Nr. 5663, D-ANOY

Die Junkers Ju52/3mte mit der W.Nr. 5663 wurde im Februar 1937 an Lufthansa ausgeliefert. Sie wurde als D-ANOY zugelassen und erhielt den Taufnamen „Rudolf von Thüna". Die Maschine sollte zur Streckenerkundung nach Asien eingesetzt werden. Durch die politische Lage waren die früheren Routen nach Asien über Sibirien im Norden oder Indien im Süden für einen regelmäßigen Luftverkehr der Lufthansa nicht zuverlässig genug. Die Lufthansa suchte daher einen Zugang nach China von Afghanistan über das Pamir-Gebirge. Obwohl der Pamirflug der D-ANOY oft als erste Überquerung des Pamir bezeichnet wird, war die Erkundung dieses Streckenabschnitts schon 1936 abgeschlossen. Die eigentliche Überquerung des Pamir-Gebirges hatte Lufthansa bereits im Juli 1936 mit mehreren Flügen der D-AVUP „Kurt Steidel" von Walter Drechsel erkunden lassen. Drechsel

284

identifizierte eine 2650 km lange Flugroute von Kabul nach Ansifar durch die Pamirtäler und –pässe, die von der Ju52 bewältigt werden konnten.

Der Pamirflug der D-ANOY diente der Erkundung einer Anschlussstrecke von Ansifar durch das westliche China bis in die alte Kaiserstadt Xi'An, wo sich die Basis der chinesischen Lufthansa-Tochter EURASIA befand. Neben der D-ANOY, die von Robert Untucht und dem Machinisten Karl Kirchhoff geflogen wurde, nahm als zweites Lufthansa-Flugzeug die D-AMIP, „Firtz Erb" an der Streckenerkundung teil. Sie wurde von Walter Drechsel und von Tettenborn, sowie Funkermaschinist Penke geflogen. Der Lufthansa-Vorstand Carl August von Gablenz übernahm die Leitung des Expeditionsflugs an Bord der D-ANOY. Beide Flugzeuge wurden für den Flug über den Pamir mit einem stärkeren BMW Hornet 132L und verstellbaren Luftschrauben, sowie einem 5000 Liter Tankvolumen ausgerüstet. Im August 1937 erfolgte die Überführung der D-ANOY und D-AMIP über Rhodos, Damaskus, Baghdad, Teheran und Herat nach Kabul. Am 24. August 1937 startete zunächst die D-ANOY von Kabul über den Hindukusch in einer Höhe von 4800 Metern und den 5400 Meter hohen Wakham-Pass nach Ansifan in der nordwestlichen, chinesischen Provinz Kansu. Trotz Ölverlust des Mittelmotors erreichte die D-ANOY Ansifan nach 11 Stunden Flugzeit. Obwohl günstige Rückenwinde vorherrschten, war der Treibstoff dabei fast komplett aufgebraucht worden. In China wurde der Flug am nächsten Tag in Richtung Xi'An fortgesetzt. Die zweite Maschine D-AMIP „Fritz Erb" folgte am 26. August 1937. Auch diese Maschine bewältigte die Überquerung des Pamir-Gebirges. Auf dem Weiterflug von Ansifan nach Xi'An musste das Flugzeug allerdings 30 km vor Xi'An wegen Treibstoffmangels notlanden. Dabei kam es zu einem Fahrwerksbruch, der später bei EURASIA in Xi'An behoben wurde. Die D-AMIP blieb in China und wurde später von EURASIA im chinesischen Liniendienst eingesetzt. Komplikationen ergaben sich auf dem Rückflug der D-ANOY aus Xi'An nach Kabul als das Flugzeug wegen eines Leistungsabfalls des linken Motors bei Chotan in der Provinz Sinkiang notlanden musste. Die Besatzung wurde daraufhin von chinesischen Soldaten in der Zitadelle von Chotan festgesetzt. Erst im September 1937 wurden von Gablenz und seine Besatzung wieder freigelassen und konnten nach Instandsetzung des Motors den Flug nach Kabul am 27. September 1937 fortsetzen. Einige Tage später startete die D-ANOY in Kabul zum Rückflug nach Europa. Am 3. Oktober 1937 wurde die Besatzung in Tempelhof mit mehr als einem Monat Verspätung empfangen.

Ju52, W.Nr. 5663, D-ANOY bei Ankunft in Xi'An im August 1937 (Slg. Lennart Andersson)

Vorbereitung für Rückflug von Kabul nach Berlin im September 1937 (Slg. Luise v. Segnitz)

Die W.Nr. 5663, D-ANOY kam bei Lufthansa wieder in den normalen Liniendienst und ging ein Jahr später am 2. Dezember 1938 bei einem missglückten Landeanflug auf Wien-Aspern durch Absturz und ein anschließendes Feuer am Leopoldsberg verloren. Einige kleine Fundstücke von der Absturzstelle befinden sich im Besitz der Interessengemeinschaft Luftfahrt Fischamend. Mit der W.Nr. 6432 vergab die Lufthansa im Mai 1939 den Beinamen „Rudolf von Thüna" an die D-ABEW ein weiteres Mal.

Rudolf Freiherr von Thüna gehörte 1913 zu einem der ersten ausgebildeten Militärflugzeugführern in Deutschland. Im ersten Weltkrieg war Thüna Frontflieger bei der FFA 1 und der Bogohl 5. Nachdem Thüna im Juni 1936 verstorben war, wurde die D-ANOY im Januar 1937 nach ihm benannt.

Ju52, WNr- 5663, D-ANOY im Sommer 1938 in Leipzig (Flughafen Leipzig)

Typ	W.Nr.	Zulassung
CASA 352 / Junkers Ju52/1m, Replika, Winnipeg		
(CASA 352L) Royal Aviation Museum of Western Canada Winnipeg, Manitoba, Kanada	CASA 039	T.2B-148
Ausgestellt als Canadian Airways Ltd.	(4006)	(CF-ARM)

Junkers Ju52/1m Replika im Royal Aviation Museum of Western Canada, 2022 (RAMWC)

Das weltweit einzige Beispiel für die einmotorige „Ur"-Ju52/1m findet man im kanadischen Royal Aviation Museum of Western Canada in Winnipeg. Bei der ausgestellten Maschine handelt es allerdings um einen Nachbau der einzigen in Kanada zwischen 1932 und 1947 betriebenen Junkers Ju52/1m der Canadian Airways Ltd. mit der Zulassung CF-ARM. Dieser Nachbau entstand in den 80er Jahren aus einer umgebauten, dreimotorigen CASA 352L mit der Werknummer 039 aus spanischer CASA-Produktion.

Die ursprüngliche CASA 352, W.Nr. 039 war war im Juni 1949 als T.2B-148 an die spanische Luftwaffe Ejercito del Aire aus-geliefert worden. Sie wurde als Springerflugzeug für Fallschirmjäger einge-setzt und war unter anderem als „721-7" bei der Grupo 721 der Fallschirm-springer-Schule in Alcantarilla im Einsatz. Die Außerdienststellung des Flugzeugs erfolgte am 26. November 1975 nach 2828

Flugstunden. Die Maschine wurde zunächst in Madrid Cuatro Vientos geparkt und vor ihrem Verkauf abgerüstet.

T2B-148 der Fallschirmspringerschule Grupo 721 geparkt in Madrid, 1976 (Slg. Jose Ramon Valero)

Dolph Overton aus Kenley, North Carolina erwarb das Flugzeug 1977. Für die Überführung aus Spanien in die USA erhielt Overton die Zulassung N99234. Die Überführung von Spanien in die USA durch Peter Hoar führte am 14. Juli 1978 über Gatwick zunächst nach Strathallan bei Glasgow in Schottland. Hier erfolgte der Einbau von Zusatztanks für die Atlantiküberquerung. Im Juni 1979 erfolgte der Weiterflug über Reykjavik und Grönland in die USA.

Overton hatte bereits mehrere historische Flugzeuge erworben und im Wings and Wheels Museum in Santee in South Carolina untergebracht. Auch die CASA 352 war für dieses Museum vorgesehen. Nachdem das Museum im Juli 1979 nach Orlando umgezogen war, erfolgte die Überführung von Schottland schließlich nach Orlando. Später ging das Flugzeug auch formal in den Besitz des Wings and Wheels Museum in Orlando über.

CASA W.Nr. 039, N99234 während der Überführung aus Spanien in Glasgow, 1979 (Paul Thallon)

Schon zwei Jahre später kündigte der Flughafen von Orlando 1981 den Mietvertrag mit dem Museum. Overton gab daraufhin die Sammlung auf und ließ diese 1982 in Orlando versteigern.

Zu dieser Zeit war das Aviation Museum of Western Canada am Erwerb einer Junkers Ju52 interessiert. Aus Anlass des 50. Jahrestages der Auslieferung der ersten Junkers Ju52/1m nach Kanada an Canadian Airways im November 1931 spendete der Sohn des Firmengründers, George Taylor Richardson 1981 einen größeren Geldbetrag an das Museum, mit dem eine Junkers Ju52 erworben oder der Nachbau der kanadischen Junkers Ju52/1m CF-ARM realisiert werden sollte. Mit der Geldspende der Familie Richardson beteiligte sich das Aviation Museum of Western Canada unter Kurator Keith Olson 1982 an der Versteigerung einer Junkers Ju52 des Wings and Wheels Museum in Orlando. Das Aviation Museum aus Winnipeg erhielt für 60.000 US$ den Zuschlag für die flugfähige CASA 352.

Zur Überführung des Flugzeugs von Orlando nach Winnipeg erhielt Olson die Unterstützung der Royal Canadian Air Force. Der Kommandant der 402. Air Force Reserve Squadron in Winnipeg, LCol. Malcom Joyce stellte eine Spezialeinheit zur Bergung von RCAF-Flugzeugen zur Verfügung, die in Orlando die Flugtauglichkeit der CASA 352 herstellen sollte. Den Überführungsflug führte Joyce durch.

Malcom Joyce Interview
zum Überführungsflug von Florida nach Winnipeg

Die Zelle der Junkers war in exzellentem Zustand, aber die drei Motore waren äußerst fragwürdig. Es gab zwei Motore mit fixed-pitch Propellern am Flügel und einen Pratt & Whitney R1340 Motor mit constant-speed Propeller an der Nase. Diese Modifikation war bereits vor einiger Zeit vorgenommen worden, um das Flugzeug nach Orlando zu fliegen. Der Mittelmotor hatte zwei defekte Zylinder, war aber bester Motor. Die Instrumentierung bestand nur aus den nötigsten Instrumenten und einem einfachen Kompass und war für Instrumentenflug nicht wirklich brauchbar.

Überführung der CF-ARM von Orlando nach Winnipeg im Jahr 1982 (RAMWC)

Am 11. Mai 1982 startete Joyce in Orlando die CASA 352 mit der kanadischen Sonderzulassung CG-ARM [54] über Tuscaloosa nach St. Louis und Minneapolis. Beim Start in Minneapolis versagte am 15. Mai 1982 der linke Motor. Erst am 9. Juni 1982 erfolgte der Weiterflug Richtung Winnipeg, der allerdings bei Kenora

---

[54] Auf dem RAMWC-Blog „The Boxcar that flew" beschreibt Joyce detailliert die Etappen des Fluges / https://historyoflight.wordpress.com/2011/01/25/the-boxcar-that-flew/

in Ontario erneut wegen schlechter Witterung abgebrochen werden musste. Erst am 10. Juni 1982 landete die CASA 352L in Winnipeg. Sie wurde im August 1982 auf dem Flugplatz in Gimli eingelagert.

CG-ARM mit Besatzung unter Joyce in Winnipeg 1982 (RAMWC)

CASA 352L, W.Nr. 039, CG-ARM in Gimli im August 1982 (Slg. Arnold)

Im Sommer 1983 sollte die Maschine auf der Gimli Air Show der Öffentlichkeit vorgestellt werden. Ein erneuter Motorausfall beim Start endete mit einer Notlandung. Erst bei der Air Show im Juni 1984 gelang die Vorführung des Flugzeugs nach Wechsel des Mittelmotors. Danach wurde der Flugbetrieb eingestellt. Dem

Wunsch der Familie Richardson entsprechend wurde das Flugzeug von einer dreimotorigen Variante auf die einmotorige Ju52/1m umgebaut, die in den 30er Jahren bei Canadian Airways als CF-ARM im Einsatz war. Der Umbau erfolgte im Winter 1984/85 bei Bristol Aerospace in Winnipeg. Der Nachbau der CF-ARM ist als Landversion mit Radfahrwerk ausgeführt. Das Originalflugzeug wurde sowohl in Land- als auch in Schwimmerversion bei Canadian Airways betrieben.

Rollout der umgebauten Ju52/1m im WCAM Winnipeg 1985 (Bill Zuk via Wikimedia.org)

Das umgebaute Flugzeug ist seit dem 1. April 1985 überwiegend ständiger Bestandteil der öffentlichen Ausstellung des Royal Aviation Museum of Western Canada. Während des Umbaus des Museums war das Flugzeug zwischen 2019 und 2022 eingelagert. Seit 2022 ist es in der neuen Ausstellungshalle des Museums in Winnipeg wieder für die Öffentlichkeit zugänglich.

Die einmotorige Replika der Junkers Ju52/1m, CF-ARM im Royal Aviation Museum of Western Canada bildet ein Flugzeug ab, das in vielfacher Hinsicht herausragend in der kanadischen und nordamerikanischen Luftfahrtgeschichte war. Bei ihrer Zulassung 1931 war sie das größte in Kanada zugelassene Flugzeug. Bis zum heutigen Tag gilt sie als das größte in Nordamerika zugelassene, einmotorige Flugzeug. Sie war außerdem die am längsten genutzte Junkers Ju52/1m weltweit.

Canadian Airways Ju52/1m, CF-ARM, W.Nr. 4006[55]

James Richardson und Harold Oaks gründeten 1926 in Winnipeg die Busch-Flug-
linie Western Canada Airways. Zur Ausweitung des kanadischen Streckennetzes
gründete Richardson im Juli 1929 unter Mitwirkung der beiden großen kanadischen Eisenbahngesellschaften Canadian Pacific Railway und Canadian National
Railway die Aviation Corporation of Canada, unter deren Dach verschiedene kleinere Busch-Fluglinien zusammengefasst werden sollten. Richardson brachte
auch die Western Canada Airways im November 1930 in diese Holding ein.
Richardson übernahm die Geschäftsführung und benannte die Organisation in
Canadian Airways Ltd. um.

Richardson hatte bereits zwei Junkers W34 (siehe Teil I) für die Western Canada
Airways aus Deutschland beschafft. Für die Canadian Airways beschaffte Richardson bis 1933 sechs weitere Flugzeuge dieses Typs. Für Transporte von Großgü-
tern bestellte Richardson im Juli 1931 außerdem eine Junkers Ju52/1m, W.Nr.
4006, die im Oktober 1931 an Bord der SS Beaverbrae in Montreal eintraf.

---

[55] CanAero.ca, Robert S. Grant, „Canadian Airways fabulous „Flying Box Car"

CF-ARM als Landflugzeug der Canadian Airways (SDASM Archives, BNr. 81615)

Sie wurde in Kanada im November 1931 als CF-ARM zugelassen und flog zwischen 1932 und 1943 in Nordkanada vor allem Frachteinsätze für Canadian Airways. Ihr Spitzname lautete „Flying Boxcar". Das Flugzeug kam als Land- und Wasserflugzeug zum Einsatz und wurde häufig umgerüstet.

CF-ARM als Wasserflugzeug (Library and Archives Canada, Brintnell Collection)

Da der originale BMW VIIaU-Motor sich als sehr störanfällig erwies, ließ Richardson die CF-ARM im Januar 1936 auf einen Rolls-Royce Buzzard III Motor umrüsten. Im August 1937 war Richardson am Kauf einer weiteren Ju52/1m interessiert. Da die Junkers-Werke die Produktion der einmotorigen Ju52 inzwischen zugunsten der dreimotorigen Variante eingestellt hatte und die Mehrkosten für den Betrieb der dreimotorigen Ju52 für Richardson nicht wirtschaftlich abzubilden waren, blieb es bei der CF-ARM als einzige Ju52 der Canadian Airways.

Nach Richardsons Tod im Jahr 1939 übernahm Canadian Pacific Airlines ab 1941 die Canadian Airways. Auch die CF-ARM ging in den Besitz der CPA über. Die Junkers-Flotte der Canadian Airways wurde noch bis 1946 von CPA betrieben. Die CF-ARM musste allerdings schon 1943 stillgelegt werden, da während des Kriegs keine Ersatzteile für die fällige Grundüberholung des Rolls-Royce Buzzard Motors erhältlich waren. Das Flugzeug wurde 1943 in Winnipeg in der Brandon Avenue Air Base am Red River abgestellt.

Geparkte CF-ARM in der Brandon Avenue Air Base in Winnipeg 1947 (Slg. Bowers)

Als CPA 1946 die übrigen Junkers W34 stilllegte, konnten die meisten der noch existierenden Flugzeuge weiterverkauft werden. Die seit mehreren Jahren im Freien geparkte CF-ARM konnte mit ihrem abgeflogenen Motor im März 1947 nur noch an einen Schrotthändler verkauft werden. Das Flugzeug wurde teilweise zerlegt. Der Rumpf wurde an einen Kindergarten in Winnipeg abgegeben und später verschrottet.

Im Royal Aviation Museum of Western Canada befinden sich auch noch die originalen Schwimmer der CF-ARM. Sie wurden nach der Verschrottung der CF-ARM von der Familie Richardson dem Yachtclub in Winnipeg für den Bau eines Pontons zur Verfügung gestellt. Dieser Ponton wurde später mit den Schwimmern versenkt. Das Western Canada Aviation Museums barg 1982 einen kompletten Schwimmer und die Überreste des zweiten Schwimmers. Sie sind eingelagert.

Typ / Ort / Status	W.Nr.	Zulassung
CASA 352-A1, Mönchengladbach, Deutschland		
CASA 352 im neutralen Erscheinungsbild Verein der Freunde historischer Luftfahrzeuge Im Hugo-Junkers-Hangar, Mönchengladbach	056[56]	HB-HOY

CASA 352, W.Nr. 56, HB-HOY des VFL in Mönchengladbach 2024 (Bernd Huckenbeck)

Eine weitere CASA 352, die ursprünglich von Kurfiss Aviation nach Deutschland gebracht wurde, ist die heute beim Verein der Freunde historischer Luftfahrzeuge unterhaltene HB-HOY. Sie wurde als CASA W.Nr. 056 im April 1950 an die spanische Luftwaffe übergeben und als T.2B-165 registriert. Unter anderem war sie bei der 406. Escuadrilla als 406-30 im Einsatz. Das Flugzeug wurde nach 24 Jahren mit 2828 Flugstunden im November 1974 ausgemustert.

---

[56] Stellenweise auch als W.Nr. 121 bezeichnet. Dies ist vermutlich die Baugruppen-WNr des Flugzeugrumpfs, auch die W.Nr. 96 wird für dieses Flugzeug an verschiedenen Stellen verwendet.

Obwohl Günter Kurfiss die Idee eines Rundflugdienstes mit CASA 352 bei der Kurfiss Aviation bereits aufgegeben hatte, übernahm er im Dezember 1974 das Flugzeug und überführte es mit der Zulassung D-CIAK am 26. April 1975 aus Spanien nach Köln-Wahn. Dort wurde die Maschine im Rahmen der Air Classic Ausstellung einige Zeit ausgestellt.

CASA 352, W.Nr. 56, D-CIAK in der Air Classic Ausstellung Köln-Wahn 1975 (Peter de Zeeuw)

Bereits im Folgejahr wurde die Ausstellung von Köln nach Düsseldorf verlagert. Die D-CIAK startete am 19. Mai 1976 zu ihrem vorerst letzten Flug von Köln-Wahn nach Düsseldorf-Lohausen. Dort wurde die Maschine 1976 auf der Besucherterasse des neuen Terminalgebäudes aufgestellt. Auch nach Eröffnung des Air Classic Ausstellungsgeländes zwischen Fracht- und LTU-Halle verblieb die D-CIAK auf dem Dach des Terminalgebäudes.

Nach der Auflösung der Air Classic Sammlung am Düsseldorfer Flughafen Anfang der 80er Jahre blieb die CASA 352, W.Nr. 56 auch weiterhin auf der Besucherterasse des Flughafens und ging in den Besitz des Flughafens über. Nachdem das Flugzeug Anfang der 90er Jahre auf Grund baulicher Veränderungen von der Terasse entfernt werden musste, konnte der Flughafen-Direktor Hans Joachim Peters die Ju-Air für eine flugtaugliche Restaurierung des Flugzeugs gewinnen.

CASA 352, W.Nr.56, D-CIAK nach ihrem letzten Flug CGN-DUS am 19.05.76 (Lufthansa AG)

CASA W.Nr. 056, D.CIAK auf der Besucherterrasse in Düsseldorf, 1978

Unter Federführung des damaligen Flughafenjuristen Hans Hochgürtel gründeten Mitarbeiter des Flughafens Düsseldorf am 12. Dezember 1991 den Verein der Freunde historischer Luftfahrzeuge e.V. (VFL), an den der Flughafen Düsseldorf die D-CIAK abgab. Der VFL beauftragte den Verein der Freunde des Museums der Schweizer Luftwaffe mit der Restaurierung und der Organisation des späteren Flugbetriebs, den der Schweizer Verein mit seiner Ju-Air übernehmen sollte.

Abtransport der CASA 352, W.Nr. 056 vom Flughafen Düsseldorf 1991 (Günter Vogelsang via VFL)

Das Flugzeug gelangte Februar 1992 von der Zuschauerterasse am Düsseldorfer Flughafen zur Instandsetzung bei der Ju-Air nach Dübendorf. Um eine Betriebszulassung im Rahmen der in der Schweiz bestehenden Genehmigung für die drei originalen Junkers Ju52 zu ermöglichen, erfolgte in Dübendorf die Umrüstung der CASA 352, W.Nr. 56 von spanischen Motoren auf die originalen BMW 132 Motore. Auch Teile der Avionik- und Funkanlagen wurden an die modernen Anforderungen angepasst. Die Überholung der Zelle und Flügel erfolgte zwischen 1992 und 1996 im DASA-Überholungsbetrieb in Manching.

CASA W.Nr. 056, D-CIAK bei Ankunft in Dübendorf, Feb. 1992

Mit der Verkehrszulassung in der Schweiz als HB-HOY wurde die 5,5 Millionen Franken teure Umrüstung und Instandsetzung am 27. Juni 1997 in Dübendorf abgeschlossen. Die feierliche Übergabe der HB-HOY an den Verein der Freunde historischer Luftfahrzeuge erfolgte am 30. August 1998 in Mönchengladbach. Das Erscheinungsbild der HB-HOY entsprach dem Standard-Erscheinungsbild der übrigen Ju-Air Ju52 mit beigem Rumpf und Schweizer Kreuz am Leitwerk, sowie blauen Motorverkleidungen. Zusätzlich trug die HB-HOY im hinteren Rumpfbereich das Logo des „Düsseldorf Express Airport" und der Firma Sennheiser, die die Avionik des Flugzeugs beistellte.

Während der VFL Eigentümer der Maschine blieb, übernahm die Schweizer Ju-Air die Halterschaft des Flugzeugs und betrieb dieses Flugzeug unter ihrem AOC. Die Ju-Air profitierte von den Einnahmen aus dem Flugbetrieb und übernahm neben den operativen Kosten auch die kompletten Instandhaltungskosten[57]. Ab 2004 kamen bei der HB-HOY häufig wechselnde Sponsoren-Erscheinungsbilder zum Einsatz, die üblicherweise mit Folien aufgebracht wurden.

---

[57] Zum Betrieb der Ju-Air und der Nutzung der HB-HOY bei Ju-Air, siehe W.Nr. 6580, HB-HOS

HB-HOY im Ju-Air Erscheinungsbild im Mai 1999 (Keld Bonfizz)

HB-HOY in HAPIMAG-Bemalung, Zürich, 2004 (Alexander Flührmann, CC-BY-3.0))

HB-HOY mit BMW-Werbeschriftzug 2006 (Jürgen Coenen)

HB-HOY im Erscheinungsbild Touring Club Schweiz tcs 2008 (Ju-Air)

HB-HOY mit Rimowa-Werbung, Friedrichshafen 2012 (Gerard Schaaf, CC-BY-SA-2.0)

In den Jahren 2004/05 flog die HB-HOY mit dem markanten Erscheinungsbild des Ressort- und Ferienwohnungsbetreiber HAPIMAG aus der Schweiz. Das Erscheinungsbild der HB-HOY wechselt in den folgenden Jahren fast saisonweise. Schon 2006 fliegt die Maschine mit einem BMW-Werbeschriftzug, während 2007 tcs-zuerich Werbung das Flugzeug verziert.

Am 22. Juli 2009 ereignet sich in Oberschleißheim ein Vergaserbrand, bei dem außer einer Zerstörung der NACA-Haube und des kunststoffbeschichten Holzpropellers der Fa. Hoffmann keine strukturellen Beschädigungen auftraten. Nach zweiwöchiger Liegezeit in Dübendorf war die HB-HOY wieder einsatzbereit.

Die geplante Stillegung des Flugzeugs 2012 konnten durch das Sponsoring des Kofferherstellers Rimowa verhindert werden, dessen Werbeschriftzug die HB-HOY seit 2010 trug. Auf der Heimatbasis Mönchengladbach entstand bis 2015 der eigens für die HB-HOY errichtete „Hugo Junkers Hangar", der als Abstellhalle für das Flugzeug und als Eventhalle mit Flugzeugkulisse dient.

Auf Grund fehlender BMW 132 Motore mußte die HB-HOY 2016 endgültig stillgelegt werden. Ihren letzten Flug absolvierte die HB-HOY am 29. Oktober 2016 von Dübendorf über Friedrichshafen nach Mönchengladbach. Bei ihrer Stillegung hatte das Flugzeug 7237 Flugstunden und 7688 Landungen absolviert. Die drei BMW 132-Motoren der HB-HOY wurden als Reservemotore für die drei Ju52/3mg4e der Ju-Air freigestellt. Die stillgelegte HB-HOY wurde im neu errichteten Hugo-Junkers-Hangar in Mönchengladbach seit 2016 ausgestellt.

HB-HOY im Hugo-Junkers-Hangar in Mönchengladbach (Noi Event Service)

Nach dem Verlust der HB-HOT sollte die HB-HOY 2018 wieder in Betrieb genommen werden. Als Ersatz für die Ausstellung im Hugo-Junkers-Hangar beschaffte der VFL aus Hohn die AAC.1, WNr. 053 des LTG 63. Nachdem der Flugbetrieb bei Ju-Air 2019 aufgegeben wurde, unterblieb jedoch die Reaktivierung der HB-HOY.

Typ / Ort / Status	W.Nr.	Zulassung
CASA 352-C, Virginia, USA, flugfähig		
CASA 352 im Luftwaffen-Erscheinungsbild Fighter Factory, Virginia Beach, USA	067[58]	N352JU
Flugfähige CASA 352 im Rundflugprogramm		(1Z+AR)

N352JU im Military Aviation Museum Virginia Beach 2018 (Monica del Coro, Wikimedia)

Eine der letzten noch fliegenden CASA 352 wird heute in der Fighter Factory von Gerald Yagen im amerikanischen Virginia Beach unterhalten. Sie ist heute neben der CASA 352, W.Nr. 103 der Amicale de Jean-Baptise in La Ferte Alais die letzte noch fliegende Ju52/CASA352. Die CASA Werksnummer 067 wurde als T2B-176 im Juli 1950 an die spanische Luftwaffe ausgeliefert. Sie war unter anderem als 721-8 bei der Fallschirmspringer-Schule in Madrid stationiert. Das Flugzeug wurde nach 2832 Flugstunden im Juni 1975 in Cuatro Vientos abgestellt.

---

[58] In der Fighter Factory wurde bislang nur ein Baugruppen-Schild W.Nr. 77 festgestellt. Es ist unklar, ob dieses Typenschild ein Baugruppen- oder ein Flugzeugschild ist.

CASA W.Nr. 067, „721-8" der spanischen Luftwaffe, Januar 1978 (Antonio Camarasa)

Im November 1976 erwarb Marvin Gartner das Flugzeug für die Confederate Air Force (CAF) aus Texas zu einem Preis von 16.500 US-Dollar von der Materialverwertungsstelle der spanischen Luftwaffe. Das Flugzeug verblieb allerdings noch fast drei Jahre geparkt in Cuatro Vientos. Vor dem Überführungsflug in die USA wurden die Markierungen der spanischen Luftwaffe vollständig entfernt. Am 5. September 1979 erhielt das Flugzeug die amerikanische Zulassung N99059.

CASA, WNr 067, N99059 nach Ankunft in Texas im Juli 1980 (Paul Cicci)

Das Flugzeug wurde zunächst über Bordeaux und Bournemouth nach Biggin Hill überführt, wo es am 9. September 1979 eintraf. In Biggin Hill wurden zusätzliche Treibstofftanks für die Atlantiküberquerung eingebaut. Schlechtes Wetter verhinderte die Atlantiküberquerung im Winter 1979. Am 9. Juli 1980 startete man in Biggin Hill zur zehntägigen Atlantiküberquerung mit Zwischenlandungen in Schottland, Grönland, Baffin Island in Kanada, Quebec, Bangor in Maine, Chicago und Denver. Nach insgesamt 8000 Flugmeilen landete das Flugzeug schließlich im texanischen Harlingen.

Innerhalb der Confederated Air Force (CAF) wurde das Flugzeug von der Colorado and Southern Michigan Wing betrieben. Dort wurde das Flugzeug zunächst technisch instandgesetzt und noch 1980 als N352JU zugelassen. Kurze Zeit war das Flugzeug noch im Erscheinungsbild des Überführungsflugs mit zusätzlichen Balkenkreuzen versehen.

CASA 352, W.Nr. 67, N352JU in Harlingen mit Balkenkreuz 1980 (Haldenby Collection / Mark Hall)

Im Winter 1980/81 erhielt das Flugzeug eine Luftwaffen-Lackierung. Markant für dieses erste Luftwaffen-Erscheinungsbild waren die roten Motor-Cowlings. Als fiktive Luftwaffen-Kennung wurde dabei „1Z+BV" verwendet, die bei der 11. Staffel des KG zbV 1 an der Landeoperation auf Kreta im Mai 1941 im Einsatz war.

CASA 352, W.Nr. 67, N352JU als Luftwaffe „1Z+BV" 1982 (Zane Adams)

Bereits 1984 wurde der fiktive Luftwaffen-Anstrich durch ein neues Luftwaffen-Erscheinungsbild mit der Kennung „1Z+AR" des 7. KG zbV 1 aus der Einsatzzeit von 1941 im Mittelmeerraum ersetzt. Markant waren hierbei die gelb lackierten Steuer- und Flügelflächen, seit 1989 auch die gelben Cowlings. Bei dem Original 1Z+AR handelt es sich um die Ju52, W.Nr. 6560, die im Juli 1939 fertiggestellt und im Krieg von Leutnant Franz Lankenau in Polen, Holland und Griechenland geflogen wurde. Das Flugzeug ging am 9. Januar 1943 in Stalingrad verloren.

CASA 352, W.Nr. 67 im Erscheinungsbild „1Z+AR" im Juli 1985 (Glen Chatfield)

Mit der Umstrukturierung der CAF wurde das Flugzeug im Oktober 1991 auf das American Air Power Heritage Flying Museum in Harlingen übertragen, in dem sämtliche flugfähigen Maschinen der CAF organisatorisch zusammengefasst wurden. Gleichzeitig wurde das Flugzeug nun in Midland, Texas stationiert.

Betrieben wurde die Maschine in den 80er Jahren mit den bei CASA 352 üblichen Elizalde Beta-Motoren. Neben den drei im Flugzeug verbauten Motoren, erhielt die CAF vom Western Canada Aviation Museum zwei weitere Beta-Reservemotore aus der CASA 352, W.Nr. 39, nachdem das Flugzeug in ein einmotoriges Ju52/1m Displayobjekt umgebaut wurde. Bis Ende der 80er Jahre waren diese beide Reservemotore aufgebraucht. Als 1992 ein erneuter Motorwechsel erforderlich wurde und hierfür kein Ersatzmotor zur Verfügung stand, musste die CASA 352, W.Nr. 67 aus dem Flugbetrieb genommen werden. Am 17. September 1993 wurde die Maschine mit einer Ausnahmegenehmigung von Harlingen nach Breckenridge in Texas überführt, wo eine Grundüberholung und der Umbau von Elizalde Beta-Motoren auf die weiter verbreiteten Pratt & Whitney R1340-Motore bei Ezell Aviation Inc. stattinden sollte. Auch der Zweiblattpropeller wurde gegen einen leiseren Dreiblattpropeller getauscht. Ebenso wurde das Cockpit an die Anforderungen des aktuellen Flugbetriebs angepasst. Nach fünfjähriger Liegezeit in Breckenridge absolvierte die CASA 352, W.Nr. 67 am 16. Mai 1998 ihren ersten Testflug nach der Umrüstung auf Pratt-Motore. Seit 2000 war das Flugzeug für das American Air Power Heritage Flying Museum wieder regelmässig auf Airshows in den USA zu sehen.

CASA 352, W.Nr. 67, N352JU mit PW 1340 Motoren und Dreiblattpropeller 2005 (CAF)

Am 30. August 2010 erwarb Gerald W. Yagen das Flugzeug für seine Training Services Inc. der Fighter Factory bzw. des Military Aviation Museums in Virgina Beach. Seither ist das Flugzeug hauptsächlich auf den jährlichen, regionalen Flugtagen „Wings over the Beach" in Virgina Beach in der Luft zu sehen. Im Sommer 2013 übernahm Gerald Yagen das Flugzeug von der Training Services Inc., um einen Teil seiner Flugzeugsammlung zu veräußern. Die CASA 352, W.Nr. 67 blieb allerdings im Bestand von Gerald Yagen erhalten. Seit Mai 2024 ist das Flugzeug wieder auf die TSI Holdco Inc. zugelassen.

CASA W.Nr. 067, N352JU at Thunder Over Michigan Air Show, 2015 (Norman Graf)

Typ / Ort / Status	W.Nr.	Zulassung
CASA 352-A1, Murica, Spanien		
CASA 352 der spanischen Luftwaffe Luftwaffenbasis Alcantarilla, Murcia, Spanien	072	721-1
Ausgestellt auf dem Kasernengelände		(721-1)

CASA-W.Nr. 072, Torwächter „721-1" in Alcantarilla nach Restaurierung 2024 (defensa, Julio Maiz)

Einige wenige Exemplare der spanischen CASA 352 wurden nach ihrer Ausmusterung bei der spanischen Luftwaffe nicht abgewrackt oder verkauft, sondern blieben als Ausstellungsobjekte in spanischen Luftwaffen-Kasernen erhalten. Hierzu gehört auch die CASA W.Nr. 072, die seit 1982 auf der Luftwaffenbasis Alcantarilla bei Murica als Traditionsflugzeug erhalten blieb.

Die CASA W.Nr. 072 wurde im Oktober 1950 als T2B-181 an die spanische Luftwaffe übergeben und bis Oktober 1978 zuletzt als „721-10" bei der Fallschirmspringer-Schule in Murcia eingesetzt. Das Flugzeug war bereits seit Ende 1975 abgestellt, wurde allerdings im Januar 1977 noch einmal flugklar gemacht. Die CASA W.Nr. 072 absolvierte am 1. Februar 1977 unter Führung des Chefs der Fallschirmspringerschule in Alcantarilla Oberst Peralta den letzten Flug einer

CASA 352 in Alcantarilla. Auf den geplanten, letzten Absprung aus einer CASA 352 durch Veteranen der Fallschirmspringerschule musste witterungsbedingt verzichtet werden. Nach diesem letzten 45 minütigen Flug einer CASA 352 in Alcantarilla wurde das Flugzeug erneut nach 3116 Flugstunden abgestellt. Am 6. Juli 1978 wurde das Flugzeug offiziell als letzte CASA 352 der 721. Staffel abgemeldet. Das Materialversorgungsamt der spanischen Streitkräfte MAESMA strich das Flugzeug am 4. Oktober 1978 aus seinem Bestand.

Das Flugzeug blieb auf dem Militärflugplatz von Alcantarilla als Traditionsflugzeug erhalten. Seit 1982 wurde die „721-10" im Eingangsbereich des Flugplatzes in unmittelbarer Nachbarschaft zum alten Kontrollturm aufgestellt und diente dort als Kulisse für zahlreiche Abgängerphotos der Fallschirmspringerschule.

CASA-W.Nr. 072, Torwächter „721-10" in Alcantarilla, 2005 (Carlos Javier Sanchez Martin)

Nach 40 Jahren wurde das Flugzeug äußerlich restauriert und mit einer neuen Lackierung versehen. Statt ihres letzten operativen Rufzeichens „721-10" erhielt die letzte noch in Alcantarilla vorhandene CASA 352 dabei das Rufzeichen „721-1". Die Instandsetzung wurde im Frühjahr 2024 abgeschlossen.

Typ / Ort / Status	W.Nr.	Zulassung
CASA 352-A3, Sinsheim (II), Deutschland		
CASA 352 im Lufthansa-Erscheinungsbild	100[59]	T2B-209
Technikmuseum Sinsheim, Deutschland		
Öffentliche Ausstellung	(4022)	(D-2527)

CASA W.Nr. 100, Lufthansa-Erscheinungsbild D-2527, Sinsheim 2011 (Johnny Comstedt)

Neben der CASA 352, W.Nr. 31 „RJ+NP" befindet sich in Sinsheim noch eine zweite CASA 352 mit der W.Nr. 100, die in den vergangenen Jahren in verschiedenen, meist zivilen Erscheinungsbildern auf dem Dach des Museums ausgestellt wird. Die CASA 352, W.Nr. 100 wurde im Mai 1951 als T2B-209 bei der spanischen Luftwaffe in Dienst gestellt. Vermutlich kam sie als „521-9" und „98-3" zum Einsatz bevor sie zur Fallschirmspringerschule als „792-19" kam. Sie wurde 1971 abgestellt und im September 1972 aus den Materiallisten der spanischen Luftwaffe

---

[59] Die D-2537 wird in vielen Quellen fälschlicherweise als W.Nr. 148 bezeichnet.

gestrichen. Danach wurde das Flugzeug nach Plasencia verkauft, wo es als Werbeträger für die Bar „El Avion" an der Rutas de la Plata verwendet wurde. Die Kennung „792-1" ist dabei vermutlich nicht die authentische Kennung aus der Einsatzzeit bei der spanischen Luftwaffe.

CASA W.Nr. 100, „792-1" Bar „El Avion" in Plasencia, bis 1984 (Jose Prado, via Francisco Valero)

Bei einem Brand wurden die Bar und das Flugzeug 1984 beschädigt. Da dem Besitzer die Mittel zur Instandsetzung fehlten, verkaufte er das Flugzeug. Das Flugzeug wurde vom Technikmuseum Sinsheim erworben. Per LKW kam die beschädigte Maschine 1986 von Plasencia nach Sinsheim.

In Sinsheim wurde die Maschine für die Ausstellung wieder instandgesetzt und mit einer Lackierung in leuchtendem Rot und mit der Zulassung D-2527, sowie Beinamen „Manfred von Richthofen" versehen. Dieses Erscheinungsbild entsprach der Junkers Ju52, W.Nr. 4022, die von Hermann Göring seit 1933 als Reisemaschine genutzt wurde. Das Flugzeug befand sich seit 1986 in diesem Erscheinungsbild zunächst auf Stelzen auf dem Besucherparkplatz, später dann auf dem Dach eines Ausstellungsgebäudes in Sinsheim, wo es begehbar war.

CASA, W.Nr.100, D-2527 auf Besucherparkplatz Sinsheim 1986 (Dave Lenton)

CASA W.Nr. 100, „D-2527" Richthofen auf Hallendach in Sinsheim nach 1993 bis 2008

Um 2008 wurde das Flugzeug für eine zweite Restaurierung vom Dach geholt. Statt der roten Lackierung als Reisemaschine des RLM erhielt die CASA 352, W.Nr. 100 bei dieser Instandsetzung das Erscheinungsbild als Lufthansa-Linien-flugzeug, das das originale Junkers-Flugzeug ab 1937 trug. Fälschlicherweise wurde dabei das alte Kennzeichen „D-2527" beibehalten, während die originale Maschine im Lufthansa-Liniendienst als D-AGUK im Einsatz war.

Vorbild: Ju52, W.Nr. 4022, D-2527

Als Vorbild für die in Sinsheim ausgestellte CASA W.Nr. 100 diente die Junkers Ju52-3mfe, W.Nr. 4022. Sie absolvierte am 26. Juli 1933 ihren Erstflug und wurde am 8. August 1933 als D-2527 an Lufthansa übergeben. Das Flugzeug wurde von der Lufthansa im Rahmen der Regierungsstaffel als Reiseflugzeug für Hermann Göring mit einer roten Lackierung und dem Beinamen „Manfred von Richthofen" vorgehalten. Seit 1934 war das Flugzeug als D-AGUK zugelassen. Im Juni 1935 ging das Flugzeug mit Beinamen „Kurt Wolff" zurück in den Liniendienst der Lufthansa. Es wurde 1942 bei einem Betriebsunfall zerstört.

Junkers Ju52, W.Nr. 4022, D-2527, Reiseflugzeug Göring 1933-1935

Junkers Ju52, W.Nr. 4022, D-AGUK als Reiseflugzeug Göring 1934-1935 (Fortepan)

Typ / Ort / Status	W.Nr.	Zulassung
CASA 352-A3, Madrid (I), Spanien		
CASA 352 der spanischen Luftwaffe Museo del Aire, Cuatro Vientos, Madrid, Spanien	102	911-16
Öffentliche Ausstellung		

CASA W.Nr. 102, „EdA 911-16" in Cuatro Vientos, Madrid, 2002

Von den ursprünglich 170 CASA 352 der spanischen Luftwaffe verblieben nach dem Verkauf der Restbestände und einer großen Verschrottungsaktion in den 70er Jahren in Spanien neben den Traditionsflugzeugen in Alcantarilla, Torrejon und Getafe lediglich zwei weitere CASA 352 in Spanien erhalten, die heute im Museo del Aire auf der spanischen Luftwaffenbasis Cuatro Vientos bei Madrid ausgestellt werden.

Eine der beiden CASA 352 in Cuatro Vientos, die W.Nr. 102, „911-16" war 1988 die letzte Maschine dieses Typs, die noch einmal in Spanien geflogen und danach endgültig abgestellt wurde.

Sie war im Juni 1951 als T2B-211 in Dienst gestellt worden. Bis zum Juni 1955 war sie der ersten Transportgruppe in Alcala de Henares zugeteilt. Ab März 1957 kam sie bei der 41. Jagdgruppe in San Juan als Transporter mit dem Kennzeichen „41-1" zum Einsatz. Von 1963 bis 1966 war die Maschine mit der 41. Jagdgruppe dann beim Hauptquartier der Pyrennen-Region in Zaragossa stationiert. Ab 1968 kam die Maschine zur 792. Esquadron in San Javier. Weitere Zulassungen des Flugzeugs waren „93-1" und „94-1". Im August 1972 erfolgte die Eingliederung in die 911. Esquadron in Getafe als Stabsflugzeug „911-16", wo das Flugzeug schließlich am 4. Januar 1973 abgestellt wurde. Seinen vorerst letzten Flug bei der spanischen Luftwaffe absolvierte die Maschine am 6. Februar 1973 auf der Strecke von Getafe nach Cuatro Vientos. Die Maschine wurde nach 1873 Flugstunden in Cuatro Vientos abgestellt.

Offiziell wurde sie am 17. Mai 1973 dem Museo del Aire überlassen, blieb aber noch einige Jahre auf der Air Base in Cuatro Vientos stehen, bevor das Museum im November 1979 offiziell eröffnet wurde.

CASA 352, W.Nr. 102 im Museo del Aire in Cuatro Vientos im Mai 1981 (Slg. F. Andreu)

Wiederherstellung der Flugfähigkeit[60]

Mitte der 80er Jahre gab es Überlegungen, das Flugzeug als Traditionsflugzeug der spanischen Luftwaffe wieder flugfähig zu machen. Am 26. März 1987 erfolgte die Überführung vom Museo do Aire zu den technischen Werkstätten der spanischen Luftwaffe. Dort wurde unter Führung des Werkstattleiters Teofilo Gomez Arroyo in einjähriger Arbeit das komplette Flugzeug freigelegt und Leitwerks- und Ruderflächen erneuert. Ende März 1988 waren die Arbeiten abgeschlossen. Nach fast 15 Jahren erfolgte am 1. April 1988 der Start zum Erstflug nach der Grundüberholung unter Führung von General Gabriel de la Cruz und Colonel Redon mit dem Mechaniker Teran.

W.Nr. 102, "911-16" Testflug-Vorbereitung April 1988 in Cuatro Vientos (Museo de Aeronautica)

General Julio Canales überführte das Flugzeug am 19. April 1988 zur weiteren Überprüfung und Zulassung nach Torrejon. Die Ergebnisse der Untersuchungen fielen negativ aus. Eine Fortsetzung des Flugbetriebs mit dem Flugzeug wurde

---

[60] Aufbereitet von Juan Manuel Gonzalez Arenal und Antonio Morales Escudero

vor dem Hintergrund der hohen Betriebskosten zur Aufrechterhaltung der Flugtauglichkeit und weiterer notwendiger Reparaturen von der Zertifizierungsstelle nicht empfohlen.

Am 13. Januar 1989 startete die „911-16" in Torrejon zu ihrem vorerst letzten Flug unter Führung von Oberst Redón und Oberstleutnant Moya. Dieser letzte Überführungsflug endete auf dem Flugplatz von Cuatro Vientos. Es war gleichzeitig der letzte Flug einer Ju52 in Spanien mehr als 50 Jahre nach deren ersten Einsätzen während des spanischen Bürgerkrieges.

Oberst Redon und Oberstleutnant Moja nach dem letzten Flug am 13. Januar 1989 (Defensas)

In Cuatro Vientos wurde das Flugzeug 1989 wieder an das Museo del Aire für dessen statische Ausstellung übergeben. Die Maschine wurde zunächst eingelagert und steht seit Anfang der 2000er Jahre in Cuatro Vientos als „911-16" zusammen mit der inzwischen ebenfalls wieder aufgearbeiteten CASA W.Nr. 142 im Außenbereich des Museo del Aire. Es ist dort für die Öffentlichkeit frei zugänglich.

Im Jahr 2019 wurde das Flugzeug für Drehaufnahmen der spanisch-argentinischen Gemeinschaftsproduktion „Mientras dure la guerra" über den spanischen Bürgerkrieg genutzt. Für Außenaufnahmen erhielt das Flugzeug dazu kurzzeitig die Bemalung der spanisch-nationalistischen Luftwaffe von General Franco mit dem Kennzeichen „22-51". Eine längere Filmszene spielt auch im Inneren der Kabine während eines „virtuellen" Flugs Francos und seiner Berater.

CASA 352, W.Nr. 102 für Filmaufnahmen 2019 als „22-51" (Aljeandro Amenabar)

Nach Abschluss der Dreharbeiten wurde das Flugzeug wieder in sein ursprüngliches Erscheinungsbild als „911-16" zurück versetzt.

Typ / Ort / Status	W.Nr.	Zulassung
CASA 352-A3, La Ferte Alais, flugfähig, Frankr.		
CASA 352 in Luftwaffen-Erscheinungsbild	103	F-AZJU
Amicale de Jean Baptiste, La Ferte Alais, Frankreich		
Flugfähige CASA 352		(AZ+JU)

CASA 352, W.Nr. 103 im neuen Erscheinungsbild F-AZJU von 2023 in Villaroche

In der Oldtimer-Sammlung der französischen Fluggruppe Amicale de Jean Baptiste in La Ferte Alais existiert eines der beiden letzten noch fliegenden Exemplare aus der Ju52-Familie. Hierbei handelt es sich um eine CASA 352, W.Nr. 103, die in Frankreich als F-AZJU zugelassen ist. Ursprünglich gehörte dieses Flugzeug zur Gruppe der CASA 352, die Doug Arnold in den 70er Jahren von der spanischen Luftwaffe erworben hatte.

Die CASA W.Nr. 103 wurde im Juli 1951 in Getafe an die spanische Luftwaffe als T2B-212 ausgeliefert. Das Flugzeug wurde mit einem Originalrumpf (Batch Nr. 24 von 30) der Junkers Flugzeugwerke aufgebaut, der vermutlich 1943 nach Spanien geliefert wurde. Das Flugzeug war zuletzt als „406-2" im Einsatz und wurde am 28. November 1975 nach 2808 Betriebsstunden abgestellt.

CASA 352, W.Nr. 103 bei einer Flugschau der spanischen Luftwaffe 1973 in Madrid (Juan Gonzales)

Im Sommer 1976 erwarb Doug Arnold die Maschine zusammen mit mehreren anderen CASA 352. Das Flugzeug wurde am 27. Juli 1976 als G-BECL für Warbirds of Great Britain Ltd. zugelassen. Der Überführungsflug von Spanien über Dinard nach Gatwick und Blackbushe fand am 30. Juli 1976 statt. In Blackbushe war das Flugzeug im August 1976 in spanischen Markierungen zu sehen.

CASA W.Nr. 103 Spanische Luftwaffe, „406-2" in Blackbushe im August 1976 (Chris England)

324

Für Flugvorführungen wurde das Flugzeug in England im September 1976 als G-BECL zugelassen. Außerdem erhielt das Flugzeug einen grün-grauen Tarnanstrich und das Erscheinungsbild einer Luftwaffen-Ju52 mit dem Kennzeichen „N9+AA".

CASA W.Nr. 103 als „N9+AA" in Blackbushe, März 1977 (Chris England)

Die Kennung „N9+AA" erhielt die Maschine für Flugaufnahmen, die im September 1976 für die Filmproduktion des schwedischen Fernsehens mit dem Titel „Als der Krieg nach Äppelbö kam" in Schweden abgedreht wurden. Die CASA 352, W.Nr. 103, G-BECL stellte im Film die authentische Junkers Ju52, W.Nr. 6750 dar. Die Luftwaffe übernahm dieses Flugzeug am 9. April 1940 von der Lufthansa (D-APZX, „Raoul Stoisavjevic") und setzte es als N9+AA beim 3. KG zbV 108, sowie bei der Transportstaffel Norwegen ein. Am 8. Oktober 1941 war dieses Flugzeug mit 10 Passagieren und vier Besatzungsmitgliedern auf einem Kurierflug von Finnland nach Oslo unterwegs und durchflog dabei einen freigegebenen Luftraum über Schweden. Über dem schwedischen Ort Appelbö trat gegen 10 Uhr ein Motorschaden ein, der den Piloten zu einer Notlandung in der Nähe des Ortes im neutralen Schweden zwang. Nach der Notlandung wurden die Passagiere mit der Eisenbahn an die norwegische Grenze nach Charlottenberg transportiert. Mit Unterstützung der schwedischen Luftwaffe von der F1-Staffel in Västeräs konnte die Besatzung den Motorschaden vor Ort reparieren und den Flug nach Oslo am

9. Oktober 1941 fortsetzen. Die Verfilmung des Vorfalls fand 1976 am Ort des damaligen Geschehens in Appelbö statt, wo auch die G-BECL auf einer vorbereiteten Wiese landete.

Notgelandete W.Nr. 6750, „N9+AA" in Äppelbo 1941 (Swedish Forced Landing Collection Archive)

Nach Abschluss der Dreharbeiten behielt das Flugzeug das Luftwaffenerscheinungsbild mit der Kennung „N9+AA". Sie war in diesem Erscheinungsbild für die Warbirds of Great Britain Ltd. auf zahlreichen Flugschau-Veranstaltungen zu sehen, u.a. im August 1977 bei dem jjährlich stattfindenden Blackbushe Air Festival. Seit 1981 wurde das Flugzeug nur noch selten eingesetzt. Das Erscheinungsbild verschlechterte sich zunehmend und das Flugzeug war größtenteils in Blackbushe eingelagert. Nach Arnolds Tod wurden die vier noch verbliebenen CASA 352 im Jahr 1985 verkauft.

Die CASA 352, W.Nr. 103 erwarb Keith May für die Ju52 Flight Ltd. in Rochester am 24. Mai 1985. Trotz der längeren Standzeit wurde das Flugzeug am 8. Oktober 1985 von Blackbushe nach Coventry fliegend überführt. In Coventry wurde die Maschine auch weiterhin nicht genutzt. Sie stand einige Jahre auf dem Gelände des Midland Air Museum. In Coventry ist das Flugzeug nicht mehr geflogen.

CASA 352, G-BECL bei Ankunft in Coventry im Oktober 1985 (Rob Hodgkins, Wikimedia)

Im Oktober 1987 wurde das Flugzeug dann für Filmaufnahmen der Aces High in North Weald zur Verfügung gestellt. Dafür erhielt das Flugzeug ein neues beige-grünes Luftwaffen-Erscheinungsbild aus der Zeit des Nordafrika-Feldzugs mit der fiktiven Kennung „N7+AA". In diesem Erscheinungsbild wurde das Flugzeug auch auf der Coventry Air Show im Mai 1988 gezeigt. Das Erscheinungsbild blieb bis zur Abgabe des Flugzeugs nach Frankreich im Jahr 1990 erhalten.

CASA W.Nr. 103, N7+AA in Coventry im Afrika-Erscheinungsbild im Okt. 1987 (Stephen Gray)

Anfang 1990 erwarb der französische Luftsport- und Oldtimer-Verein Amicale de Jean Baptiste Salis in La Ferte Alais das Flugzeug. Mit der Überführung des Flugzeugs von Coventry nach La Ferte Alais wurde die Edwards Brothers Aviation beauftragt. Nach der fünfjährigen Standzeit in Coventry führte Edwards zunächst eine technische Kontrolle des Flugzeugs durch. Am 31. Mai 1990 wurde das Flugzeug von Coventry nach Ferte Alais von John Hawke, Alan Morriss, Clive Edwards und Mark Edwards geflogen.

CASA 352, W.Nr. 103 nach Ankunft in La Ferte Alais im Juli 1990 (George Trussell)

Unter Leitung von Robert Roger und einem Kernteam von 5-7 Mitarbeitern erfolgte bis Mitte 1993 in La Ferte Alais die Demontage des Flugzeugs, die Entlackung und der Ausbau der Komponenten. Die eigentlichen Instandsetzungsarbeiten begannen 1996 mit finanzieller Unterstützung des Vereins, sowie öffentlicher Einrichtungen. In den EADS-Werkstätten (Airbus) wurden notwendige Reparaturen und die Instandsetzung von Komponeten durchgeführt. Da mit dem Flugzeug auch drei funktionstüchtige Ersatzmotore kamen, blieben die spanischen ENMASA B3-Motore erhalten. Das Flugzeug erhielt den Luftwaffen-Tarnanstrich des KG zbV 172 aus dem Jahr 1941. Die Instandsetzung und Modifikation zur Erfüllung moderner luftrechtlicher Anforderungen erforderte 13 Jahre, in denen ehrenamtliche Mitglieder bis zu 20.000 Arbeitsstunden leisteten. Weitere 3.500 Arbeitsstunden wurden außerhalb des Vereins für das Projekt geleistet.

328

Entlackter Rumpf der W.Nr. 103 in La Ferte Alais im Juni 1993 (Roger Richards)

Am 24. April 2003 startete die Maschine nach 13 Jahren zu ihrem ersten Werkstattflug nach der Instandsetzung in La Ferte Alais. Am 16. Mai 2003 erteilte die DGAC die offizielle Zulassung als F-AZJU. Am 7. Juni 2003 erfolgte die öffentliche Vorstellung des Flugzeugs in La Ferte Alais. Im Juli 2003 erfolgten erste Auftritte im englischen Fairford, Duxford und Biggin Hill. Jährlich fliegt die F-AZJU seither etwa 60 Flugstunden, hauptsächlich bei Schauveranstaltungen in Europa

CASA W.Nr. 103, F-AZJU in La Ferte Alais, Juni 2003 (Laurent Heyligen)

Seit 2019 sind die F-AZJU der Amicale de Jean Baptise und Gerald Yagen's N352JU in Virginia die letzten noch fliegenden Exemplare der Junkers Ju52 Familie.

Typ / Ort / Status	W.Nr.	Zulassung
CASA 352-C, Dayton, USA		
CASA 352 in Luftwaffen-Erscheinungsbild U.S. Air Force Museum, Dayton, OH, USA	135	T2B-244
Eingelagerte CASA 352, z.Zt. nicht zugänglich		(..+..)

CASA W.Nr. 135 eingelagert im USAFM Dayton, Dez. 2021 (USAF Museum)

Die CASA-W.Nr. 135 wurde im Dezember 1952 in Getafe fertiggestellt und im Februar 1953 als T2B-244 an die spanische Luftwaffe übergeben. Sie blieb bis November 1970 zuletzt als „901-20" im Einsatz. Bei der Stillegung hatte das Flugzeug mehr als 2185 Flugstunden bei der spanischen Luftwaffe absolviert.

Nach Stillegung schenkte die spanische Regierung das Flugzeug 1971 der amerikanischen Regierung. Seit den siebziger Jahren befindet sich die Maschine im US Air Force Museum auf der Wright-Patterson AFB in Dayton, Ohio. Ursprünglich wurde das Flugzeug in den Farben der spanischen Luftwaffe mit seiner ursprünglichen Zulassung „901-20" gezeigt.

CASA W.Nr. 135 in original Spanish Livery at USAFM, 1981 (Paul Seymour)

Schließlich erhielt das Flugzeug 1987 seine heutige, grüne Luftwaffen-ähnliche Bemalung ohne taktische Kennzeichen. Das Flugzeug befand sich mehr als zwanzig Jahre im Außenbereich des U.S. Air Force Museums auf der Wright-Patterson Air Base in Dayton, Ohio, bevor es inzwischen im Storage-Hangar eingelagert wurde. Das Flugzeug ist zur Zeit für Besucher nicht zugänglich.

CASA W.Nr. 135 im Luftwaffen-Erscheinungsbild im USAFM Dayton, 2007

Typ / Ort / Status	W.Nr.	Zulassung
CASA 352-C, Getafe, Spanien		
CASA 352 der spanischen Luftwaffe Luftwaffenbasis Getafe, Spanien Eingeschränkt zugänglich auf der Luftwaffenbasis	137	35-131

CASA W.Nr. 137, 35-131 auf der Luftwaffenbasis Getafe, 2017 (Laurent Heyligen)

Auf der Luftwaffenbasis im spanischen Getafe ist seit 2016 die CASA 352, W.Nr. 137 als Traditionsflugzeug ausgestellt.

Dieses Flugzeug wurde im Juni 1953 von der spanischen Luftwaffe als T.2B-246 übernommen und in Torrejon stationiert. Am 1. Juli 1955 wurde die Maschine der Ala de Transporte No. 35 in Getafe zugeteilt, die das Flugzeug bis 1960 als 35-131 einsetzte. Nachdem die CASA 352 bei der 35. Transportstaffel 1960 durch DC3 bzw. C47 ersetzt wurde, kam die T.2B-246 wieder nach Torrejon und wurde hier bis zum Februar 1974 zuletzt als „792-20" eingesetzt. Im Februar 1974 wurde das Flugzeug nach 1267 Flugstunden bei der spanischen Luftwaffe in Torrejon abgestellt.

Seit 1974 war das Flugzeug in seinem letzten Erscheinungsbild auf der Luftwaffenbasis Torrejon als „792-20" ausgestellt. Im Jahr 2014 wurde die Maschine in Torrejon demontiert und per LKW-Transport zur Luftwaffenbasis in Getafe zur Instandsetzung gebracht.

CASA W.Nr. 137 in Torrejon, 2010 (Carlos Menendez San Juan, CC-BY-SA-2.0)

Zwischen 2014 und 2016 wurde das Flugzeug durch die Grupo de Material del Ala 35 in Getafe wieder instandgesetzt. Statt des letzten Erscheinungsbilds „792-20" aus Torrejon wurde die Maschine wieder in den Zustand ihrer Einsatzzeit in Getafe Ende der 50er Jahre zurückgeführt. Sie trägt inzwischen wieder ihre alte Kennung „35-131" aus ihrer Einsatzzeit bei der Ala 35.

Am 16. Juni 2016 das restaurierte Flugzeug durch den örtlichen Divisionskommandeur General Piqueres auf der Luftwaffenbasis der Öffentlichkeit vorgestellt. Das Flugzeug befindet sich seither an der Hauptstrasse der Basis im eingeschränkt zugänglichen Bereich des Militärgeländes.

Typ / Ort / Status	W.Nr.	Zulassung
CASA 352-A1, Madrid (II), Spanien		
CASA 352 der spanischen Luftwaffe Museo del Aire, AFB Cuatro Vientos, Spanien Öffentliche Ausstellung	145	721-14

CASA W.Nr. 145, „721-14" im Museo del Aire, Madrid, 2014 (Malcolm Nason)

Auf der Luftwaffenbasis Cuatro Vientos befinden sich im Museo del Aire zwei CASA 352 (W.Nr. 102 und 145) als Teil der Freiluftausstellung.

Die CASA-W.Nr. 145 wurde im August 1954 als T2B-254 an die spanische Luftwaffe übergeben. Sie war bei der Grupo de Transporte in Alcala Henares und kam 1956 zur Ala 35 de Transporte nach Getafe und ging ein Jahr später zur Ala 36. Das Flugzeug wurde u.a. bei den Kämpfen um Sidi Ifni in Spanisch-Marokko eingesetzt. Seit April 1965 war die Maschine beim Ala 46 in Gando stationiert. Nach einer Grundüberholung übernahm die 521. Esquadrilla in Gando 1969 das Flugzeug. Im Juni 1971 wurde die Maschine an die 721. Esquadrilla der Fallschirmspringer-Schule in Alcantarilla abgegeben. Hier war sie als „721-14" bis zum 28.

März 1972 im Einsatz. Danach wurde die Maschine nach Cuatro Vientos überführt und abgestellt. Am 17. Mai 1973 wurde das Flugzeug dem Museo del Aire auf der Luftwaffenbasis Cuatro Vientos überlassen. Es kam 1981 im letzten Erscheinungsbild bei der spanischen Luftwaffe als „721-14" in die Ausstellung.

Ende der neunziger Jahre wurde das Flugzeug für Filmaufnahmen zum Spielfilm „La niña de tus ojos" (Das Mädchen Deiner Träume) der Lolafilm mit Fernando Trueba und Penelope Cruz aus dem Drehjahr 1998 herangezogen. In diesem Film reist ein spanischer Filmschaffender 1938 nach Berlin, um seine Arbeit bei der UFA fortzusetzen. Für die Reiseszene wurde die CASA 352, W.Nr. 145 mit dem Erscheinungsbild eines Lufthansa-Reiseflugzeugs versehen. Im Film trägt das Flugzeug das Kennzeichen „D-2521" und am Leitwerk die Junkers-Werknummernangabe „4025". Die Ju52, W.Nr. 4025 flog allerdings bei Lufthansa als D-2588, während die Zulassung „D-2521" keiner Ju52 zugeordnet werden kann. Es handelte sich also um eine fiktive Bemalung.

CASA W.Nr. 145 im LH-Erscheinungsbild für Filmaufnahmen um 1998 (Jose Ramon Valero)

Viele Jahre stand das Flugzeug im Museo del Aire mit der deutschen Filmbemalung auf der rechten Seite und der originalen Bemalung der spanischen Luftwaffe „721-14" auf der linken Seite. Im Jahr 2014 erfolgte dann die Instandsetzung bei der das Erscheinungsbild der spanischen Luftwaffe wieder hergestellt wurde.

Typ / Ort / Status	W.Nr.	Zulassung
CASA 352-A1, Washington, USA		
CASA 352 in Lufthansa-Erscheinungsbild Steven F. Udvar-Hazy Center, Washington, USA	146	T2B-255
Öffentliche Ausstellung		(D-ADLH)

CASA W.Nr. 146 im Steven F. Udvar-Hazy Center als Lufthansa D-ADLH, 2023

Im Steven F. Udvar-Hazy Center in Nachbarschaft des Washingtoner Dulles Airport befindet sich die CASA 352, W.Nr. 146 im Erscheinungsbild des Lufthansa-Traditionsflugzeugs D-AQUI. Dieses Flugzeug war ein Geschenk der Deutschen Lufthansa AG an die Stadt Washington aus Anlass der Streckeneröffnung von Frankfurt nach Washington.

CASA W.Nr. 146 wurde im August 1954 als T2B-255 an die spanische Luftwaffe übergeben. Im Juli 1965 war sie als „97-7"im Einsatz. Später kam das Flugzeug für die Fallschirmspringer-Schule in Alcantarilla als „721-8" zum Einsatz. Die Maschine wurde im Dezember 1972 bei der spanischen Luftwaffe ausgemustert und in Cuatro Vientos bei Madrid abgestellt.

CASA W.Nr. 146, 97-7, Spanische Luftwaffe, Teneriffa, 1965 (Steffen Täger)

CASA W.Nr. 146, 721-8 in Madrid, Cuatro Vientos im Juni 1976 (Slg. F. Andreu)

Douglas W. Arnold erwarb das Flugzeug im November 1977 für die Fairoak Aviation. Kurze Zeit später wurde das Flugzeug auf Doug Arnold's Warbirds of Great Britain Ltd. übertragen und als G-BFHD zugelassen. Der Überführungsflug von Spanien nach Blackbushe in England fand am 4. Juli 1978 statt.

CASA 352, W.Nr. 146, G-BFHD neutralisiert in Blackbushe im April 1979 (Ray Barber)

In England wurde das Flugzeug 1979 zunächst technisch überholt. Sie erhielt das gleiche Luftwaffen-Erscheinungsbild der CASA 352, W.Nr. 103, G-BECL mit der fiktiven Luftwaffen-Kennung „N8+AA". In diesem Erscheinungsbild löste die CASA W.Nr. 146 ab 1980 die inzwischen weitgehend aufgebrauchte CASA 352, W.Nr. 033 ab 1980 bei Auftritten der Warbirds of Great Britain Ltd. auf Flugschautagen in England ab.

CASA W.Nr. 146, G-BFHD im Luftwaffe-Erscheinungsbild, Blackbushe, April 1980 (Chris England)

Nach dem Tod von Doug Arnold übernahm Brian Woodford im März 1985 das Flugzeug und ließ es auf die Wessex Aviation & Transport Ltd. zu. Er überführte das Flugzeug per LKW im September 1985 von Blackbushe nach Bournemouth, wo das Flugzeug eingelagert wurde. Am 25. Juni 1987 verkaufte Woodford die Maschine an Aces High Ltd. in North Weald, die das Flugzeug allerdings nicht für eigene Zwecke nutzte, sondern an die Lufthansa in Deutschland weiterverkaufte.

Die Lufthansa führte 1987 einen Touchup der Maschine für eine statische Ausstellung durch. Dabei erhielt das Flugzeug eine Lackierung in Anlehnung an das Lufthansa-Traditionsflugzeug D-AQUI (siehe Ju52, W.Nr. 5489) und mit der fiktiven Registrierung D-ADLH, sowie dem Beinamen „Otto Lilienthal". Die Maschine war ursprünglich als Geschenk der Lufthansa für die Stadt Washington aus Anlass der Aufnahme des Flugbetriebs mit einer DC10 am 1. April 1987 von Frankfurt nach Washington vorgesehen.

CASA W.Nr. 146 im Lufthansa-Erscheinungsbild, Dulles Airport Washington, 1987 (NASM)

Nach seiner Übergabe an die Stadt Washington wurde das Flugzeug kurze Zeit auf dem Dulles Airport ausgestellt. Die Maschine ging 1988 in den Besitz des Smithonian Museums über und wurde bis 2003 eingelagert. Nach Fertigstellung des Steven F. Udvar-Hazy Center am Dulles Airport kam das Flugzeug 2003 in der dortigen Ausstellung.

CASA 352, W.Nr. 146, D-ADLH im NASM-Lager am Dulles-Airport 2003 (Carl Bobrow, NASM)

Typ / Ort / Status	W.Nr.	Zulassung
CASA 352-A1, Speyer (II), Deutschland		
CASA 352 in Lufthansa-Erscheinungsbild	148 [61]	T2B-257
Technikmuseum, Speyer, Deutschland		
Öffentliche Ausstellung		(D-AQUI)

CASA W.Nr. 148, D-AQUI in Speyer, 2014 (David Biscove)

Die CASA W.Nr. 148 wurde im August 1954 an die spanische Luftwaffe als T2B-257 übergeben. Zur Einsatzzeit bei den Spaniern liegen keine Erkenntnisse vor. Mit 3149 Flugstunden wurde die Maschine bei der spanischen Luftwaffe überdurchschnittlich geflogen. Sie wurde Ende November 1974 außer Dienst gestellt.

---

[61] Oft auch als W.Nr. 100 angegeben. Dies ist vermutl. W.Nr. der Rumpf-Baugruppe des Flugzeugs.

Sie gehörte zu den vier CASA 352, die von Günther Kurfiss 1972 für Kurfiss Aviation erworben werden. Für den Überführungsflug von Spanien nach Stuttgart erhielt die Maschine am 7. April 1975 die Zulassung D-CIAL. Das Flugzeug wurde im Sommer 1975 neben der alten Zuschauerterrasse des Stuttgarter Flughafens im Rahmen der Air Classic Ausstellung aufgestellt. Später übernahm des Albatros-Museum die Air Classic Ausstellung in Stuttgart. Mit Beginn des Terminalbaus in Stuttgart wurde die W.Nr. 148 am 2. September 1985 in Mannheim eingelagert.

CASA W.Nr. 148, D-CIAL in der Air Classic Ausstellung Stuttgart 1982 (Andy Marks)

Das Auto- und Technikmuseum in Sinsheim erwarb 1986/87 insgesamt drei CASA 352 (CASA W.Nr. 031, 100, 148), darunter auch die in Mannheim eingelagerte D-CIAL des Albatros Museums in Stuttgart. Das Flugzeug wurde per LKW von Mannheim nach Sinsheim gebracht. Die Maschine erhielt in Sinsheim eine Lackierung, die dem Erscheinungsbild der bei Lufthansa zur selben Zeit gerade in Betrieb genommenen D-AQUI einschließlich des Beinamens „Berlin-Tempelhof" nachempfunden wurde. Seit den 80er Jahren war das Flugzeug in der Flugzeughalle des Sinsheimer Museums im Schatten einer an der Decke hängenden Heinkel/CASA 111 in diesem Erscheinungsbild zu sehen. Das Flugzeug verblieb fast 20 Jahre in den beengten Verhältnissen der Sinsheimer Ausstellungshalle.

Ankunft CASA 352, D-CIAL in Sinsheim aus Mannheim um 1985/86 (Technikmuseum Sinsheim)

CASA W.Nr. 148, D-AQUI in der alten Ausstellung Sinsheim, 2007

Erst mit Fertigstellung der neuen Raumfahrthalle in Speyer konnte das Flugzeug wirkungsvoller präsentiert werden. Die „D-AQUI" wurde im September 2008 in Sinsheim zerlegt und per LKW von Sinsheim ins Partnermuseum nach Speyer transportiert.

Vermutl. Transport der „D-AQUI" von Sinsheim nach Speyer 2008 (Technikmuseum Sinsheim)

In Speyer wurde das Flugzeug in der neuen Raumfahrthalle neben der Raumfähre Buran an der Decke aufgehängt. Seit April 2009 ist das Flugzeug in unverändertem „D-AQUI" Erscheinungsbild in Speyer zu besichtigen.

Typ / Ort / Status	W.Nr.	Zulassung
CASA 352-A1, Polk City, Florida		
CASA 352 in Luftwaffen-Erscheinungsbild	153	T2B-262
Fantasy of Flight Museum, Polk City, FL, USA		
Eingelagert		(VK+AZ)

CASA W.Nr. 153, eingelagert im Fantasy of Flight Museum, Polk City, 2013 (Matt Maranto)

Die CASA-W.Nr. 153 befindet sich seit vielen Jahren zerlegt im Lager des Fantasy of Flight Museums im amerikanischen Polk City in Florida. Das Flugzeug wurde im August 1954 als T2B-262 an die spanische Luftwaffe übergeben. Sie wurde nach fast zwanzig Jahren zuletzt bei der Fallschirmspringer-Schule in Alcantarilla als „721-5" im Juni 1973 ausgemustert.

Das Flugzeug wurde von Doug Arnold für die Warbirds of Great Britain Ltd. erworben und im November 1977 für die Überführung von Spanien nach Blackbushe als G-BFHG zugelassen. Die Überführung erfolgte im Juni 1978 gemeinsam mit der G-BFHF, T.2B-275.

CASA-W.Nr. 153, T2B-262 als 721-5 nach Ausmusterung 1976 in Cuatro Vientos (Slg. F. Andreu)

Die Maschine befand sich noch im Sommer 1979 geparkt im Erscheinungsbild der spanischen Luftwaffe auf dem Flugplatz in Blackbushe. Ob und wann eine Lackierung in der grün-grauen Luftwaffenlackierung stattgefunden hat, lässt sich nicht feststellen. Einige Quellen geben für G-BFHG das fiktive Kennzeichen „N9+AA" an, welches vermutlich mehrere Flugzeuge der Warbirds of Great Britain trugen.

CASA W.Nr. 153, G-BFHG, 721-5 in Blackbushe 1978 (Malcom Nason)

Im November 1984 übernahm die Luftfilmaufnahmen spezialisierte Aces High Ltd das Flugzeug und stationierte die Maschine zunächst in Duxford, später in North Weald.

Bekannte Filmlackierungen CASA W.Nr. 153

Das Flugzeug wurde in den nächsten Jahren mit vielen verschiedenen fiktiven taktischen Kennzeichen und zahlreichen Farbschemata geflogen, die in erster Linie für Filmaufnahmen gewechselt wurden.

Erstmals wurde die Maschine im Mai 1985 als „D2+600" in einem grau-grünen Luftwaffen-Erscheinungsbild für den Fortsetzungsfilm „The Dirty Dozen: Next Mission" mit Lee Marvin verwendet. Die Maschine stellt im Film Hitler's Reisemaschine dar, in dem das Einsatzkommando von Lee Marvin nach der Mission nach England zurückkehrt.

CASA W.Nr. 153, Aces High „D2+600" in Duxford, Mai 1985 (David Withworth)

Das Erscheinungsbild wurde Mitte 1986 noch einmal mit gelben Ruderflächen, Tragflächenspitzen und Motor-Cowlings in Anlehnung an Junkers Ju52 im Kreta-Einsatz 1941 angepasst, mit dem das Flugzeug auf der Alconbury Air Fete im Juli 1986 zu sehen war. Vermutlich befand sich das Flugzeug ab Mai 1986 bis zum April 1987 im Besitz der Ipswitch Airport Ltd.

Modifiziertes Erscheinungsbild „D2+600" mit gelber Teillackierung Juni 1986 (Phil Hawks)

Im Juni 1987 erhielt das Flugzeug den realistischeren, zivilen Anstrich der Hitler-Reisemaschinen mit der Kennung „D-2600", die mehrere Ju52 zwischen 1933 und 1939 getragen hatten.

CASA W.Nr. 153, Aces High, „D-2600" in North Weald, 1987 (Chris England)

Für die 5. Folge der englischen TV-Serie „Piece of Cake" wurde das Flugzeug im Sommer 1988 als Sanitätsflugzeug „D-TABX" lackiert. Diese Lackierung trug das Flugzeug bis Mitte 1989. Diese Lackierung entsprach der originalen Ju52, W.Nr.

6660 aus dem Jahr 1940, die bei der Sanitätsflugbereitschaft 11 im Einsatz war. In dieser Lackierung war das Flugzeug unter anderem im Juni 1988 auf dem Brize Norton Open Days zu sehen.

CASA W.Nr. 153, Aces High, D-TABX in North Weald, Mai 1989 (Paul Gulliver, CC-BY)

Ab 1991 trug die Maschine wieder den grau-grünen Luftwaffen-Anstrich, diesmal allerdings nur mit gelb lackierten Seitenrudern und Tragflächenspitzen und dem taktischen Kennzeichen „VK+AZ". Dieses Kennzeichen trug im Krieg die Junkers Ju52, W.Nr. 6855, die 1940 bei der Flugzeugführerschule FFS C11 im Einsatz war und ab 1943 bei der Blindflugschule BFS1 genutzt wurde. Weitere Lackierungen bei Aces High Ltd. sind ncht bekannt geworden.

CASA W.Nr. 153, VK+AZ mit gelbem Seitenruder und Flügelspitze 1991

Im Oktober 1992 erwarb der amerikanische Sammler Kermit Weeks das Flugzeug für das Weeks Air Museum in Miami, das kurze Zeit später durch den Hurrikan Andrew weitgehend zerstört wurde. Kermit Weeks verlagerte seine verbliebene Sammlung daraufhin nach Polk City, wo bis 1995 das Fantasy of Flight Museum entstand. Die CASA W.Nr. 163 verblieb zunächst in North Weald. Erst kurz vor Fertigstellung des neuen Museums in Polk City holte Weeks das Flugzeug im September 1994 per Schiff über Port Everglades nach Florida.

CASA W.Nr. 153, VK+AZ in Polk City um 2000 (Jean Pierre Touzeau)

Das Flugzeug war einige Jahre in der Ausstellung bzw. im Rahmen von Sonderführungen in Polk City im montierten Zustand zu sehen. Im Jahr 2006 wurde die Maschine zerlegt. Sie ist seither nur noch im Rahmen der Sonderführung durch das Lager des Fantasy of Flight Museums zu sehen.

Typ / Ort / Status	W.Nr.	Zulassung
CASA 352-A1, Hawkinge, England		
CASA 352 in Luftwaffe-Erscheinungsbild The Kent Battle of Britain Museum, Hawkinge, UK	163	T2B-272
Öffentliche Ausstellung im Freigelände	()	1Z+LP

CASA 352, W.Nr. 163, künftig 1Z+LP in Hawkinge, März 2023 (Kent Battle of Britain Museum)

Im Kent Battle of Britain Museum in Hawkinge befindet sich seit 2022 die CASA W.Nr. 163, die zuvor fast 50 Jahre im RAF Museum in Cosford stand.

Das Flugzeug wurde im Dezember 1954 als T.2B-272 an die spanische Luftwaffe ausgeliefert. Sie kam am 18. Januar 1955 als „76-8" an die Fallschirmspringerschule nach Alcantarilla. Während einer Grundüberholung in Getafe erhielt die Maschine 1958 neue ENMASA-Motore und wurde als CASA 352L weiterbetrieben. Im Februar 1961 kam das Flugzeug zur Ala 36 in Gando auf den Kanaren. Im November 1968 erfolgte der erneute Einsaz in der Fallschirmspringerschule in Alcantarilla als 721-3. Am 2. Dezember 1972 erfolgte die Stillegung nach etwa 2478 Flugstunden. Das Flugzeug wurde in Cuatro Vientos bei Madrid geparkt. Im Juni 1976 wurde das Flugzeug letztmalig für einen Inspektionsflug geflogen.

Am 3. Juni 1977 wurde die W.Nr. 163 auf einer Auktion der spanischen Luftwaffe vom Royal Air Force Museum in Cosford ersteigert. Nachdem die spanische Luftwaffe die Motore instandgesetzt hatte und mehrere Prüfflüge mit der W.Nr. 163 in Cuatro Vientos durchgeführt hatte, überführte Don Bullock und Peter Warren im Beisein des englischen Luftfahrtattaches in Spanien Sid Edwards das Flugzeug am 17. Mai 1978 von Cuatro Vientos auf die französische Luftwaffenbasis Cazeaux. Am 18. Mai erreichte die W.Nr. 163 von Cazeaux nach 4:50 Std. die englische Militärbasis Biggin Hill, wo zu dieser Zeit die Biggin Hill International Air Fare eröffnet wurde. Nach Abschluss der Veranstaltung wurde die W.Nr. 163 am 22. Mai 1978 von Biggin Hill nach Cosford überführt. Dies war der letzte Flug der W.Nr. 163. Das Flugzeug behielt die silberne Lackierung der spanischen Luftwaffe und wurde für die Ausstellung in Cosford mit einfachen Luftwaffen-Markierungen versehen. Seit dem 3. Juni 1978 war das Flugzeug im Außenbereich des Museums für die Öffentlichkeit zugänglich.

CASA W.Nr. 163, T.2B-272 auf der Biggin Hill Airshow Mai 1978 (Chris England)

Im Oktober 1985 erhielt das Flugzeug ein komplett neues Erscheinungsbild, das von British Airways gesponsored wurde. Es zeigt die Maschine in einer Vorkriegslackierung der British Airways als G-AFAP. Mit dieser neuen Lackierung wurde die CASA W.Nr. 163 Teil der „British Airways Collection", die seit 1985 im RAF Museum in Cosford in Hangar I untergebracht war.

CASA W.Nr. 163, British Airways Ltd. G-AFAP in Cosford, 2010 (Rept0n1x, Wikimedia CC-BY-3.0)

Junkers Ju52 W.Nr. 5581, G-AFAP British Airways Ltd. um 1939 (IAG Archive)

Die originale G-AFAP mit Beinamen „Jason" war die Junkers Ju52, W.Nr. 5581, die im Januar 1938 von den Junkers Flugzeugwerken an British Airways als fensterlose Frachtversion ausgeliefert wurde. Sie war bis zum Kriegsausbruch auf den

Nachtpost-Strecken nach Helsinki, Oslo und Stockholm als „Scandinavian Express" Flight 730 im Einsatz. Auch nach Kriegsausbruch setzte British Airways die Flüge ins neutrale Skandinavien bis April 1940 fort. Die G-AFAP wurde Anfang April 1940 von der deutschen Besetzung Norwegens in Fornebu überrascht. Sie wurde beschlagnahmt und kam bei der Luftwaffe bei KG zbV 106 bzw. später TG20 zum Einsatz. Im Mai 1944 übernahm die Lufthansa das Flugzeug als D-ANPE „Max Limbach", die im April 1945 zerstört in Tempelhof liegen blieb.

Die „British Airways Collection" existierte fast 20 Jahre im RAF Museum in Cosford, bevor sich British Airways als Sponsor 2006 zurückzog. Zunehmende Platzprobleme führten in den 2010er Jahren zu einer Konzentration auf Exponate, die eine Bedeutung innerhalb der Royal Air Force hatten. Im Jahr 2021 gab das Museum in Cosford bekannt, sich u.a. von deutschen Flugzeugen in seiner Sammlung trennen zu wollen. Die CASA W.Nr. 163, G-AFAP wurde im November 2022 an das Kent Battle of Britain Museum in Hawkinge abgegeben. Bereits am 19. November 2022 traf die zerlegte CASA W.Nr. 163 per LKW in Hawkinge ein.

Transport der CASA, W.Nr. 163, von Cosford nach Hawkinge (Kent Battle of Britain Museum)

Im Winter 2022/23 wurde die zivile British Airways Lackierung durch eine Luftwaffen-Lackierung der 6./KG zbV 1 mit der Kennung 1Z+LP ersetzt, die im Fall der Operation Seelöwe 1940 zum Einsatz gekommen wäre.

Typ / Ort / Status	W.Nr.	Zulassung
CASA 352-A1, Johannesburg, Südafrika		
CASA 352 in South African Airways Erscheinungsbild SAA Museum Society, Johannesburg, Südafrika	164	ZS-AFA [62]
Flugfähig, nicht frei zugänglich in JNB		

CASA W.Nr. 164, South African Airways Museum Society, ZS-AFA, Johannesburg, 2014

Die CASA W.Nr. 164 wurde seit Mitte der 80er Jahre von der South African Airways als Traditionsflugzeug in Johannesburg flugfähig gehalten. Zur Lösung von Fahrwerksproblemen wurde das CASA-Fahrwerk gegen ein französisches AAC.1 Fahrwerk bereits Ende der 90er Jahre ausgetauscht. Eine offizielle Erweiterung der Betriebsgenehmigung für dieses Fahrwerk steht allerdings noch aus.

---

[62] Detaillierter Bericht über die Geschichte der ZS-AFA bei SAA von John Austin-Williams findet man auf den Seiten der SAA Museum Society unter https://saamuseum.co.za

Flüge konnten seit Anfang der 2000er Jahre nur mit Sondergenehmigungen absolviert werden. Der vorerst letzte Flug fand 2016 statt. Das Flugzeug befindet sich heute im Besitz der South African Airways Museum Society (SAAMS) und steht in Johannesburg.

Die CASA W.Nr. 164 wurde im Dezember 1954 an die spanische Luftwaffe als T2B-273 übergeben. Unter anderem war sie bei der 461. Esquadrilla in El Aaiun in Spanisch-Sahara im Einsatz. Das Flugzeug wurde 1971 stillgelegt und in Cuatro Vientos abgestellt. Im Oktober 1972 erfolgte die endgültige Ausmusterung.

Doug Arnold übernahm das Flugzeug im November 1977 für Warbird of Great Britain und ließ es in England als G-BFHE für den Überführungsflug von Spanien nach England zu. Durch einen Kaskoschaden verblieb das Flugzeug allerdings in neutralisiertem Erscheinungsbild bis 1980 in Cuatro Vientos.

CASA 352, W.Nr. 164, G-BFHE in Cuatro Vientos im August 1976 (Slg. F. Andreu)

Die südafrikanische Fluggesellschaft South African Airways zeigte 1980 Interesse am Erwerb einer noch flugfähigen Junkers Ju52, um dies aus Anlass ihres 50-jährigen Bestehens am 1. Februar 1984 als Traditionsflugzeug in Betrieb zu nehmen. Einige zu dieser Zeit noch in Afrika befindliche Exemplare erwiesen sich als nicht mehr reparabel. Auch die in Portugal noch vorhandenen originalen Junkers Ju52 waren für einen flugfähigen Zustand nicht mehr brauchbar. Bei einer Besichtigung der CASA 352 in Cuatro Vientos wurden die Südafrikaner auf die dort noch geparkte W.Nr. 164 von Doug Arnold aufmerksam, die sich in einem flugfähigen Zustand befand. Doug Arnold behob daraufhin den Kaskoschaden in Cuatro Vientos und überführte das Flugzeug am 4. Juli 1980 nach Blackbushe in England.

CASA-W.Nr. 164 G-BFHE in Blackbushe, Sept. 1980 (Chris England)

CASA W.Nr. 164 G-BFHE bei der Demontage in Lemwerder im Mai 1981 (SAA Archiv)

Die Übernahme des Flugzeugs durch South African Airways wurde seitens Airbus Industries im Rahmen des Einkaufs mehrerer Airbus A300 für South African Airways unterstützt. Am 12. Mai 1981 erfolgte der Überführungsflug der G-BFHE von Blackbushe ins VFW-Werk nach Lemwerder durch Simon Masey und Peter Burns von Berrard Aviation. Ein südafrikanisches Team von 8 Mechanikern begann am 14. Mai 1981 in Lemwerder mit der Zerlegung und Vorbereitung des Flugzeugs für den Seetransport nach Südafrika. Am 25. Mai 1981 erfolgte in Bremerhaven die Verladung an Bord der MS Ronsard, mit der das Flugzeug am 6. Juli 1981 nach Durban in Südafrika gelangte.

CASA W.Nr. 164 an Bord MS Ronsard von Bremerhaven nach Durban, Juli 1981 (SAA Archiv)

Von Durban erfolgte der mehrtägige Weitertransport per LKW auf den Jan Smuts Airport bei Johannesburg, wo das Flugzeug im Juli 1981 eintraf und bei der SAA Technical School zusammengebaut wurde. South African Airways war damit die erste Fluggesellschaft weltweit, die 1981 ein Traditionsflugzeug der Junkers Ju52-Familie besaß.

CASA W.Nr. 164 bei Ankunft in Johannesburg im Juli 1981 (SAA Archiv)

Nachdem Ersatzteile und Dokumentation hauptsächlich von CASA in Getafe zur Verfügung gestellt wurden, begann im Juni 1983 die Grundüberholung des Flugzeugs, sowie die Aufrüstung mit geforderter, moderner Zusatzausrüstung. Lackiert wurde das Flugzeug im Erscheinungsbild des ersten SAA-Flugzeugs ZS-AFA mit dem Beinamen „Jan van Riebeeck". Zugelassen wurde das Flugzeug im Rahmen des Homebuilt-Registers in Südafrika als ZS-UYU.

Für das Pilotentraining stellte die Schweizer Luftwaffe Georg Schilling zur Verfügung, der auch am 14. Januar 1984 mit John Tainton und Bordingenieur Steve Morrison den zweiten Erstflug der ZS-UYU vom Jan Smuts Airport aus absolvierte. Die CASA W.Nr. 164, ZS-UYU war damit das erste Flugzeug aus der Junkers Ju52-Familie, das die neue Epoche fliegender Ju52 Traditionsflugzeuge einleitete, nachdem die in den 70er Jahren in Portugal und Spanien reaktivierten Schauflugzeuge mehr oder weniger vollständig aus dem Flugbetrieb zurückgezogen waren. Der ZS-UYU folgten ebenfalls 1984 die drei in der Schweiz zugelassenen Ju52, sowie 1986 die „D-AQUI" der Lufthansa, 2003 die F-AZJU der Amicale de Jean Baptiste, sowie die N352JU von Gerald Yagen in den USA. Weitere Versuche zur Reaktivierung von Traditionsflugzeugen in Spanien und Belgien scheiterten in den 80er Jahren.

Drei Wochen nach ihrem zweiten Erstflug kreiste die ZS-UYU mit John und Dave Tainton, sowie Steve Morrison während der Feierlichkeiten zum 50. Gründungstag der South African Airways am 1. Februar 1984 über dem Rand Airport von Johannesburg. Auf den geplanten Postflug von Durban zum Rand Airport mit speziellen Postbelegen musste wegen des Tropensturms Domoina über der Natal Region verzichtet werden.

CASA W.Nr. 146, ZS-AFA/UYU mit Beta B4 Motoren im Januar 1984 (SAA Archiv)

Bereits während der Erprobungs- und Schulungsflüge im Januar 1984 erwiesen sich die spanischen Beta-Motore als unzuverlässig. Wenige Tage vor dem Jubiläumsflug mussten zwei der drei Motore durch Ersatzmotore ersetzt werden, die Keith May aus Flugzeugen seiner Ju52 Flight Ltd. zur Verfügung stellte. Bereits 1984 erfolgte daher die Umrüstung der ZS-UYU von spanischen 660 PS Beta B4-Motoren auf amerikanische 550 PS Pratt & Whitney PW1340-AN1 Hornet Motore, die in großer Stückzahl noch bei der South African Air Force aus dem früheren Betrieb der Harvard vorhanden waren. Statt der ursprünglichen CASA-Cowlings wurden für die Pratt-Motore die Cowlings der Harvard T6 bei der Modifikation verbaut. Die umgerüstete Maschine flog erstmals am 29. August 1984. Zu den weiteren Umbaumaßnahmen gehörte 1984/85 der Ausbau der seitlichen Frachtraumtüre, die durch zwei Fenster ersetzt wurde und der Aufbau einer Passagierkabine mit Sitzen der Lufthansa.

CASA W.Nr. 164, ZS-AFA/UYU Modifikation des Cargodoor-Bereichs (SAA-Archiv)

CASA W.Nr. 164 ZS-AFA nach Cargodoor-Ausbau mit Pratt Motoren 1986 (Bill Hough)

Der gesamte Betrieb der Jahre 1984-1986 erfolgte im Rahmen der Sonderzulassung ZS-UYU eines Eigenbau-Flugzeugs. Die endgültige Verkehrszulassung durch das Department of Transport erfolgte am 31. Oktober 1986 dann als ZS-AFA, nachdem mit dem Flugzeug 500 Flugstunden nachgewiesen wurden und die technische und operative Dokumentation erstellt war. Mit der endgültigen Verkehrszulassung erhielt South African Airways auch die Genehmigung zur Aufnahme kommerzieller Flüge mit dem Flugzeug. Den ersten kommerziellen Passagierflug Ju 254 absolvierte Brian Wallace and Dawie Uys, sowie Steve Morrison in Johannesburg am 1. November 1986 mit 14 Passagieren.

Am 19. Februar 1992 wurde das Flugzeug auf die Transnet Ltd. zugelassen, die als Betreiberorganisation den Flugbetrieb von der South African Airways übernahm. Neben Passagierrundflügen wurde die ZS-AFA auch für Filmaufnahmen vermietet. 1995 wurde die ZS-AFA z.B. für Filmszenen im Apartheitsfilm „Cry, the Beloved Country" verwendet, ebenso im Film „African Express". 1999 übertrug South African Airways auch ihre Eigentümerschaft am Flugzeug auf die South African Historic Flight und trennte sich damit formal von seinem historischen Flugbetrieb, der noch im Mai 2000 von Johannesburg auf die SAAF Airforce Base nach Swartkop verlagert wurde.

Im regelmässigen Flugbetrieb der ZS-AFA erwies sich das Fahrwerk der CASA 352 als erhebliche Schwachstelle. Einerseits existierte nur ein begrenztes Reifenarsenal für dieses Fahrwerk. Andererseits unterlagen die Achslager einem hohen Verschleiss. Nachdem engineeringseitig über mehrere Jahre keine Lösung für dieses Problem gefunden wurde, musste das Flugzeug in den 90er Jahren abgestellt werden. Eine Lösung zeichnete sich 2003 mit der Übernahme eines modifizierten Amiot-Fahrwerks der AAC.1 W.Nr. 048 in Duxford ab.

Nach Behebung der Fahrwerksprobleme und nach sechsjähriger Standzeit erfolgte am 30. November 2005 der erste Flug von Swartkop nach Johannesburg, wo das Flugzeug erneut in der Technischen Schule der SAA abgestellt wurde, nachdem die Airforce Base in Swartkop geschlossen wurde. Da der South African Historic Flight ohne finanzstarke Sponsoren die Mittel zur Wiederaufnahme des Rundflugbetriebs fehlten, übernahm die South African Airways Museum Society Ende 2007 die Eigentümerrolle für die ZS-AFA und traf im März 2009 die Entscheidung zur Reaktivierung des Flugzeugs. Nach Abschluss einer Grundüberholung absolvierte die ZS-AFA am 16. April 2009 den ersten Testflug. Bei einem zweiten Testflug am 25. April 2009 führte die ZS-AFA eine Zwischenlandung bei der Parys Air Show Wings and Wheels durch. Mit einer Sondergenehmigung nahm das Flugzeug am 17. Mai 2009 an der Rand Airport Air Show teil. Eine Aufnahme der ZS-AFA in die seit 2007 bestehende Betriebsvereinbarung mit Skyclass Aviation für die DC3 und DC4 der SAAMS erfolgte auf Grund der nach wie vor fehlenden Betriebszulassung für das Amiot-Fahrwerk nicht. Das Flugzeug verblieb in den folgenden Jahren im Hangar der SAA Technischen Schule in Johannesburg, wo Lehrlinge die notwendigen Standarbeiten durchführten. Am 22. August 2015 erfolgte nach sechsjähriger Standzeit erneut ein Flug der ZS-AFA mit Sondergenehmigung zur Grand Rand Air Show auf dem Rand Airport. Dies war der vorerst letzte öffentliche Auftritt des Flugzeugs.

Seit 2015 befand sich das Flugzeug dauerhaft im Hangar der Technischen Schule der SAA in Johannesburg. Im Rahmen von Umstrukturierungen sollte der SAA Schulhangar Anfang 2021 neuen Funktionen zugeführt werden. Die South African Airways Museum Society beabsichtigte daher die ZS-AFA zum Rand Airport zu überführen. Aktuell befindet sich das Flugzeug allerdings weiterhin im Schulhangar in Johannesburg auf dem Flughafen OR Tambo.

Vorbild: Junkers Ju52, W.Nr. 4058, ZS-AFA

Das Vorbild der heute in Südafrika befindlichen CASA W.Nr. 164, die originale ZS-AFA, „Jan van Riebeeck" mit der Junkers W.Nr. 4058 gehörte zu den drei ersten Ju52, die im Oktober 1934 an South African Airways ausgeliefert wurden. Gemeinsam mit der ZS-AFB (W.Nr. 4057) und ZS-AFC (W.Nr. 4060) wurde die ZS-AFA durch Junkers-Piloten von Dessau in acht Tagesetappen und einer Flugzeit von 43:20 Stunden nach Johannesburg überführt und dort am 29. Oktober 1934 übergeben. Eine weitere Maschine ZS-AFD (W.Nr. 4059) folgte im Frühjahr 1935. Die vier Maschinen blieben nur kurze Zeit in Südafrika und wurden nach nur knapp vier Jahren im Sommer 1938 wieder nach Deutschland zurückgegeben.

Junkers Ju52, W.Nr. 4058, ZS-AFA South African Airways 1934 (SA Railway Archives)

Ersetzt wurden die ersten Ju52 bei South African ab Sommer 1937 durch insgesamt elf Junkers Ju52/3msa1, von denen die letzte im April 1938 eintraf. Nach Ausbruch des zweiten Weltkriegs übernahm die südafrikanische Luftwaffe (SAAF) die elf Ju52 der South African. Weitere Ju52 kamen während des Kriegs aus deutschen Beutebeständen insbesondere in Nordafrika hinzu. Die Ju52 wurden 1940 als Trägerflugzeuge für Fallschirmjäger aufgestellt. Ihre Hauptaufgabe bestand allerdings bis 1944 in Verbindungsflügen zu den südafrikanischen Einheiten in Nordafrika. Die Ju52 wurden im Juli 1947 bei SAAF ausgemustert.

Die ZS-AFA, W.Nr. 4058 wurde am 10. März 1938 an die brasilianische VARIG abgegeben. Sie flog in Brasilien als PP-VAL, „Maua" bis zu ihrem Absturz am 28. Februar 1942 in Porte Alegre.

SAA Junkers Ju52

4057	ZS-AFB	12.1934	SAA, „Lord Charles Sommerset"
		07.1938	verkauft
4058	ZS-AFA	29.10.1934	SAA, „Jan van Riebeeck"
	PP-VAL	10.03.1938	VARIG, „Maua"
	PP-VAL	28.02.1942	w/o Porto Alegre
4059	ZS-AFD	04.1935	SAA, „Sir Benjamin d'Urban"
	D-ACBO	07.1938	Lufthansa, „Viktor Neubrand"
	M-CABO	1939	Iberia
	M-CABO	29.03.1940	w/o Salamander
4060	ZS-AFC	29.10.1934	SAA, „Simon van der Stel"
	D-AGFD	30.06.1938	Lufthansa, „Otto Perschau"
	M-CABU	1939	Iberia, „La Cierva", später EC-AAI
	EC-AAI		RRG
5351	D-ABAL		Junkers
	ZS-AKY	ca. 1935	Earl of Caledon
	ZS-AKY	16.06.1937	w/o Rand Airport, doppelter Motorausfall
5792	ZS-AJH	10.1937	SAA, „Erasmus Smit"
	SAAF663	1940	SAAF
5773	ZS-AJF	07.1937	SAA, „Earl of Caledon", „Andries Pretorius"
	SAAF661	1940	SAAF, wfu 27.06.1947
5789	ZS-AJG	10.1937	SAA, „Erasmus Smit", „Piet Retjef"
	SAAF662	1940	SAAF, wfu 27.06.1947
5792	ZS-AJH	10.1937	SAA, „Sir John Craddock"
	SAAF663	1940	SAAF, wfu 27.06.1947
5893	ZS-ALO	01.1938	SAA, „Jan van Riebeeck", Willem van der Stel"
	SAAF666	1940	SAAF, wfu 30.07.1947
5896	ZS-AJI	09.1937	SAA, „Major Warden", „President Burgers"
	SAAF664	1940	SAAF, wfu 27.06.1947
5899	ZS-AJJ	11.1937	SAA, „Sir George Grey", „Sir Henry Pottinger"
	SAAF665	1940	SAAF, wfu 27.06.1947
5902	ZS-ALP	01.1938	SAA, „Lord Charles Sommerset", „Louis Bota"
	SAAF667	1940	SAAF, wfu 30.07.1947
5905	ZS-ALR	01.1938	SAA, „Simon van der Stel", „Paul Krüger"
	SAAF668	1940	SAAF, w/o 01.1941, Mbeya, Keny
5908	ZS-ALS	01.1938	SAA, „Sir Harry Smith", „Thomas Halstaed"
	SAAF669	1940	SAAF, wfu 30.07.1947
5911	ZS-ALT	04.1938	SAA, „Sir Perigrine Maitland"
	SAAF670	1940	SAAF, wfu 30.07.1947

Typ / Ort / Status	W.Nr.	Zulassung
CASA 352-A1, Lelystad, Holland		
CASA 352 in Luftwaffe Erscheinungsbild	166	T2B-275
Aviodrome, Lelystad, Niederlande		
Öffentliche Ausstellung		(1Z+IK)

CASA-W.Nr. 166 im Aviodrome, Lelystad, 2013 (Laurent Heyligen)

Im Aviodrome im holländischen Lelystad befindet sich die CASA W.Nr. 166 im Erscheinungsbild der deutschen Luftwaffe zum Zeitpunkt der Invasion der Niederlande 1940.

Das Flugzeug wurde im Dezember 1954 als T2B-275 an die spanische Luftwaffe abgegeben. Sie war zuletzt als 721-16 in der Fallschirmspringerschule in Alcantarilla im Einsatz. Nachdem das Flugzeug in Cuatro Vientos abgestellt wurde, erfolgte die Ausmusterung aus den Beständen der Luftwaffe im Juni 1973.

Am 23. November 1977 wurde das Flugzeug als G-BFHF von Doug Arnold für die Warbirds of Great Britain zugelassen und im Juni 1978 von Spanien nach Blackbushe überführt. Das Flugzeug blieb bis mindestens Anfang der 80er Jahre unverändert in Blackbushe stehen. Später soll das Flugzeug eine grün-beige Luftwaffenbemalung mit der Kennung „N7+AA" für Filmaufnahmen erhalten haben. Dies konnte allerdings bisher nicht belegt werden. Vermutlich handelt es sich um eine Verwechselung mit einer der anderen CASA 352 von Doug Arnold.

CASA-W.Nr. 166, G-BFHF ex „721-16" in Blackbushe, Aug. 1978 (Steve Fitzgerald, CC-BY-2.0)

Im Mai 1985 übernahm Keith May für die Ju52 Flight Ltd. in Rochester das Flugzeug und überführte es per LKW nach Coventry. Er verkaufte das Flugzeug 1985 weiter an das Ikarus Flugverkehrsmuseum in Marl-Loemühle, wo das Flugzeug mit dem Kennzeichen D-ADAM ausgestellt wurde. Nachdem das Museum in Marl 1988 geschlossen wurde, kam die Maschine in den Luft- und Raumfahrt-Bahnhof in der Bochumer Sternwarte. Zuletzt wurde das Flugzeug nach Deggendorf in Bayern transportiert und dort ausgestellt. Zeitweise soll das Flugzeug auch in Eggebeck eingelagert gewesen sein.

Um 2001 erwarb das Flugzeug ein österreichischer Sammler, der das Flugzeug 2002 an Paul Allen und seine Flying Heritage Collection in Seattle weiterverkaufte. Noch 2002 wurde das Flugzeug nach England gebracht, um von dort per Schiffstransport nach Arlington in Texas weitertransportiert zu werden. Allerdings blieb das Flugzeug fünf Jahre in Norfolk eingelagert.

CASA W.Nr. 166, D-ADAM in der Sternwarte Bochum 1988

Am 23. März 2007 erfolgte der LKW-Transport ins Aviodrome nach Lelystad in Holland. Dort erfolgte im April 2007 eine grobe Instandsetzung und der Zusammenbau, sowie eine Lackierung in Luftwaffen-Farben aus der Zeit der deutschen Besetzung Hollands im Mai 1940.

CASA W.Nr. 166 während des Zusammenbaus im Lelystad April 2007 (Ruud Leeuw)

Seit Mai 2007 befindet sich das Flugzeug in der Ausstellung des Museums in Lelystad mit der Luftwaffen-Zulassung „1Z+IK". Das Flugzeug wurde 2007 und 2008 zunächst noch komplett mit beiden Tragflächen im Außenbereich des Museums gezeigt.

CASA W.Nr. 166 ausgestellt im Freiluftbereich in Lelystad Juni 2007 (John Bennett)

Im Mai 2008 wurde das Flugzeug für die Ausstellung in der Halle vorbereitet. Da das Platzangebot in der Halle für eine Ausstellung des kompletten Flugzeugs nicht ausreichte, wurde die rechte Tragfläche abgebaut und eingelagert. Außerdem wurde die Lackierung noch vervollständigt. Seit 2008 befindet sich das Flugzeug nun in einer Diorama-Ausstellung, die eine Szene der deutschen Luftlandeoperation über Holland mit aussteigenden Fallschirmspringer zeigt.

Vorbild: Junkers Ju52, 1Z+IK

Die originale Ju52 1Z+IK gehörte 1940 zur 1. Gruppe des KG zbV 1 (Emblem Schachpferd), das im Rahmen der Mobilmachung am 26. August 1939 eingerichtet wurde. Nach dem Polen- und Norwegen-Feldzug waren Teile des Geschwaders im Mai 1940 auch an der Besetzung Hollands beteiligt. Am 10. Mai 1940 war die 1Z+IK bei den Luftlandeoperationen um Den Haag beteiligt. Nachdem eine erste Gruppe von Fallschirmjägern im Raum Den Haag weder die holländische Königin Wilhelmina festsetzen konnte, noch die umliegenden Flugplätze für die Landung nachfolgender Truppen sichern konnten, zogen sich die gelandeten

Truppen in den Dünenbereich zwischen Katwijk und Scheveningen zurück. Die nachfolgenden Verstärkungsverbände landeten daraufhin gegen 6 Uhr morgens mit 20 Junkers Ju52, zu denen vermutlich auch die 1Z+IK gehörte, auf dem Sandstrand bei Scheveningen. Der Sandstrand erwies sich aber für die schweren Ju52 als nicht tragfähig und die meisten Flugzeuge versanken mit ihren Rädern im Sand. Ein erneuter Start der 1Z+IK war nach dem Absetzen der Fallschirmjäger daher nicht mehr möglich. Am Nachmittag des 10. Mai wurden die auf dem Strand festsitzenden Ju52 von einem Verband bestehend aus drei holländischen Fokker C.5 angegriffen. Hierbei handelte es sich um die C.5 „621", „631" und „639". Bei diesem ersten Angriff wurden sieben Ju52 in Brand geschossen. Gegen 1700 Uhr erfolgte ein weiterer Angriff der C.5 „594", „612" und „646", bei dem weitere sieben Ju52 zerstört wurden. Gegen 1820 Uhr zerstörte die C.5 „645" zwei Ju52. Insgesamt wurden 16 der 20 Ju52 auf dem Strand im Laufe des Tages zerstört oder schwer beschädigt. Auch die „1Z+IK" gehörte zu den getroffenen Maschinen, blieb aber noch reparaturfähig.

Junkers Ju52, 1Z+IK auf dem Strand von Scheveningen, 10. Mai 1940

Nach dem Ende der Kampfhandlungen wurde das Flugzeug vom Strand geborgen und in die Reparaturwerkstätten von Fokker nach Amsterdam gebracht. Die „1Z+IK" kehrte in der zweiten Jahreshälfte 1940 wieder in den Fronteinsatz zurück. Über den weiteren Verbleib des Flugzeugs liegen keine Informationen vor.

Neben den bisher vorgestellten, weitgehend vollständigen Ju52 Flugzeugen existieren noch eine Reihe weiterer Wracks, Flugzeugfragmente oder sonstige Überreste von Ju52-Flugzeugen in Museen, privaten Sammlungen oder an Absturzstellen. In den meisten Fällen handelt es sich hierbei um wenige Einzelteile, Bleche, Instrumente oder Motore, die einem speziellen Flugzeug nicht mehr zugeordnet werden können. An vielen bekannten Absturzstellen finden sich meistens nur noch wenige Metallteile, während die größeren Baugruppen inzwischen von Verwertern oder aber auch Museen abtransportiert wurden.

Oft handelt es sich um Gletscherwracks, die zwar nach ihrem Absturz noch relativ intakt waren, nach vielen Jahrzehnten unter tonnenschwerem Gletschereis und mehreren hundert Metern Gletscherwanderungen aber nur noch weitgehend zermalen vom Gletscher wieder freigegeben werden. Die folgende Übersicht berücksichtigt nur Objekte, die noch in einem nennenswerten Umfang als Ju52 oder als Ju52 Strukturen oder Komponenten zu identifizieren sind.

Øverlihøgda, Ringebu, Norwegen Absturzstelle **W.Nr. 1351** 7U+LK 2. KG zbV 108 Rumpfstück	Am 31.10.42 gegen 09:30 notgelandete Ju52 nach Vereisung auf Weg von Oslo nach Trondheim im Weiterflug nach Banak. Zwei der acht Insassen kamen bei der Notlandung ums Leben Bei diesem Flugzeug handelt es sich um die ehemalige D-APOU  W.Nr. 1351 an Absturzstelle 2023

Hiiumaa, Estland
Militärmuseum Hiiumaa

W.Nr. 2921, NJ+NI
W.Nr. 2923, NJ+NK

Unterwasserwrack
Motore, Minensuchring

Zwischen den Inseln Vormsi und Männamaa befinden sich bei Hiiumaa in 4-5 Metern Tiefe zwei Ju52-Unterwasserwracks. Hierbei handelt es sich um zwei Minenräumer vom Typ Ju52/3mg4eMS Mausi mit Mag-netring. Die beiden Flugzeuge gingen am 26. Oktober 1941 durch Explosion einer Seemine verloren.

Die beiden Wracks wurden im Mai 2022 erstmals im Rahmen eines Gemeinschaftsprojekts des estnischen Schifffahrtsmuseums, der Denkmalschutzbehörde und des Militärmuseums Hiiumaa untersucht. Der Rumpf mindestens eines der beiden Wracks ist vollständig zerstört, allerdings sind Flügel, Leitwerk, Motore und Minensuchring noch erhalten.

Beabsichtigt ist die Bergung mindestens eines Wracks für eine Ausstellung im Hiiumaa Militärmuseum. Zur Zeit sind die beiden Wracks von estnischen Heritage Protection Board unter Schutz gestellt bis die weitere Vorgehensweise geklärt ist. Die Wracks dürfen aktuell nicht betaucht werden.

Stockholm, Schweden
Arlanda Flygsamlingar / Sveriges Maritima och Transporthistoriska Museers (SMTM)

W.Nr. 4017
SE-ADR

Cockpit-Sektion,
Flügelteile, Schwimmer

Sammlung ist z.Zt. in Rosersberg eingelagert und nicht zugänglich!

In der Luftfahrtsammlung Arlanda befindet sich das älteste noch existierende Cockpit einer Ju52/3m. Dies stammt von W.Nr. 4017, die als SE-ADR, „Södermanland" am 15. Juli 1932 an die AB Aerotransport in Schweden ausgeliefert wurde. Das Flugzeug war während des Kriegs bei der schwedischen Luftwaffe im Einsatz. Es wurde 1947 an AB Industrie Diesel, dann 1948 an Ahrenberg und 1954 an Ake Liljeqvist verkauft. Im August 1955 wurde das Flugzeug bei einem Brand in Bromma beschädigt und später abgewrackt. Das Cockpit, sowie Teile des linken Flügels und ein Schwimmer blieben erhalten und gingen an die Sammlung in Arlanda.

Die Arlanda Flygsamlingar ging 2018 in den Besitz des Sveriges Maritima och Transporthistoriska Museers über. Die Ausstellung in Arlanda ist seit 2023 gecshlossen und die Sammlung in Rosersbergeingelagert!

Cockpit der W.Nr. 4017 in Arlanda
(Jan Forsgren, Arlanda Civil Aviation Collection)

Sola, Norwegen
Flyhistorik Museum Sola

W.Nr. 4077
LN-DAE

Sitzbank, kleine
Strukturteile,
Schwimmer

Das Flyhistorisk Museum Sola besitzt die letzten Reste der Vorgängermaschine der heutigen D-AQUI bei DNL. Die LN-DAE, „Havörn" war am 7. Juni 1936 auf der DNL-Strecke von Bergen nach Tromsö mit 7 Insassen im Einsatz. Durch einen Navigationsfehler in schlechtem Wetter flog das Flugzeug gegen einen 600 Meter hohen Berg am Lifjorden. Alle Insassen kamen ums Leben.

Das Wrack der „Havörn" wurde zur Unfalluntersuchung geborgen. Wenige Teile der Havörn kamen später in das Luftfahrtmuseum in Sola.

Das Museum besitzt außerdem einen Schwimmer des Flugzeugs in seinem Lager. In der Ausstellung befindet sich außerdem ein Junkers Jumo 205 Motor.

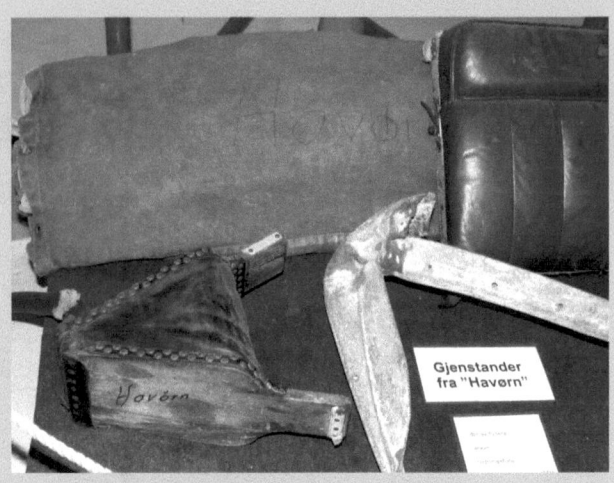

Reste der W.Nr. 4077, LN-DAE (Luftfahrtmuseum Sola)

Hyllestad, Norw.
Denkmal am
Berg Lihesten

**W.Nr. 4077
LN-DAE**

Unterhalb des Absturzorts wurde in Sola 2008 ein Denkmal errichtet, mit dem an den ersten Flugzeugabsturz in Norwegens Zivilluftfahrtgeschichte und an die sieben Todesopfer erinnert wird.

Denkmal am Lihesten (Atle Rasberg, Wikimedia)

**Grenoble
Frankreich**
Le Grand-Bornand
Gebirge

**W.Nr. 5078
D-ASIH**

div. Wrackteile

Am 4. Dezember 1936 war die Lufthansa D-ASIH auf dem Flug von Lissabon über Burgos, Genf nach München gegen Mittag in schlechtem Wetter mit einem Gebirgsmassiv bei La Grand-Bornand, 20km von Annecy kollidiert. Die sechs Insassen kamen ums Leben. Teile der Maschine sollen sich heute noch am Absturzort befinden.

Wrack im Dezember 1936 nach Absturz (ubk.)

Keri, Estland
Unterwasserwrack

**W.Nr. 5494 ?
OH-ALL ?**

Wrackfeld in 70 Metern Tiefe zwischen Keri und Pranglo

Am 3. Juni 2024 entdeckte das estnische Tauchunternehmen Tuukritöde OÜ von Kaido Peremees nördlich der estnischen Insel Keri das Unterwasserwrack einer Junkers Ju52 in einer Tiefe von 70 Metern. Laut Unternehmen und der beauftragenden estnischen Museumsagentur soll es sich bei dem Wrack um die Junkers Ju52, W.Nr. 5494, OH-ALL der Aero O/Y handeln, das am 14. Juni 1940 auf dem Aero O/Y Flug 1631 von Tallinn nach Helsinki verschollen ist. Angeblich wurde dieses Flugzeug 10 Minuten nach dem Start in Tallinn-Ulemiste von sowjetischen Ilyushin DB-3 Bombern abgeschossen. Hintergrund für diesen mutmaßlichen Angriff auf ein Zivilflugzeug in Friedenszeiten war wahrscheinlich ein von den Sowjets verhängtes Transportembargo für die baltischen Staaten, das durch den Start der OH-ALL unterlaufen wurde. Neben den drei finnischen Besatzungsmitgliedern befanden sich zwei Franzosen, zwei Deutsche, ein Schwede, ein Estonier und ein amerikanischer Diplomat an Bord. Der amerikanische Diplomat Henry Antheil war mit dem Auftrag zur Evakuierung wichtiger geheimer Unterlagen aus der U.S.-Botschaft in Tallinn gestartet. An Bord befanden sich 227 kg Diplomatenfracht. Zu einer größeren Suche nach dem Wrack kam es nicht mehr. Nur drei Tage nach dem Zwischenfall besetzten sowjetische Truppen am 17. Juni 1940 die drei baltischen Staaten.

Erst nach der Wiedererlangung der Unabhängigkeit der baltischen Staaten 1991 begannen mehrere Suchfahrten. Mit großem Aufwand bemühte sich die estonische Regierung und die U.S. Navy in einer Gemeinschaftsaktion 2008 mit dem ozeanographischen Vermessungsschiff Pathfinder darum, die Gewässer rund um die Insel Keri abzusuchen. Auch diese Mission blieb erfolglos. Der Umstand, dass alle Versuche scheiterten, führte zu der Annahme, dass die Sowjets im Herbst 1940 das Wrack zur Bergung des Diplomatengepäcks gehoben hätten.

Das 2024 gefundene Wrackfeld hat eine Ausdehnung von 100 x 100 Metern zwischen den Inseln Keri und Pranglo. Die größten Wrackteile bestehen aus dem vorderen Rumpfbereich, einem Flügel und einer Fahrwerkshälfte.

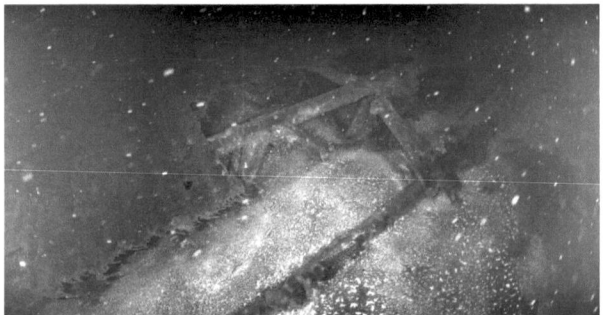

Cockpitbereich der Ju52 vor der Insel Keri (Kaido Peremees)

Konkrete Anhaltspunkte dafür, dass es sich tatsächlich um die Junkers Ju52, W.Nr. 5494, OH-ALL handelt, sind bislang nicht bekannt geworden. Es ist nicht ausgeschlossen, dass es sich bei diesem Wrack um die Reste einer Junkers Ju52 der Luftwaffe handelt, die ebenfalls in der Nähe der Insel Keri lt. Verlustmeldung verloren gegangen ist. Diese Ju52 soll allerdings südlich der Insel abgestürzt sein.

Gedenkplatten

Gedenkplatten für die Opfer des Absturzes der OH-ALL existieren seit einigen Jahren auf der Insel Keri und am alten Flughafen Malmi in Helsinki

Insel Keri

Gedenkstein auf der Insel Keri (Ivo Kruusamägi, Wikimedia)

Flughafen
Helsinki-Malmi

Kaleva-Gedenktafel am Flughafen Malmi (Helsinki-Malmi)

377

Paysandu
Uruguay
Privatsammler

W.Nr. 5886
CX-ABB

Rumpfteile und
Flügelstücke

Die W.Nr. 5886, CX-ABB, „Argentino" war eine von zwei Ju52 See, die CAUSA in Uruguay seit Februar 1938 zwischen Montevideo und Buenos Aires betrieb. Am 11. März 1957 in Paysandu abgestellt. Ein Foto aus dem Jahr 1961 zeigt das zerlegte Flugzeug in Paysandu als Landflugzeug. Rumpf und der Tragflächen sollen im Besitz eines Sammlers in Paysandu sein.

Abgestellte W.Nr. 5886 in Paysandu 1961 (N. Mendburu)

Geaidnogáisá
Norwegen
Absturzstelle
Teile des Flugzeugs
befinden sich inzwischen
in Gardermoen

W.Nr. 6032
7U+LM

Rumpf und linker Flügel.
Leitwerk fehlt
inzwischen

Am 24.02.1943 10:30 in schlechtem Wetter nach Bodenberührung abgestürzt auf dem Flug von Kemi nach Banak.

W.Nr. 6032 Absturzstelle in 2011 (Raymond Hansen)

378

Muddusjävri, Ivalo, Finnland
Sovintovaar Park Senic View

W.Nr. 6069 od. 6816
7U+OK

Komplettes Leitwerk

Das Flugzeug wurde am 21. Oktober 1944 abgeschossen. Zwei Besatzungsmitglieder wurden tot am Flugzeug gefunden. Ein drittes Besatzungsmitglied gilt als verschollen. Das Flugzeug wurde 1959 von einem Fischer gefunden. Der Rumpf wurde 1963 geborgen und abgewrackt. Einige Teile existieren heute im Museum von Jyväskylä. Das Leitwerk wurde 2003 geborgen. Es befand sich zunächst auf dem Parkplatz des Drive Inn „Asko Sotka" in Ivalo, wurde aber später am Scenic View Point im Sovintovaar Park aufgestellt.

W.Nr. 6069 Leitwerk 2024 Sovintovaar (Thomas Hämmerling)

Gullesfjord, Norwegen

W.Nr. 6582
SE+JZ

Flügelholm

Dieses Flugzeug gehörte zum Versorgungsverband der Narviktruppen, der am 13. April 1940 auf dem Hartvikvat See landete. Der Pilot der SE+JZ verfehlte in schlechtem Wetter allerdings den See und landete auf dem Gullesfjord, wo das Flugzeug am folgenden Tag durch norwegische Jäger in Brand geschossen und zerstört wurde. Das Flugzeug blieb auf dem Eis liegen und wurde zumindest teilweise vor Einsetzen der Eisschmelze verwertet.

Ein kompletter Flügelholm wurde von einem der anliegenden Einwohner geborgen und diente noch vor einigen Jahren in einem Privatgarten als Fahnenmast.

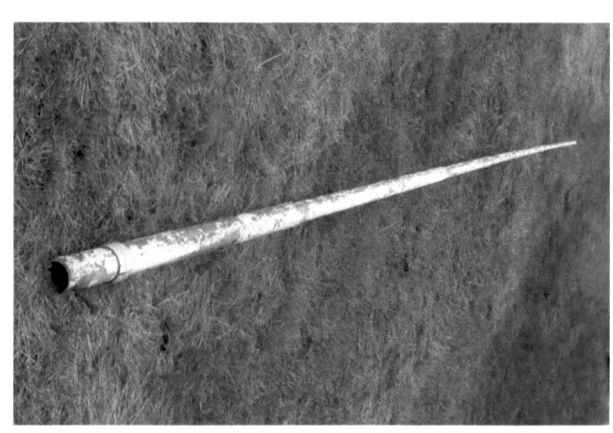

Flügelholm der W.Nr. 6582 (Slg. Heimo Stadlbauer)

Souni, Attika, Griechenland

W.Nr. 6376
I./KG zbV 1

Unterwasserwrack

Im September 2022 entdeckte ein Taucherteam von Antonis Grafa südlich von Attika in 63 Metern Tiefe das Wrack einer Ju52. Bei diesem Flugzeug handelt es sich vermutlich um WNr. 6376, die am 16. Juni 1941 auf Grund technischer Probleme notwassern musste. [63]

Unterwasserwrack bei Souni (Antonis Grafa)

---

[63] Weitere Informationen findet man bei Grafas Diving (https://www.grafasdiving.gr/)

Leros, Griechenland

W.Nr. 6799, G6+FP
6./TG4

Unterwasserwrack

Diese Maschine war mit Uffz Günther Voigt als Pilot und Uffz Max Ehrig als Beobachter, sowie Funker Viktor Langos, Bordmechaniker Friedrich Meyerdirks und Schütze Andreas Huter am 13. November 1943 bei der Operation Merkur auf Leros mit Fallschirmjägertruppen des 12. FJR im Einsatz. Die Maschine musste notwassern, nachdem sie von englischem Flakfeuer getroffen wurde. [64]

Unterwasserwrack vor Leros (Scuba Hellas)

Mala Upa, Kleinaupa, Tschechien

W.Nr. 6820 (oder 8620)
VB+UO, 7 TG3

Absturz am 23.02.1945 gegen 4:00 Uhr bei einem Verwundetentransport von Breslau Richtung Dresden nach Bodenberührung im Schneetreiben am östlichen Riesenkamm der Wasserkoppe mit 28 Insassen, von denen keiner überlebt.

Die Wrackstelle wurde 1998 mit Helicopter weitgehend abgeborgen und in Mala Upa eingelagert. Am Friedhof des Orts sind einige größere Baugruppen ausgestellt.

Weitere Besichtigungsobjekte:

In der Touristeninformation des Orts gibt es eine spezielle Informationsecke zum Wrack, in der auch ein BMW-Motor und einige Bleche gezeigt werden.

An der Absturzstelle sind Gedenkplatten abgelegt

---

[64] Siehe Scuba Hellas (https://www.scubahellas.com/places/war-aircraft-junkers-52/#)

Am Friedhof

Heckpartie, Motor und Flügelteile

Touristeninformation

Motor und Blechteile

Einige weitere Teile des Flugzeugs befinden sich heute im Museum Jana Pohorelec. An der Absturzstelle befindet sich seit Mai 2001 eine Gedenktafel.

Am Absturzort

Gedenkplatte

(Bildmaterial via turistica.cz und Gemeinde Mala Upa)

Odessa,
Schwarzes Meer
Unterwasser-Wrack

W.Nr. 6857
G6+GW

Weitgehend
vollständiges Wrack

Das Flugzeug der 104. TG4 befand sich am 13. Januar 1942 auf dem Flug vom rumänischen Targsotul-Nou-Prahova nach Nikolaev in der Ukraine. Der letzte Kontakt bestand bei Odessa, als Pilot Lt. Ringel wegen schlechten Wetters eine Landung in Spartakovka anmeldete. Das Flugzeug galt danach als verschollen. Es wurde 2009 im Meer nahe Odessa in 23 Metern Tiefe entdeckt. Das intakte Wrack liegt kopfüber in schlammigem Grund. Weitere Detaildaten und Bilder fehlen z.Zt. noch

W.Nr. 6857 im Schwarzen Meer (Alexander Kurakin)

Umbalkees bei Prägraten (A)
Gemeinde Prägraten

W.Nr. 6888

Gletscher-Wrack
Teile, Motor, und ein
restauriertes Cockpit

Überwiegend auf
Wanderausstellungen,
ansonsten eingelagert
bei Friedrich Steiner

Reste einer am 04.01.41 auf 3200 m in schlechtem Wetter notgelandeten Luftwaffen Ju52, seit 2002 vom Gletscher auf einer Höhe von 2750 m freigegeben. Die Wrackteile sind abgeborgen. Das Cockpit wurde bei Sandy Air Corp. im österreichischen Pfaffenhofen instandgesetzt

Cockpit-Mockup (Friedl Steiner)

Tangedalskaret, Norwegen
Björn West Museet,
Bergen

W.Nr. 6978, 7U+FH

Diverse, auch größere
Bauteile am Absturzort,
Schwimmer im Museum

Verschollen am 13.11.1942 auf Flug von Alborg nach Tromsö. Am Absturzort befinden sich noch verschiedene kleinere Wrackteile. Ein Schwimmer befindet sich im Björn West Museet in Matre.

Flugzeugschwimmer im Björn West Museet

Morup
Schweden
Samtidsmuseum

W.Nr. 640416

Kabinettschrank und
Kompassanlage

Im Samtidsmuseum in Morup sind einige wenige Teile der Junkers Ju52, W.Nr. 640416 vorhanden. Das Flugzeug wurde 1950 in Schweden abgewrackt. Eine Nachbildung ist heute in Svedinos Bil- och Flymuseum in Ugglarp auf Basis der CASA 352, W.Nr. 33 erhalten.

In Morup sind als originale Teile des abgewrackten Flugzeugs eine Kompassanlage und ein hölzerner Kabinettschrank des VIP-Flugzeugs des OKM erhalten.

Getafe
Spanien
Ejercito del Aire AFB

W.Nr. CASA 22

Seitenleitwerk

Auf der Air Force Base der spanischen Luftwaffe in Getafe ist der vertikale Stabilisator der CASA W.Nr. 22, T2B-131 ausgestellt. Das Flugzeug war im Oktober 1948 bei der EdA in Dienst gestellt worden und flog als 921-1 bzw. 471-1 bis zum Januar 1970. Das Flugzeug wurde später verschrottet. Offensichtlich blieb das Seitenleitwerk erhalten und wird nun seit 2020 in Getafe gezeigt.

Seitenleitwerk CASA 352, W.Nr. 22 in Getafe (EdA)

Weitere Wracks und Baugruppen [65] [66]

Es folgen Wracks/Baugruppen, bei denen eine Zuordnung von Werknummern bislang nicht gelungen ist oder bei denen der Umfang heute noch vorhandener Teile am angegebenen Ort fraglich ist.

Hannover
Deutschland
Luftfahrtmuseum
Laatzen

W.Nr. unbekannt
Instandgesetzter
Kabinenrumpf

Im Luftfahrtmuseum Laatzen befindet sich ein komplettes Rumpfmittelstück einer Junkers Ju52. Die genaue Herkunft ist unklar. Es scheint sich aber um den Rumpf einer ursprünglich zivilen Ju52 zu handeln Der Rumpf stammt aus der Tschechei und wurde bis in die 70er Jahre in Nymburk in der Nähe von Prag als Unterstand für Waldarbeiter und Hühnerstall verwendet. Später kam der Rumpf in das Vojenske Museum in Prag und wurde eingelagert.

1988 entdeckte Günter Leonhardt den Rumpf und erwarb ihn im Austausch gegen eine De Havilland DH82A Tiger Moth D-EBIG für seine Ausstellung in Hannover-Laatzen. In Hannover wurde der Rumpf aufgearbeitet und erhielt einen neuen Fussboden, sowie eine militärische Lackierung in den Farben der bereits aus dem Hartvikvatnet-See geborgenen Ju52. Außerdem ließ Leonhardt einige militärische Ausrüstungsgegenstände im Inneren des Rumpfs einbauen.

Der Rumpf ist seit den 90er Jahren regelmäßiger Bestandteil der Ausstellung des Luftfahrtmuseums Laatzen bei Hannover. Das Innere der Kabine kann von der Eingangstüre her besichtigt werden. Einige Quellen berichten über ein ebenfalls noch in der Tschechei befindliches drei Meter langes Rumpfendstück dieses Rumpfs. Zumindest in Hannover ist dieses Rumpfendstück nicht vorhanden. Die Ausstellung in Laatzen sollte nicht mit der ebenfalls bei Hannover ansässigen Ausstellung in Wunstorf (siehe W.Nr. 6693) verwechselt werden. Aussagen, dass sich im

[65] Kjell Sørensen unterhält im Internet eine Webseite FLYVRAK (https://ktsorens.tihlde.org/flyvrak) auf der man einen umfassenden Überblick über alle skandinavischen Ju52 Wrackstellen findet./
[66] Die Maritime Aviation Archaeology in Greece Webseite https://aviationarchaeology.gr/ berichtet über neue Funde in Griechenland

Luftfahrtmuseum Laatzen eine vollständige Ju52 befindet oder dass der ausgestellte Rumpf aus dem Hartvikvatnet-See stammt, sind falsch.

Rumpfsegment in Laatzen, 2001

Raunheim, Deutschland
Airways Hotel

W.Nr. unbekannt

Höhenflosse

Vor dem Eingang des Airways Hotels in Raunheim ist die rechte Höhenflosse einer Ju52 ausgestellt. Laut Hotel soll diese Höheflosse aus einer Ju52 stammen, die 1945 bei Bad Harzburg abgeschossen wurde.

Ju52 Höhenflosse am Eingang Airways Hotel (BestWestern)

Stendal, Deutschland

Aero Club Stendal

W.Nr. unbekannt

Höhenflosse

Am Flugplatz Stendal-Borstel existiert im Towergebäude des Aero Club Stendal die linke Höhenflosse einer Ju52. Sie wurde bei Bodenarbeiten bereits 1993 als Bodenfund entdeckt und in einer Halle am Flugplatz eingelagert. Inzwischen Teil einer Ausstellung im Towergebäude.

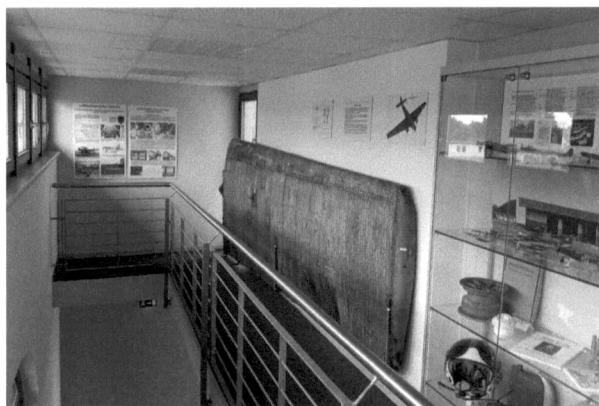

Höhenflosse in Stendal (Matthias Jahn)

Aakenustunturi **Finnland** W.Nr. 5049, P4+CH	Einige Heck- und Strukturbauteile an der Absturzstelle einer am 1. Februar 1944 abgestürzten Ju52
Njallajärvi **Finnland** W.Nr. 5596, 7U+OM	Auf Flug von Banak nach Kirkenes am 19.10.1944 von einer sowjetischen Pe3 abgeschossen. Motore und Blechteile inzwischen im Finnish Air Force Museum in Tikkakoski. Am Absturzort sind Tragflächen und Leitwerk
Tuolbujärvi/Kaaman **Finnland** W.Nr. 6343, 7U+HK	Absturzort einer am 23. Oktober 1944 abgeschossenen Ju52. Hier befindet sich noch heute ein grösseres Heckstück des Flugzeugs.
Cadoaivi Finnmark **Finnland** W.Nr. 6778, 7U+FK	Diese Ju52 wurde am 23. Oktober 1944 abgeschossen. Am Absturzort befinden sich noch grössere, zerstörte Rumpf- und Flügelsegmente
Väylä/Kaamanen **Finnland** W.Nr. 6844, 7U+GK	Hier stürzte am 23. Oktober 1944 die 7U+GK nach einem Luftkampf mit einem russischen Jäger ab. An der Absturzstelle finden sich wenige Kleinteile.

Ila la Groix
Frankreich

W.Nr. 3383, DF+DG
W.Nr. 3400, DF+DX

Hierbei handelt es sich um zwei Unterwasserwracks einer Minenräum-Ju52, die vor dem Hafen von Tudy auf der Insel Groix südlich von Lorient liegen. Sie wurden am 1. Dezember (3383) und am 30. Dezember 1943 (3400) jeweils von einer Typhoon abgeschossen.

Casabianda Korsika, Frankreich

W.Nr. ????. ??+??

Unterwasserwrack

Vor Casabianda bei Aleria liegt an der korsischen Ostküste Wrackstücke einer Junkers Ju52 in einer Wassertiefe von 8-10 Metern. Bei dem Wrackstück handelt es sich um ein Rumpfmittelstück, sowie eine Tragfläche. In der Nähe sollen sich noch die Reste der zweiten Flügelhälfte befinden.

Unterwasserwrack vor Aleria, Korsika (Heimo Stadlbauer)

Maleme, Kreta
Griechenland
Soldatenfriedhof

W.Nr. unbekannt

Diverse Ruder und Flächenteile, Tanks, Leitern, Sitzbänke, Motorhauben

Die Luftlandeoperation „Merkur" auf Kreta 1941 gehörte zu den verlustreichsten Einsätzen der deutschen Transportflieger. Insbesondere auf dem Flugplatz Maleme befanden sich nach dem Ende der Kampfhandlungen zahlreiche zerstörte Ju52, die später abtransportiert oder abgewrackt wurden. Einige Restbauteile, die nach dem Krieg in Maleme gefunden wurden, werden in Maleme in unmittelbarer Nachbarschaft zum deutschen Soldatenfriedhof in einer kleinen Waffenausstellung gezeigt. Weitere Wrackstücke sind im Kriegsmuseum Askifou. Vor der

Küste Malemes sollen außerdem noch größere Wrackfragmente einer Junkers Ju52 unter Wasser liegen, die in Tauchgängen angeboten werden.

Flügel- und Steuerflächen Maleme 2012 (Wargame Holidays)

Maleme, Kreta Griechenland

W.Nr. ????, ??+??

Im Küstenbereich vor dem Flugplatz Maleme befinden sich Teile einer Ju52 unter Wasser, die bislang nicht identifiziert werden konnten. Hierzu gehört eine Bugnase mit Cockpit ohne Rumpf und weitere Großbauteile.

Cockpitsegment vor Maleme, Kreta (Stelios Tripalitakis)

Chania, Kreta Griechenland

W.Nr. ????, ??+??

In der Bucht von Chania auf Kreta befindet sich vor der Insel Aghii Theodori in 5 Metern Tiefe das Rumpfmittelstück und die Reste eines Flügels einer Ju52, die vermutlich bei der Operation „Merkur" abgeschossen wurde. Bislang konnte das Flugzeug noch nicht identifiziert werden. Das Wrack liegt kopfüber am Grund.

Ju52 Rumpfgerüst vor Chania (Ronald Scum)

Faliro, Griechenland

W.Nr. ????, ??+??

Dieses Unterwasserwrack wurde im Dezember 2023 in der Bucht von Faliro südwestlich von Athen in einer Tiefe von 60 Metern entdeckt. Es existieren Teile des Rumpfs und Leitwerks und ein Flügel. Möglicherweise wurden die Teile durch ein Fischerboot im Netz hierher geschleppt und gehörten zur am 28. November 1943 in der Nähe notgelandeten WNr, 7098.

Kythira, Griechenland
W.Nr. ????, ??+??

Etwa 3,5 km westlich von Kapsali befinden sich hier zwei Motoren und das Leitwerk einer Junkers Ju52 in etwa 35 m Wassertiefe.

Isola delle Femmine, Italien

W.Nr. ????, ??+??

Vor Palermo liegt bei der Isola delle Femmine das Wrack einer Junkers Ju52 auf einer Tiefe von 48 Metern. Das Flugzeug liegt auf dem Dach und besteht im Wesentlichen aus Rumpfmittelstück und Tragflächen. Leitwerk und Cockpit fehlen. Das Flugzeug wurde im April 1942 bei einem Flug von Tunis nach Palermo vor der Landung in Boccadifalco angeschossen und abgestürzt.

Portoferraio, Italien

Unterwasser-Wrack,
300 m nördl. Leuchtturm
Portoferraio

W.Nr. Unbekannt

Hinteres Rumpfsegment

Am 9. Sept. 1944 vor Portoferraio abgeschossene Ju52. Brach bei Bergung 1947 auseinander. Bug wurde geborgen und in ein Museum in Portoferraio gebracht. Das 1997 wiederentdeckte Heck liegt auf 37 Meter Tiefe

Hecksegment vor Portoferraio

Golf von Neapel, Italien

Insel Capri

W.Nr. Unbekannt

Vorderer Rumpf, Flügel
und Motore
auf 72 Metern Tiefe

In der Meerenge zwischen Capri und dem Festland liegt das Wrack einer Ju52. Das Dach des Flugzeugs ist vollständig abgerissen. Der hintere Rumpfteil hinter der Einstiegstüre fehlt. Weitere Informationen liegen nicht vor.

Ju52 vor Capri (Marco Bartolomucci via FB)

Busta, Salsbruket, Nord-Trondelag

W.Nr. 6940, DR+WH

Das Seeflugzeug der 1./KG zbV 108 war am 2. November 1941 auf dem Weg von Hommelvik nach Bodö. Bei Risvik stürzte das Flugzeug aus unbekannten Gründen ab. Die 13 Insassen überlebten. Am Unfallort waren 2001 noch einige Strukturteile und Rumpfsegmente vorhanden.

Bodö
Norwegen
Norsk Luftfartmuseet

W.Nr. unbekannt

Cockpit-Mockup

Im Luftfahrtmuseum in Bodö existiert das Cockpit-Mockup einer Junkers Ju52/3m bestehend aus Instrumentenbrett und Steuerung ohne Rumpfstruktur.

Cockpit-Mockup in Bodö (Norsk Luftfartmuseet)

Narvik
Norwegen
Krigsminnemuseet

W.Nr. unbekannt

Seitenleitwerk

Das Kriegsmuseum in Narvik besitzt ein Seitenleitwerk einer Junkers Ju52. Vermutlich stammt das Leitwerk aus den Beständen des Luftwaffenmuseums in Gardermoen.

Seitenleitwerk im Kriegsmuseum Narvik (Alexander Nilssen)

Nonsvatnet **Nord-Trøndelag** W.Nr. 7238, 8A+AK	Am 15. Oktober 1944 über der Nordsee angeschossene Luftwaffen Ju52, die in Nord-Trondelag notlandete. Es existieren stark deformierte, aber grössere Rumpfbleche und Motorteile vor Ort
Uccagag'ga **Norwegen** W.Nr. 6269, SE+HZ	Das Flugzeug transportierte am 14. Oktober 1944 Benzinfässer nach Banak und wurde vermutlich von enem russischen Bomber abgeschossen. Am Absturzort existierten vor einigen Jahren noch größere Rumpf- und Flügelteile
Digerronden, **Norwegen** W.Nr. 7147, 7U+IL	Das Flugzeug verunglückte am 6. November 1944 bei einem Flug hochrangiger Offiziere nach Bardufoss. Am Unglücksort existiert noch ein Hecksegment, sowie zahlreiche Kleinteile und eine Gedenktafel für die Verunglückten.
Langevannet **Norwegen** W.Nr. 2810, IZ+FT	Das Flugzeug mit 17 Personen an Bord verunglückte am 17. April 1940 auf dem Flug von Aalborg nach Kjevik bei der Landung auf dem zugefrorenen See. Noch 2002 und 2014 befanden sich große Baugruppen am Unfallort. Lt. Flyvrak ist die Unglücksstelle inzwischen geräumt. Wohin die großen Rumpfsegmente kamen, ist unbekannt,
Hestnutan, **Norwegen** W.Nr. 640608, D-ADQV	Das Lufthansa-Flugzeug D-ADQV „Hermann Stache" verunglückte am 16. Oktober 1944 auf dem Flug Nr. 7 von Berlin über Kopenhagen nach Oslo über dem Skorvefjelli Gebirge in schlechtem Wetter. An der Unfallstelle befanden sich noch vor einigen Jahren zahlreiche Wrackstücke des Flugzeugs.
Amot, Osterdalen **Norwegen** W.Nr. 6108, ??+?? u.a. Seitenruder	Die Ju52 mit W.Nr. 6108 des 1./KG zbV 107 transportierte am 26. Mai 1940 Fallschirmjäger nach Narvik. Das Flugzeug streifte bei Amot Baumspitzen und stürzte daraufhin ab. Alle 15 Insassen kamen dabei ums Leben. Um 2000 existierten am Absturzort noch einige größere Baugruppen, wie z.B. das Seitenruder und Teile des Leitwerks.

**Schönau,
Watzmann
Österreich**
am östl. Hocheck
W.Nr. 6862, VK+BG

Hier befinden sich die Reste einer am 30. Oktober 1940 auf dem Weg von Schleissheim nach Zeltwang in schlechtem Wetter abgestürzten Ju52, W.Nr. 6862 VK+BG. Sie wird seit 2003 vom Gletscher wieder freigegeben. Zu finden sind einige Blech- und Strukturteile. Ein Propeller des Wracks ist heute vor dem Trainingscenter der Bundespolizei in Kühroint aufgestellt.

**Linköping
Schweden**
Flygvapen Museum

W.Nr. unbekannt
Steuerstange, Türen

Das Flyvapen Museum in Linköping zeigt die Steuerstange einer Ju52 in seiner Ausstellung. Außerdem verfügt das Museum über eine eingelagerte Einstiegstüre. Die Teile sollen aus einer der Reisemaschinen Görings stammen, vermutlich stammen sie aber aus der abgewrackten Ju52 W.Nr. 640416 (siehe CASA W.Nr. 033)

**Ugglarp
Schweden**
Svedino Flymuseum
Museum

W.Nr. unbekannt

Cockpit-Nachbau

Seit 2012 existiert im Svedino Bil- & Flygmuseum im schwedischen Ugglarp der Nachbau eines Cockpit-Mockups von Bengt Hermansson. Der 1:1 Nachbau kann im Rahmen der öffentlichen Ausstellung des Museums besichtigt werden.

Ju52 Cockpit Mockup in Svedino Museum

**Riksgränsen
Schweden**
W.Nr. 6751, DC+SP

Diese Ju52 wurde von schwedischer Flak mit 11 Fallschirmjäger und 4 Mann Besatzung auf dem Weg nach Narvik am 2. Juni 1940 abgeschossen. An der Absturzstelle existieren nur wenige Blechteile.

**Prag
Tschechei**
Vojenze Muzeum

W.Nr. unbekannt

Rumpfsegment

Im Luftfahrtmuseum in Prag ist ein Rumpfsegment einer Ju52 eingelagert. Seine Herkunft ist unbekannt.

Rumpfsegment im Vojenske Muzeum, Prag (Jean Soullier)

Fajsz, Ungarn
Donau
Flusskilometer 1504

W.Nr. 3385

Minensuchring, Motor

Die Ju52/emg8e Mausi war am 2. Juli 1944 zum Minenräumen über der Donau bei Fajsz im Einsatz und stürzte infolge einer Minenexplosion bei Flusskilometer 1504 in den Fluss. Das Wrack wurde 1951 geborgen und abgewrackt. Der Minensuchring blieb auf Grund seiner Größe am Grund der Donau.

396

Deutschland

Besucherpark Flughafen München
Bestand: CASA 352
Standort: Nordallee 7, 85356 München-Flughafen, Deutschland
Kontakt: Tel: +49-89-97541333,
              Email: besucherservice@munich-airport.de
Web: https://www.munich-airport.de/besucherpark-90422

Deutsche Lufthansa Berlin-Stiftung (DLBS)
Bestand: Junkers Ju52
Standort: Weg beim Jäger 193, 22335 Hamburg, Deutschland
Kontakt: Tel: +49-40-5070-1717, Email: infodlbs@dlh.de
Web: www.dlbs.de

Deutsches Museum- Museumsinsel
Bestand: AAC.1
Standort: Museumsinsel 1, D-80538 München
Kontakt: Tel: +49-89-2179-333,
              Email: information@deutsches-museum.de
Web: http://www.deutsches-museum.de/

Deutsches Technikmuseum Berlin
Bestand: Junkers Ju52
Standort: Trebbiner Straße 9, D-10963 Berlin
Kontakt: Tel: +49-30-4397340, Email: info@technikmuseum.berlin
Web: https://technikmuseum.berlin/

Flugausstellung Junior
Bestand: CASA 352
Standort: Habersberg 1, 54411 Hermeskeil, Deutschland
Kontakt: Tel: +49-6503-7693, Email: info@flugausstellung.de
Web: http://flugausstellung.de/

Luftfahrtmuseum Laatzen

Bestand: Ju52 Rumpfsegment
Standort: Ulmer Straße 2, D-30880 Laatzen
Kontakt: Tel: +49-511-8791791,
             Email: info@luftfahrtmuseum-hannover.de
Web: http://www.luftfahrtmuseum-hannover.de/

Luftfahrtmuseum Wernigerode

Bestand: Junkers Ju52
Standort: Gießerweg 1, 38855 Wernigerode
Kontakt: Tel: +49-3943-633126,
             Email: info@luftfahrtmuseum-wernigerode.de
Web: https://www.luftfahrtmuseum-wernigerode.de/

Technikmuseum Hugo Junkers

Bestand: Junkers Ju52 und diverses
Standort: Kühnauerstraße 161a, D-06846 Dessau-Rosslau
Kontakt: Tel: +49-340-661-1982,
             Email: info@technikmuseum-dessau.de
Web: https://technikmuseum-dessau.org/

Technik Museum Speyer

Bestand: Junkers Ju52, CASA 352
Standort: Am Technik Museum 1, D-67346 Speyer
Kontakt: Tel: +49- 06232-6708-0,
             Email: info@technik-museum.de
Web: https://speyer.technik-museum.de/

Technikmuseum Sinsheim

Bestand: 2 x CASA 352
Standort: Museumsplatz, D-74889 Sinsheim
Kontakt: Tel: +49-7261-9299-0,
             Email: info@technik-museum.de
Web: https://sinsheim-technik-museum.de

Traditionsgemeinschaft Lufttransport Wunstorf e.V.

Bestand:	Junkers Ju52
Standort:	Zur Luftbrücke 1, D-31515 Wunstorf, Deutschland
Kontakt:	Tel: +49-5031-176474
	Email: museum@tglw.de
Web:	https://www.ju52-halle.de/de/

Verein der Freunde historischer Luftfahrzeuge e.V.

Bestand:	CASA 352
Standort:	Flughafenstr. 101, 41066 Mönchengladbach, Deutschland
Kontakt:	Tel: +178-4340708
	Email: info@vfl-ev.de
Web:	https://www.vfl-ev.de/

WDL Oldtimer Freunde e.V.
Westdeutsche Luftwerbung Theodor Wüllenkemper GmbH & Co KG

Bestand:	CASA 352
Standort:	Lilienthalstr. 8, D-45470 Mühlheim, Deutschland
Kontakt:	Tel: +49-208-378080
	Email: info@wdl-luftschiff.de
Web:	https://www.wdl-gruppe.de

Europa

Amicale Jean-Baptiste Salis

Bestand: CASA 352
Standort: Aerodrome de Cerny-la Ferte-Alais, 91590 Cerny, Frankreich
Kontakt: Tel: +33-1-6457-5585, Email: bureau@ajbs.fr
Web: http://www.ajbs.fr/

Brussels Air Museum
Musee Royal de l'Armee

Bestand: CASA 352
Standort: Parc du Cinquantenaire, 3 , Jubelpark, B-1000 Brüssel
Kontakt: Tel: +32-2-7377833, Email: info@warheritage.be
Web: https://www.brussels-air-museum.be/

Escuadron de Zapadores Paracaidistas (Alcantarilla)

Bestand: CASA 352
Standort: Avda de Lorca, Base Aerea de Alcantarilla, 30835 Murcia, Span.
Kontakt: Tel: +34-968-397412, Email: n/a
Web: http://www.ejercitodelaire.mde.es

Escuadron Ala 35 (Getafe)

Bestand: CASA 352
Standort: Plaza del Coronel Enrique Polanco, 28901 Getafe, Spanien
Kontakt: Tel: +34-917-798200, Email: n/a
Web: http://www.ejercitodelaire.mde.es

Flieger Flab Museum
Verein der Freunde der schweiz. Luftwaffe

Bestand: Junkers Ju52
Standort: Air Force Center, Überlandstr. 271, 8600 Dübendorf, Schweiz
Kontakt: Museum: Tel: +41-44-8245511, Email: info@airforcecenter.ch
             Verein: Tel: +41-44-8245524, Email: vfl@airforcecenter.ch
Web: https://airforcecenter.ch/

Flysamlingen Forsvarets Museer

Bestand: Junkers Ju52 und Lagerbestände
Standort: Museumsvegen 35, Gardermoen, Norwegen
Kontakt: Tel: +47-476-92373, Email: post@flysamlingen.no
Web: https://flysamlingen.no/

Gratangen Kommune

Bestand: Junkers Ju52
Standort: Nergårdveien 2, 9470 Gratangen, Norwegen
Kontakt: Tel: +47-77021800,
              Email: postmottak@gratangen.kommune.no
Web: http://www.gratangen.kommune.no/

Hellenic Air Force Museum

Bestand: Junkers Ju52
Standort: Dekelia Air Base, 13671, Tatoi
Kontakt: Tel: +30-210-8195250, Email: museum@haf.gr
Web: https://www.haf.gr/en/history/museum/

Kent Battle of Britain Museum Trust

Bestand: CASA 352
Standort: Aerodrome Road, Hawkinge, Folkestone,Kent CT18 7AG, UK
Kontakt: Tel: +44-1303-893140, Email: info@kbobm.org
Web: https://www.kbobm.org/

Luchtvaart Museum Aviodrome

Bestand: CASA 352
Standort: Pelikaanweg 50, 8218 PG Luchthaven Lelystad, Niederlande
Kontakt: Tel: +31-320-289842, Email: info@aviodrome.nl
Web: https://www.aviodrome.nl/

Musee de l'Air et de l'Espace

Bestand: AAC.1
Standort: 3, esplanade de l'Air et de l'Espace, 93350 Le Bourget, Frankr.
Kontakt: Tel: +33-14-9927000, Email: via Website
Web: http://www.museeairespace.fr/

Musee de l'Aviation de Melun

Bestand:	AAC.1
Standort:	Aerodrome de Melun Villaroche, 77950 Seine et Marne, Frankr.
Kontakt:	Tel: +33-680-65708, Email: contact@mamv.fr
Web:	www.mamv.fr

Museo del Aire y del Espacio

Bestand:	2 x CASA 352
Standort:	Carretera N-V, Km 10,700 - 28024 Madrid, Spanien
Kontakt:	Tel: +34-915-091690, Email: museodelaire@ea.mde.es
Web:	ejercitodelaire.defensa.gob.es/EA/museodelaire/index.html

Museu do Ar

Bestand:	Junkers Ju52 (2), 1 x Ju52 (1), 1 x AAC.1 (3)
Standort:	1. Largo dos Pioneiros de Aviacao, 2615-174 Alverca, Portugal
	2. Granja do Marquês, 2715-021 Pêro Pinheiro, Sintra, Portugal
	3. Alcochete (Lager)
Kontakt:	Tel: +351-21-967-8984, Email: info_geral@museudoar.pt
Web:	http://www.museudoar.pt/

Muzej Vazduhoplovstva

Bestand:	AAC.1
Standort:	Aerodrom Nikola Tesla, 11180 Beograd, Serbien
Kontakt:	Tel: +38-1-11-2670992,
	Email: muzej.vazduhoplovstva@mod.gov.rs
Web:	https://www.muzejvazduhoplovstva.mod.gov.rs/

Muzeum Lotnictwa Polskiego

Bestand:	AAC.1
Standort:	al. Jana Pawła II 39, 31-864 Kraków, Polen
Kontakt:	Tel: +48-12-642-8700, Email: info@muzeumlotnictwa.pl
Web:	http://www.muzeumlotnictwa.pl/

Narvik Krigsmuseum

Bestand:	Ju52 Seitenflosse, Ju52 (Gratangen)
Standort:	Kongensgate 39, 8514 Narvik, Norwegen
Kontakt:	Tel: + 47-76944426, Email: post@narviksenteret.no
Web:	http://luftfartsmuseum.no/

Norsk Luftfartsmuseum

Bestand:	Junkers Ju52, Cockpit-Simulator
Standort:	Børtindgata 35b, 8004 Bodö, Norwegen
Kontakt:	Tel: + 47-75507850, Email: post@luftfartsmuseum.no
Web:	http://luftfartsmuseum.no/

Siberian Aeronautical Research Institute (SibNIA)

Bestand:	Junkers Ju52
Standort:	21, Polzunov Street, Novosibirsk, 630051
Kontakt:	Tel: +7-383-279-01-56, Email: sibnia@sibnia.ru
Web:	http://sibnia.com/

Svedinos Bil- och Flyg Museum

Bestand:	CASA 352, Cockpit-Simulator
Standort:	311 69 Ugglarp, Schweden
Kontakt:	Tel: +46-346-43187, Email: info@svedinos.se
Web:	http://www.svedinos.se/de/

Sveriges Maritima och Transporthistoriska Museers Arlanda Flygsamlingar

Bestand:	Cockpitsektion, Flügel, Kleinteile
Standort:	eingelagert in Rosersberg, nicht zugägnglich
	SMTM, Box 48, 337121 Karlskrona
Kontakt:	Tel: +46-455-359300, Email: registrator@smtm.se
Web:	www.arlandaflygsamlingar.se
	https://www.smtm.se/en

Afrika und Amerika

Centre de Historia Aerea
Museo Aeroespacial Colombiana
Bestand: Junkers Ju52
Standort: Kilómetro 1 vía Briceño-Zipaquirá,
                Tocancipá Cundinamarca, Kolumbien
Kontakt: Tel: +57-1-3159800, Email: museoaeroespacial@hotmail.com
Web: http://www.museofac.mil.co/

Fantasy of Flight
Bestand: CASA 352
Standort: 1400 Broadway Blvd SE, Polk City, FL 33868, USA
Kontakt: Tel: +1 863-984-3500, Email: via Website
Web: https://www.fantasyofflight.com/

Fighter Factory / Military Aviation Museum
Bestand: flugfähige CASA 352
Standort: 1341 Princess Anne Road, Virginia Beach, Virginia 23457
Kontakt: Tel: +1-757-721-7767, Email: marketing@aviationmuseum.us
Web: https://www.militaryaviationmuseum.org/

Museo Aeroespacial
Bestand: AAC.1 (in Curitiba eingelagert)
Standort: Av. Marechal Fontenelle, 2000 - Campo dos Afonsos
                Rio de Janeiro, RJ21740-000, Brasilien
                Lager: Flugplatz Bacacheri, Curitiba PR 82515-230
Kontakt: Tel: +21-2157-2899, Email: museuaeroespacial@gmail.com
Web: http://www2.fab.mil.br/musal/

Museo Nacional de Aeronautica
Bestand: Junkers Ju52
Standort: Av. Eva Peron 2200, B.A.M. Moron, Buenos Aires, Argentinien
Kontakt: Tel: +54-11-4317-6000, Email: direccion@mna.ar
Web: https://mna.ar/

Museo TAM / Museu Asas de um Sonho
(Museum geschlossen, Webseiten abgeschaltet)
Bestand: AAC.1
Standort: Rodovia SP-318, s/n - Rural, São Carlos - SP 13578-000, Brasilien
Kontakt: Tel: +55-16-3306-2020, Email: museu@tam.com.br
Web: https://www.facebook.com/groups/2172140816417555/

National Museum of the United States Air Force
Bestand: CASA 352
Standort: 1100 Spaatz St, Wright-Patterson AFB, Dayton, OH 45433, USA
Kontakt: Tel: +1-937-255-3286, Email: nationalmuseum.mup@us.af.mil
Web: http://www.nationalmuseum.af.mil/

Royal Aviation Museum of Western Canada
Bestand: CASA 352 als Ju52/1m
Standort: 2088 Wellington Ave, Winnipeg, MB R3H 1C1, Kanada
Kontakt: Tel: +1- 204-786-5503, Email: Info@RoyalAviationMuseum.com
Web: http://www.royalaviationmuseum.com/

Smithonian National Air and Space Museum / Steven F. Udvar-Hazy Center
Bestand: CASA 352
Standort: 14390 Air and Space Museum Parkway, Chantilly, VA 20151
Kontakt: Tel: +1-703-572-4118, Email: info@si.edu
Web: https://airandspace.si.edu/udvar-hazy-center

South African Airways Museum Society
Bestand: flugfähige CASA 352 (eingelagert)
Standort: Old Transvaal Aviation Club building, Dakota Crescent,
                Rand Airport, Germiston 1401, Südafrika
                Lager: SAA Technical School, JNB Airport
Kontakt: Tel: +76-879-5044, Email: info@saamuseum.co.za
Web: http://www.saamuseum.co.za/

Weiterführende Literatur und Quellen

/1/   Peter Cohausz
Deutsche Flugzeuge bis 1945 …
5. Auflage, Aviatic Verlag, 2015, ISBN 978-3942645126

/2/   Mikael Olrog
Preserved Axis Aircraft
Classic Wings Webseite, http://axis.classicwings.com/

/3/   Kjell Sørensen
Flyvrak – WWII Aircraft wreck sites in Norway/Finland
Flyvrak.info

/4/   Nikos Karatzas
Maritime Aviation Archaeology in Greece
https://aviationarchaeology.gr

/4/   Bernd Pirkl
Die Junkers Ju52
www.ju52.org, Bad Königshofen, 2017, ISBN 978-3-00-054109-4

/5/   Bernd Pirkl
Junkers Ju52 Archiv
https://www.ju52archiv.de/

/6/   G. Endres, L. Andersson, R. Mulder
Junkers Ju52/3m – Success beyond the Luftwaffe
EAM Book, ISBN 978–0–9573744–2–3

/7/   P. Comu, G. Milla, R. Querty
LES JUNKERS JU-52 et AAC.1 TOUCAN SOUS NOS COCARDES
Lela Presse, Mai 2021, ISBN 978-2374680385

/8/   Jan Forsgren
The Junkers Ju52 Story
Fonthill Media, August 2016, ISBN 978-1781555156

Index

* G-AFAP (WNr. 5581) 353
* G-AFAP fiktiv (CASA 163) 351
* G-BECL (CASA 103) 21, 265, 323
* G-BFHD (CASA 146) 21, 265, 336
* G-BFHE (CASA 164) 21, 265, 355
* G-BFHF (CASA 166) 22, 265, 366
* G-BFHG (CASA 153) 22, 28, 265, 345
* HB-HOP (WNr. 6610) 21, 27, 136, 165
* HB-HOS (WNr. 6580) 21, 133
* HB-HOT (WNr. 6595) 21, 24, 153
* HB-HOY (CASA 056) 21, 23, 24, 140, 236, 263, 298
* HC-ABS (WNr. 130714) 66
* JRV 208 (AAC 222) 245
* LN-DAE (WNr. 4077) 100, 373
* LN-DAF (WNr. 5429) 62, 97, 100
* LN-DAF fiktiv (WNr. 5664) 88, 97
* LN-DAH (WNr. 5489) 62, 100
* LN-DAI (WNr. 5751) 100, 118
* LN-KAF (WNr. 130714) 65
* LN-KAF (WNr. 5489) 62, 100
* LV-ZBD (WNr. 4043) 49
* Lw ??+?? (WNr. 6376) 380
* Lw 1Z+AU fiktiv (WNr. 6595) 135, 157
* Lw 1Z+BV fiktiv (CASA 067) 308
* Lw 1Z+BY (WNr. 6134) 126, 129, 184
* Lw 1Z+EK fiktiv (CASA 031) 270
* Lw 1Z+IK fiktiv (AAC 053) 232
* Lw 1Z+IK fiktiv (CASA 166) 366
* Lw 1Z+LP fiktiv (CASA 163) 351
* Lw 1Z+NK fiktiv (AAC 048) 227
* Lw 4V+BT (WNr. 7607) 203
* Lw 4V+GH fiktiv (AAC 048) 227

* Lw 5 fiktiv (WNr. 6595) 157
* Lw 7U+FH (WNr. 6978) 384
* Lw 7U+FK (WNr. 6778) 388
* Lw 7U+GK (WNr. 6844) 388
* Lw 7U+HK (WNr. 501196) 210
* Lw 7U+HK (WNr. 6343) 388
* Lw 7U+IK (WNr. 501219) 213
* Lw 7U+IL (WNr. 7147) 394
* Lw 7U+LK (WNr. 1351) 371
* Lw 7U+LM (WNr. 6032) 378
* Lw 7U+OK (WNr. 6069) 379
* Lw 7U+OM (WNr. 5596) 388
* Lw AZ+JU fiktiv (CASA 103) 323
* Lw BV+OJ (WNr. 7335) 199
* Lw CA+JY (WNr. 6657) 126, 173
* Lw CA+JY fiktiv (WNr. 6821) 175, 187
* Lw CN+4V fiktiv (WNr. 6595) 135, 155
* Lw CN+BS (WNr. 6402) 123
* Lw CO+EI (WNr. 6791) 126, 132, 183, 184
* Lw DB+RB (WNr. 6694) 126, 180
* Lw DB+RD (WNr. 6693) 176
* LW DB+RD (WNr. 6693) 126
* Lw DC+SP (WNr. 6751) 395
* Lw DF+DG (WNr. 3383) 389
* Lw DF+DX (WNr. 3400) 389
* Lw DP+FJ (WNr. 640416) 275
* Lw DP+FJ fiktiv (CASA 033) 275
* Lw DR+UA (WNr. 501111) 208
* Lw DT+AY fiktiv (WNr. 6610) 136, 169
* Lw G6+FP (WNr. 6799) 204, 381
* Lw G6+GW (WNr. 6857) 383
* Lw IZ+AR fiktiv (CASA 067) 306
* Lw IZ+DX (WNr. 501111) 208

* Lw IZ+FT (WNr. 2810) 394
* Lw IZ+HK fiktiv (CASA 166) 265
* Lw N7+AA fiktiv (CASA 103) 323
* Lw N7+AA fiktiv (CASA 166) 366
* Lw N8+AA fiktiv (CASA 146) 336
* Lw N9+A7 fiktiv (CASA 033) 275
* Lw N9+AA (WNr. 6750) 323, 325
* Lw N9+AA fiktiv (CASA 103) 323
* Lw N9+AA fiktiv (CASA 153) 345
* Lw NJ+NI (WNr. 2921) 372
* Lw NJ+NK (WNr. 2923) 372
* Lw NR+AL (WNr. 6054) 121
* Lw P4+CH (WNr. 5049) 388
* Lw RJ+NP fiktiv (CASA 031) 270
* Lw S2+T4 (WNr. 6590) 151
* Lw S4+CW fiktiv (WNr. 6595) 135,
    163
* Lw SE+HZ (WNr. 629) 394
* Lw SE+JU (WNr. 6582) 123
* Lw SE+JZ (WNr. 6582) 379
* Lw VB+JA fiktiv (WNr. 6821) 187
* Lw VB+U0 (WNr. 6820) 381
* Lw VB+UP (WNr. 6821) 126, 187
* Lw VK+AZ (WNr. 6855) 349
* Lw VK+AZ fiktiv (CASA 153) 345
* Lw VK+BG (WNr. 6862) 395
* Lw xx+xx (WNr. 640416) 385
* N130LW (WNr. 130714) 69
* N352JU (CASA 067) 22, 25, 306
* N52JU (WNr. 130714) 17, 21, 27, 69
* N88927 (CASA 035) 21, 263, 281
* N9012N (CASA 033) 22, 275
* N9012P (CASA 031) 22, 270
* N99059 (CASA 067) 22, 27, 307
* N99234 (CASA 039) 22, 27, 288

* OH-ALL (WNr. 5494) 375
* OO-AGU (WNr. 5510) 111
* OO-AGU (WNr. 5670) 22, 23, 251
* PP-CAX (WNr. 4043) 43
* SE-ADR (WNr. 4017) 372
* T-158 (WNr. 4043) 14, 41
* T-159 (WNr. 5261) 52
* T-159 fiktiv (WNr. 4043) 52
* T2-108 (WNr. 7220) 191
* T2B-127 (CASA 018) 263, 267
* T2B-131 (CASA 022) 385
* T2B-140 (CASA 031) 270
* T2B-142 (CASA 033) 275
* T2B-144 (CASA 035) 263, 281
* T2B-148 (CASA 039) 288
* T2B-165 (CASA 056) 263, 298
* T2B-176 (CASA 067) 306
* T2B-181 (CASA 072) 312
* T2B-209 (CASA 100) 314
* T2B-211 (CASA 102) 318
* T2B-212 (CASA 103) 265, 323
* T2B-244 (CASA 135) 28, 330
* T2B-246 (CASA 137) 332
* T2B-254 (CASA 145) 334
* T2B-255 (CASA 146) 265, 336
* T2B-257 (CASA 148) 263, 341
* T2B-262 (CASA 153) 265, 345
* T2B-272 (CASA 163) 22, 351
* T2B-273 (CASA 164) 265, 355
* T2B-275 (CASA 166) 265, 366
* Y-AC (WNr. 501196) 210
* ZS-AFA (CASA 164) 21, 23, 24, 265,
    355
* ZS-AFA (WNr. 4058) 363
* ZS-UYU (CASA 164) 21, 265, 355

Zöller, Paul
Die letzten Junkers-Flugzeuge I - 2023
Frühe Junkers-Entwicklungen
Junkers J1 bis Junkers A50

2. Edition, Febr. 2023
Paperback, 234 Seiten
ISBN 9783734731389
UVP 25,99 €

Zöller, Paul
Die letzten Junkers-Flugzeuge II - 2024
Junkers Ju 52, AAC.1 und CASA 352

2. Edition, August 2024
Paperback, 428 Seiten
ISBN 9783759795656
UVP 32,99 €

Zöller, Paul
Die letzten Junkers-Flugzeuge III - 2019
Junkers Ju86, Ju87, Ju88, Ju90
und Baade 152

1. Edition, September 2019
Paperback, 288 Seiten
ISBN 978-3-7494-8172-9
UVP 26,99 €

Zöller, Paul
Klemm-Flugzeuge I
Leichtflugzeugbau Klemm GmbH
Flugzeugwerk Halle GmbH
Daimler Flugzeugbau

1. Auflage, 2020
Paperback, 424 Seiten
ISBN 978-3-752-62580-6
UVP 29,99 €

Zöller, Paul
Klemm-Flugzeuge II
Spurensuche,
letzte Klemm-Flugzeuge und
Klemm-Sammelobjekte

1. Auflage, 2021
Paperback, 460 Seiten
ISBN 978-3-754-30366-5
UVP 29,99 €

Zöller, Paul
Klemm-Flugzeuge III
Produktion
& Werknummern-Liste

1. Auflage, 2022
Paperback, 442 Seiten
ISBN 978-3-7568-6256-6
UVP 29,99 €

Zöller, Paul
Dietrich-,
Raab-Katzenstein-
und Gerner-Flugzeuge

1. Auflage, 2024
Paperback, 512 Seiten
ISBN 978-3-7597-0437-5
UVP 34,99 €

Sämtliche Titel sind erhältlich über:

unseren Verlag
Books on Demand (BoD), Norderstedt
http://www.bod.de/shop.html

oder über den Online-Fachhandel
und Ihre örtliche Buchhandlung

Weitere Informationen zu Arbeiten und Veröffentlichungen
der Paul Zöller Luftfahrtarchive finden Sie unter

www.luftfahrtarchive.bplaced.net